犯罪少年職業輔導

The Vocational Guidance of Juvenile Delinquent

李庚霈◎著

自 序

　　從人力資源培訓與運用角度觀之，青少年人力在產業經濟發展過程中是最值得投資與運用的勞動力，而其是否能夠有效的運用，牽涉到國家、社會、學校、家庭的發展。亦即如果國家、社會、學校、家庭對青少年付出充分與及時的教育與關懷，則相信對渠等人員的生涯價值觀與態度觀點，會產生正向與積極的作用；反之，如果國家、社會、學校、家庭對青少年所付出的教育與關懷是缺乏、不足與遲緩時，則相信對渠等人員的生涯價值觀與態度觀點，會產生負向與消極的作用，進而會促使其產生不良之偏差言行，甚至鋌而走險，鑄成大錯而走上犯罪之歧途。

　　探究現代青少年會有不良之偏差言行，甚至鋌而走險、鑄成大錯走上犯罪之歧途之原因，很多都是因為父母「望子成龍、望女成鳳」，盼其出人頭地之讀書至上心態。社會「士大夫與學歷至上」之價值觀，學校老師以學業成績做為「好學生與壞學生」之分別標準。「升學班」（前段班）與「放牛班」（後段班）之分野，只注重學生之升學考試科目之課業教學，忽視其生活品德及適性發展之其他課程，甚至不針對這些課程進行教學，導致學生間均以學業成績（智育）做為互動標的等因素，學業成績不理想或對升學科目內容沒興趣之學生，被逼得無所是從，甚至因被嘲諷與跟不上進度，一時又缺乏可正向學習之目標，久而久之因無法找到出口，又因為外在誘惑無法拒絕與在難以控制之下便促使其與正途漸行漸遠之憾事。

　　筆者常在想，教育單位過去雖有技職教育部門推動技職教育，但是常有被視為是考不上高中及大學之不得已選擇，其程度

畢竟無法與高中及大學一類之人相比，有一種矮了一截之自卑。幸好近年來台灣地區社經發展對專業技術人才需才孔殷，國人抵擋不住這股風潮，漸漸了解一技之長的重要性，以及高職升格專科或專科升格為技術學院或科技大學，甚至與綜合大學併校或合作，相輔相成培育專業技術菁英，方使過去被視為次級學校之職業學校漸被重視，甚至凌駕於一些綜合高中、學院或大學，打破我國幾千年以來「萬般皆下品唯有讀書高」之士大夫觀念，這是可喜的。

進一步觀察很多行為偏差或犯罪的少年，當時，如果能有父母師長或同儕給予充分與及時的教育與關懷同理，了解其興趣、性向與能力，引導其朝另一個對其有幫助之技能類科學習發展，則相信對渠等人員的生涯價值觀，會產生正向與積極的作用，而不會產生負向的言行，減少社會問題的發生，進而為國家培育產業經濟發展所需的中堅人才。

因此，揆諸過去與當前相關單位及專家學者針對有關犯罪青少年之相關研究議題，均以其犯罪原因、生理、心理、性別、區域及犯罪技術等為研究項目，甚少有以其人力運用與職業輔導之犯罪矯治為研究議題，覺得非常可惜。竊思與其讓其在機構內接受一般之處遇與矯治，何不考慮另外一種方式，讓其透過職業試探，了解自我興趣、性向與能力，以為自我未來生涯進行適性之規劃，一來可達到處遇與矯治目標，二來可減少其再犯且自我成長，開創另一片天空之預防性目標。因此，乃以筆者從大學到研究所碩博士論文以「人力運用與職業輔導」此領域為撰寫主題，以及實務工作多年來之經驗，期待撰寫一本與街坊上其他犯罪矯治相關議題不同的書本，以供關心此一領域之大專學子、實務工作者與機關團體及社會人士等夥伴參考。

本書之完成，應該感謝的人實在很多，無法一一致謝，特在

此一併申謝。不過仍要感謝揚智文化葉總經理忠賢、潘經理德育、林總編輯新倫、晏主編華璞及何甄編輯之協助與指教,及賢內助美華及長子沅錞、長女欣錞之體諒,方能使此書得以順利完成。最後,因本書利用公餘之暇撰寫,故在資料蒐集及內容上如有不足、不成熟和疏忽之處,尚祈先進賢達不吝賜正,以匡不逮。

李庚霈

92 年 10 月 17 日

目　錄

第一章

緒論

第一節　犯罪少年職業輔導的必要性

一、犯罪事件頻傳，令人怵目驚心

　　近幾年來立法委員彭紹瑾被斷腳筋、立法委員廖學廣被黑道人物挾持關進狗籠棄置深山，並摺下「替天行道」紙條予以警告；黑道人物漂白擔任民意代表有掌控國會議會殿堂傾向；陳水扁總統擔任台北市長下令全面掃蕩穿著暴露於內湖地區賣檳榔的「檳榔西施」少女及「掃黃行動」；販毒集團吸收新新人類，以「老鼠會」行銷方式，透過返台就學的小留學生販毒給學生等不幸的違法犯紀事件；立法院審議通過的「組織犯罪條例草案」防止黑道漂白與「治安會報」之「治平專案」、法務部與警政署的「掃黑行動」、內政部警政署與國防部恢復停辦多年的「限期服務警（隊）員制」代替服兵役制度，以強化掃黑行動，及監察院長王作榮的「掃白」宣示；桃園縣長劉邦友官邸九條人命被槍殺血案、民進黨婦工會主任彭婉如被姦殺棄屍荒郊命案、北高兩直轄市實施勸導青少年不要夜遊深夜不歸之「宵禁」，與知名藝人白冰冰女士女兒白曉燕及一些企業老闆子女遭綁架撕票；飆車及飛車搶劫與殺人，及網路遊戲衍生詐欺背信的新少年犯案類型等等一連的犯罪事件與有效的打擊與預防犯罪；內政部長余政憲單月「零犯罪」之施政計畫，在在都顯示出台灣犯罪情況的嚴重與在民眾一致的支持下，政府加強整頓治安的決心，也期望在此一次的擴大的掃黑層面和次數之努力下，能還給台灣人民「免於憂慮、恐懼與免於匱乏」的生活空間。

二、少年犯罪，社會隱憂

從一些事例中發現，犯罪者的年齡層很多不乏是身處在青春年華的少年階段，理應專心於課業或學習一技之長努力工作，以開創美好人生的年齡。而今卻發生這些令人惋惜的不幸事件，顯示當代青少年問題，代代有之，處處有之。至於青少年偏差行為則是於第二次世界大戰以後，普遍發生的社會問題。只是，在當前這個變遷迅速的社會裡，它似乎來得既多且快，使有識之士憂心忡忡；有關當局也急謀對策，因而成為本世紀社會問題中的重要課題（吳武典，民74；李旻陽，民81；周震歐，民75）。馬傳鎮（民80）、陳麗欣（民80）同時指出，少年犯罪是成年犯的縮影，而少年犯罪有低齡化之趨勢，令人擔憂，宜從學校教育改革做起。

三、犯罪案件，急遽增加

根據刑事警察局統計，近十幾年來台灣地區犯罪少年人數逐年增加，到每年犯罪人數維持一定的比例情況，由民國七十五年的 17,309 人，增至民國八十四年的 30,415 人，約計增加了 13,106 人，已經成長了約 0.76 倍（行政院主計處，民83，85），而到九〇年代則維持在約一萬五千多人到一萬六千多人左右。按此比例概括計算，台灣地區平均每天就有至少 44 人至 83 人以上遭查獲的少年刑事案件。毛高文（民81）亦指出，依據犯罪少年在學與非在學分析顯示，其在學犯罪少年人數多於非在學犯罪少年人數，而且國中人數比高中職人數多，約為 2.2 倍。依據法務部犯罪研究中心統計分析指出，八十四年少年犯罪之教育程度中，國中程度者

有 20,068 人或約72.2％，較八十三年19,989人增加79人，高中職程度者有5,742人或約20.67％，較八十三年5,350人增加392人，二者合計有25,810人或占92.87％，較八十三年25,339人或92.39％增加471人或約0.48％。由此可知，台灣地區非但犯罪少年人數有「量」的激增，而且犯罪年齡下降，及犯罪手法「質」的知識型犯罪，即有計畫性與多元性的犯罪手法，亦日趨嚴。

四、五育不均，後果堪憂

社會賦予少年最重要的角色是學生，如果無法扮演好此項角色，不能達成使命，則將產生許多不良後果，促使其走向犯罪偏差行為的途徑（張華葆，民78）。當今的教育存在著升學主義、形式主義及文憑主義，忽略了訓育的重要性，致使具教養學生德、智、體、群、美等五育功能的學校，反被認為是形成少年犯罪的不良因子，而為各方詬病（周震歐，民72）。因此，「前段班」與「後段班」的分野，及「升學班」與「放牛班」的稱謂，雖為教育行政單位所不許，卻依然公開存在著，導致學業成績成為重要且唯一衡量學生價值的指標，對學生產生了嚴重的傷害，也影響其自我概念及自信與自尊。

五、導致犯罪原因，多元且複雜

邇來研究青少年犯罪之學者專家，評斷其影響因素，不外乎個人、家庭、學校、社會等四個因素，而四者之間亦呈現一交互作用關係。根據「犯罪少年犯罪原因調查」分析顯示，自七十九年元月至八十年十二月止，犯罪少年犯罪原因以「交友不慎」居首，平均約占八個犯罪原因中的 26.63％（毛高文，民81）。可見

少年時期之影響力甚大，應有效的輔導與協助其發展正向的人際關係，及認識自我，以建立積極進取的人生觀。

六、心理輔導，認識自我

心理社會學家艾力克遜（Erik Erikson）從「心裡社會性發展」的角度，將個人發展劃分為八個階段，而且認為每一個階段皆有其任務必須完成，當一個人面對這一個任務的時候，會產生衝突，而引起二種不同的結果。如果衝突能夠順利的解決，則積極的成份就建立在人格裡，繼續向前發展。反之，如果衝突無法順利的解決，則自我受到損害，消極的成份因而容納在自我裡。學童期至青春期正是屬於自動與罪惡感矛盾，及勤奮與自卑感、自我認同衝突危機的關鍵時期，此時已脫離兒童期的依賴，而準備接受成人的責任，且在職業傾向、異性關係、道德價值取向等，均會有顯著的變化（李增祿，民76、江亮演，民84）。

舒伯（Super）從「發展—差異—社會—現象學的心理學」提出生涯發展理論，藉由各個發展階段中所扮演之角色間的融合，以一個含括生活廣度與生活空間的生涯彩虹圖，來加以說明個人生涯發展的全貌，因而延伸出角色突顯（role alience）及工作突顯等觀念。這個歷程是長期發展的結果，影響它的因素，除了自己的興趣、性向、才能之外，還包括父母所給予的家庭環境和教育方式，居住的環境、教育機會和社會所能提供的工作機會和機遇，因此瞭解自己，發現自己的需要、興趣、性向、才能及價值觀；探索工作世界，清楚外在環境及機會與工作的本質；然後掌握住探索自己、發展自己的機會，是個體生涯發展的重要課題（夏林清，民76）。

七、發展自我，策勵未來

所以，一個人若看不到未來，就掌握不住現在。對青春前期者而言，未來所意謂的含意就是指升學與就業這二件事情。而生涯輔導就是協助一個人如何觀照現在，回顧過去，以便計劃未來。而對其行進方向之把握，不僅牽涉到對自我各種特質的瞭解，也受到個體對外在各種變數認知的影響。因此，儘管個人內在世界不斷地成長，外在世界也急遽地蛻變中，如何輔導一個人在這種內外世界交相迴盪的激變中，立足於一個最適當的均衡點，掌穩現在，邁向未來，以開創一個能夠發揮自我潛能的天空，是生涯輔導相當關鍵的課題。

總之，生涯規劃是個人的事，也是對自己一生的期待，對自己在人生舞台上所要扮演的角色之準備與實踐。青少年在人生剛開始的階段，即因個人一時之衝動與迷失，或因家庭經濟與親子關係之問題，或因學校生活與課業適應不良，或因社會環境中不良的人、事、物之誘惑，而誤蹈法網，此種遺憾事件的發生，將是國家社會的損失，與其個人終生永不褪之烙痕。

因此，對於犯罪少年之生涯規劃（升學或就業）的教育與輔導諮商，是刻不容緩的事。藉由職業態度之相關因素的探討與澄清，強化個人自我概念與價值觀及計畫與行動的能力，進而達到經由學校、家庭及社會之協助，以有效防治少年犯罪，降低犯罪率，方能實現就業安全之「適才適所」的適性就業目標。

第二節　犯罪少年職業輔導的迫切性

一、有效人力運用是經社發展的利器

　　人力資源的開發與運用，是促進經濟成長與社會繁榮最穩定且有利的一項長期投資。如果人力未能獲得妥善的運用，而任憑其閒置於經濟體系之外，不僅會使社會喪失一部分的生產力與消費力；同時人力資源的浪費，極容易衍生各種社會問題（如偷竊犯罪行為⋯⋯），徒增社會的成本，並妨礙經濟計畫的推動與發展。未升學未就業青少年人力亦屬全國人力資源的一部分，若能予以通盤的規劃及有系統的培訓，將能提升其可運用性，並成為重要的人力資源寶庫，進而減少犯罪事件與因勞力短缺而引進外勞，徒增社會成本之隱憂（吳惠林，民80）。因此，就業是人生求取自立及服務社會的途徑，而「適才適所」的適性就業，則為生涯輔導的最大宗旨。但是行為異常的犯罪少年之就業，常因其過去的失足」而被貼上標籤，無法順利就業，最後墜入犯罪的循環淵藪裡難以自拔。就個人而言，固然是自立的途徑多波折，就社會而言，「天無枉生之材、世皆有用之人」的理念不能充分發揮使人無法盡其才，乃是資源的浪費。

二、少年人力的培育是經社發展的基礎

　　國中學生正值青春期，根據生涯輔導學者舒伯等人（1963）的發理論觀之，此一時期之少年係為生涯探索期階段，其發展任

務是對職業世界進行嘗試、探索，進而逐漸建立穩定的職業。所以，此期正是其自我觀念與態度形成的關鍵時刻，使青少年在身心急遽變化的同時，能使自我觀念得到清晰的發展與提升，甚至藉此肯定個人的「職業自我概念」（vocational self-concept）與發展正確而合理的「職業價值觀」，對其日後職業選擇，將有莫大助益。因為唯有自我觀念與職業自我觀念愈一致，個體才愈趨向於一正向的職業價值觀，作較肯定與實際的職業選擇（Crites, 1973；林桂鳳，民80；徐麗敏，民80；陳麗娟，民70），進而促使其在生計發展過程中得到良好的成長，達到職業成熟應有的程度（袁志晃，民71）。此時期的青少年不僅面臨著生理上的變化，也必須面對各種成人生活有關的選擇，對自己的認知與職業的認定，常常是其最重要的職業發展課題（徐麗敏，民80）。

三、瞭解職業態度與建立職業輔導策略

我國特殊教育法將行為異常者視為身心障礙對象，並規定學校、醫療及社會福利機構，應提供學生學業、生活、職業之輔導。而民國五十七年實施九年國民義務教育以來，生涯輔導即為國中輔導工作的重心之一。其目的在協助學生瞭解自我各項特質，工作世界的概況，各項職業知識及職業發展趨勢，以作適當的職業準備，進而選擇適合自己的職業，充分發揮一己所長，促進社會進步。因此，舒伯發展論將職業我觀念、職業價值觀、職業選擇的態度（即職業成熟的部分涵義）等三要項，合為個體的職業態度（vocational attitude）。如能以此來瞭解行為異常的犯罪少年之職業發展概況，進而針對影響其職業態度之相關因素的探討與澄清，並提供其生涯規劃進程之目標結構，將有助於渠等生涯輔導及就業福利服務措施之研訂。

四、探討影響職業態度之相關因素

　　有關職業發展的相關理論，綜合國內外學者的研究結果（Ginzberg, E. et al, 1951; Roe, 1957; Super, 1957; 林幸台，民65，民76；袁志晃，民71；陳麗娟，民71，72a, b；劉德生，民77；蘇萍，民73；李庚霈，民86），一致認為職業發展是兒童時期開始，直至退休後的一個循序漸進、長期發展的過程，受到諸多內、外在因素的影響。徐麗敏（民80）針對168位國中啓智班學生就業態度研究指出，影響就業態度的因素有智力、年級、性別、父母教育態度、家庭社經地位、學校生活等六項因素，而其就業態度亦因智力程度高、年級增加、高家庭社經地位、完善的學校生涯輔導制度而愈趨積極。阿可密（Achebe, 1982）使用克瑞特（Crites）的職業成熟量表（career maturity inventory, CMI）對400位學生進行職業發展型態的調查研究，其結果與其他學者的研究（Niles & Herr, 1989; Moracco, 1976; Fouad, 1988; 林幸台，民65），一致顯示不論男女，其職業成熟均有隨年級而漸增的典型模式。

　　而 Putnam（1978）、Pound（1978）、Barrett、Tinsley & Howard（1977a, 1977b）、Westbrook & Others（1988a, 1988b）；Blustein（1988）等多位學者則研究指出，性別與職業態度成熟間的相關達到顯著水準，而且女生的職業態度分數顯著較高於男生。薩密卡斯（Savickas, 1984）指出，智力和獲得並運用其他領域的行為有直接關係，因此在職業成熟態度與能力發展的過程，必須考慮最低的限度的智力。而「社經地位」變項常為學者專家，引為探討職業發展歷程之變項（Pratt, 1989; Super & Nevill, 1984; William & Curtis, 1982；林幸台，民65；袁志晃，民71；徐麗敏，民80；陳麗娟，民72b）。除上述基本變項之外，個體的早

年生活經驗與成就動機、父母教育態度、社會環境、學校生活適應等因素的探討，亦為瞭解整個職業發展過程的重要因素（白秀雄，民72；李宗派，民79；呂麗絲，民81；林淑玟，民78；金樹人，民79；徐麗敏，民80；陳麗娟，民72a；楊國樞，民78；蘇萍，民73）。所以，犯罪少年的生涯發展是否與有關上述變項因素，是值得探究研析的。

五、犯罪少年實際需求與專家學者觀點間之比較

比較職業態度之相關因素綜合以上的敘述可知，職業態度是一個持續發展的過程，受到諸多變項因素的影響，犯罪少年由於心理障礙，更需要教育諄誨與各項福利服務的輔導。在其就業前，協助其進行職業試探的活動，使其瞭解本身的性向、興趣、能力及優缺點，並培養健全的職業觀念與態度，學習有用的知識技能，增進作決策能力，以達到適才適所的就業安置。總之，在此一系列的職業生涯規劃過程中，個體對職業所抱持的態度，實為其畢業後，就業適應良好與否之關鍵。因此，以犯罪少年之職業態度為主題，探討其職業自我觀念、職業價值觀、職業選擇態度等變項，與其未來工作有關變項，並瞭解與澄清各相關因素，進而以DELPHI研究方法之專家學者針對我國當前對渠等少年人力運用與職業輔導策略現況，進行評估分析之意見來和犯罪少年本身對職業生涯準備中，有關未來想從事之職業的訓練與就業輔導之實際需求，相互做比較，以瞭解其間是否有認知上之差距，以提供其生涯規劃進程之目標結構，是值得進行研究與比較的。

第二章

犯罪少年特質及相關理論

第一節　犯罪少年行為異常之界定與理論基礎

對於偏差行為（deviant behavior）的界定，會因不同的社會與不同的文化及不同的時空，而有不同的界定模式，因此可說，偏差行為的界定沒有絕對性。一般而言，偏差行為可從法律及社會、心理等三方面來界定。法律的認定是屬於狹義的偏差行為，亦即專指違反法律規定的犯罪行為。而社會學與心理學理論多採用廣義的觀點來說明，亦即違反社會生活規範、危害社會安寧秩序或導因於心理病態而引起之情況，即稱為偏差行為（李旻陽，民81）。

張春興（民75）對行為異常（behavior disorder）譯為偏差行為，並界定為：指個體偏差或過失行為而言，未涉及心理疾病，如偷竊、攻擊行為等。亦即個體行為具反社會性或破壞性之問題行為（problem behavior）。黃維憲（民72）認為所謂偏差行為，就是違犯社會規範且不受大多數人贊同的行為。是故，偏差行為可說是一種特殊的社會行為，是一種受社會規範所摒斥的社會行為，可分為犯罪、性偏差、自殺等三種。詹火生（民76）認為，偏差行為即違背團體或社會所制定的規範的行為。謝高橋（民71）亦認為破壞社會規範的行為即是偏差行為。許春金（民77）更以常態分佈模式來表示對不同層次行為分佈之相對性，如圖2-1。

標準線的位置，反映出每個社會對行為容忍度的差異。正常行為由一條大眾認定之行為準則來劃分，此標準線向左移，則偏差行為就會增加。

綜而言之，偏差行為會因不同的社會文化而發展出不同的界定模式，亦因社會變遷而改變其客觀的界定準則。而有關於青少

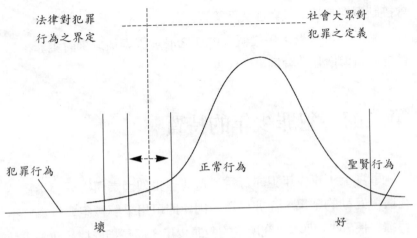

圖2-1　不同層次行為分佈圖（取自許春金，民80，32頁）

年偏差及犯罪行為的理論大都是採用犯罪學理論的觀點來解釋
（周震歐，民58，民76；謝高橋，民71；鍾源德，民75；李旻
陽，民81），包括下述學派：

　　犯罪古典學派：認定自由意志是犯罪之主因，亦即犯罪是自
我抉擇的結果，其處罰必須超過於因犯罪所獲得的快樂，方可收
到阻止的效果。

　　犯罪人類學派：認為犯罪是由其他事實所決定，而否認自由
意志學說，偏重於剖解學上的異同。

　　犯罪生理學派：強調偏差行為的產生歸因於個人的特別生理
特徵，包括遺傳基因、染色體異常（XYY染色體）、體型、身體結
構、腫瘤等之影響。

　　犯罪社會學派：強調偏差行為，是由於社會系統的性質與功
能的作用，包括秩序迷亂（anomie）、文化轉移（次文化）、自我
及角色緊張、差別交往（differential association）之學習作用、社

會控制與抑制及標籤與衝突理論等。

犯罪心理學派：係從個人內在之心理因素加以探討犯罪。以精神分析與增強理論爲重要代表。

第二節　犯罪少年的特質

事實上，青少年犯罪行爲是遺傳等生理因素與心理因素及外在環境互動的結果，而非僅單一因素即可用來解釋犯罪行爲（蔡德輝，民73）。而本研究所指的犯罪少年，即是指依據行政院主計處人力資源統計調查月報之勞動力年齡別分類中之15歲至19歲一類之犯罪，而接受保護管束與於少年監獄或少年輔育院中接受感化教育者，期望透過職業試探之輔導，使其能夠認識自我之興趣、人格、性向、能力與正確職業觀念及良好的職業態度，使其投入就業市場貢獻一己力量，稱之爲犯罪少年，一般亦將之視爲行爲異常青少年。渠等正處於風暴階段，是人生一個重要的過渡轉變時期，逐漸脫離兒童期的依賴而準備接受成人的責任（李增祿，民76），其表現在自我概念、人格結構、價值觀、心理需求及道德認知等方面特質有如下之情況。

一、自我概念的特質

鍾思嘉（民80）整理國內外之有關研究結果，認爲關於偏差行爲青少年之自我概念之測量，大都以排組法或採田納西自我概念量表進行。而從研究結果中發現其自我概念有如下之傾向：

1. 具有較消極與自我貶抑的自我概念傾向。
2. 自我概念中各層面之諧合度較差，具有較大的自我衝突存

在。

3. 「積極自我」、「自我認同」、「自我滿意」、「自我行動」、「道德倫理自我」等分數較一般青少年差。

4. 累犯青少年除上述五項分數之外，其「生理自我」、「家庭自我」、「社會自我」亦較一般青少年為差。

二、人格結構的特質

根據鍾思嘉（民80）整理國內外研究結果顯示，偏差行為青少年於人格結構上大都具有下列特徵：

1. 反社會（antisocial），無社會（asocial）及精神病態（psychopathic）的人格傾向。

2. 呈現強迫型性格。

3. 較有疑心、缺乏安全感、幸福感、容易緊張、焦慮及憂慮傾向。

4. 富攻擊性與抗拒權威之傾向。

5. 情緒適應較一般正常青少年差且不穩定。

6. 自我強度功能較弱，且具有自卑、缺乏信心、慮病等人格傾向。

7. 往往自我反省力較弱，且容產生易衝動行為，而其思考、判斷與抽象理解能力也較差。

8. 自我控制能力較一般青少年差，且較具離群與自我中心之傾向。

9. 較不具有合作與溫和的人格特質。

三、價值觀的特質

根據鍾思嘉（民80）整理國內外學者對偏差行為青少年的價值觀研究結果，發現其特徵大致傾向於個人價值居多數，屬於社會性價值體系者較為少數，可歸納為下述幾點：

1. 較注重自我中心的價值觀念。
2. 缺乏內化控制體系，且自律性規範意識亦較薄弱。
3. 較有防衛性態度之不正確價值觀。
4. 目的性價值方面，重視家庭的安全、自由、國家的安全、世界的和平與自重；而較不重視成熟的愛、多采多姿的生活、社會讚許與心靈超脫等價值觀念。
5. 工具性價值方面較重視有志氣、抱負、勇敢、獨立、真誠、自制等價值；而較不重視服從、服務、禮節、親愛、爽朗、愉快等價值。
6. 對於工具性價值與目的性價值上具較強烈之不和諧，及存在著價值衝突判斷。

四、心理需求的特質

根據鍾思嘉（民80）整理多篇研究結果，發現偏差行為青少年心理需求於愛德華個人興趣量表的反應具有下列傾向：

1. 較不重視省察、謙卑、成就、順從、秩序、支配持久等方面之需求。
2. 較重視自主、表現、攻擊、親和、變異、求助、異性戀等方面之需求。

綜合上述之結果發現可知，偏差行為青少年的心理需求反應較傾向於物質化的經濟層面成匱乏需求，較少有傾向於精神層面的心理需求或成就需求。

五、道德認知水準之特質

關於青少年道德認知水準的研究並不多，從鍾思嘉（民80）整理的幾篇研究中，可歸納如下列之結果：

1. 青少年之道德認知發展大多數集中於第三階段——人際關係和諧取向（乖孩子導向）階段。而偏差行為青少年之道德認知發展卻較一般青少年的發展遲緩，大都傾向停滯於工具性取向的階段。
2. 隨著年齡之增加，青少年之道德認知水準發展亦隨之提高，而偏差行為青少年則不然，其通常有停滯或遲緩的現象發生。
3. 青少年智力的發展影響到個體道德認知發展，而偏差行為青少年通常其智力較一般青少年來得低，以致於其道德認知發展較一般青少年來得遲緩，甚至產生停滯現象。

由此可知，犯罪少年具備消極、貶抑自我之概念、反社會低自控力人格與個人工具性價值觀和道德認知，即自主攻擊之心理需求。

第三節 犯罪少年犯罪概況與犯罪原因分析

一、少年犯罪概況

少年事件依少年事件處理法第一條規定，分為少年刑事案件與少年管訓事件兩種。根據台灣刑事警察局刑案統計，「分析近十年來犯罪少年人數」，由七十五年17,309人增至八十四年30,415人，增加率約為75.72％。而八十四年少年犯約占總犯罪人數（155,613人）之19.55％。由前述數據分析，八○年代國內犯罪人數急速增加，其主要原因在於七十九年十月九日政府公告麻醉藥品管理條例，將吸食安非他命列入刑責，因此八十年濫用藥物人數大增，又警政單位加強取締工作，對犯罪人數的增加亦有影響。從犯罪人數增加比率觀之，少年犯之增加率約為成年犯增加率之一半（法務部，民80）。而九○年代則以竊盜罪進入少年輔育院為多，約占51.5％（法務部統計處，民92）。

而依據法務部犯罪研究中心所作研究分析得知，八十四年犯罪少年中國中及高中職階段犯罪人數八十三年25,339人，八十四年25,810人，而其「地區分佈」犯罪人數最多縣市，依序為台北縣、台北市、高雄市、高雄縣、台中縣、彰化縣、台南縣，而根據行政院主計處八十五年十二月七日公佈資料顯示，犯罪狀況較嚴重的三個城市分別是台中市、嘉義市、台南市；而犯罪狀況較低的三個城市分別是澎湖縣、雲林縣、苗栗縣，由此可見少年犯多集中在大都會地區。而法務部（民91）就英、德、法、美、日及我國等六個國家進行刑案統計比較簡析得知，我國全部刑案少

年嫌疑犯占總嫌疑犯9.99％居末位，其餘依序日本37.40％、英國23.89％、法國21.00％、美國17.10％、德國12.90％；另再以十八個城市進行比較結果顯示，我國少年嫌疑犯占總嫌疑犯以大阪39.55％居首位，東京28.54％居次位、香港15.20％居第三位、台中市13.58％居第四位、台北市8.32％最低居末位。

以犯罪少年「在學與非在學」比率分析得知，八十三年（10,312人）與八十四年（14,632人）比較，在學學生犯罪人數增加4,311人，增加率約為41.81％；非在學少年犯人數由八十三年（6,280人）至八十四年（6,525人）增加245人，增加率約為3.9％，在學少年犯增加率為非在學學生之10.7倍。而且國中人數（10,201）人比高職人數（3,609人）多6,592人，約為2.83倍。

就「犯罪少年類型」分析得知，整體而言，以竊盜犯（61.26％）占首位，其次依序為藥物濫用（12.76％）、傷害（5.81％）及恐嚇取財（2.81％），就統計考驗結果顯示，八十年藥物濫用顯著增加及在學國中生恐嚇取財比率顯著增加，殊值關切。而法務部（民91）就世界二十六個國家進行刑案統計比較簡析得知，我國竊盜犯罪率為1,411.09件／十萬人口居第八位，其中少年竊盜嫌疑犯占竊盜總嫌疑犯比例中以南韓48.73％居首位，日本47.80％次之，芬蘭37.60％居第三位，而我國為27.53％。

而台灣地區各地方法院審理少年刑事案件與少年管訓事件中，犯罪少年之「家庭經濟狀況」，近五年來，皆以小康之家人數最多，其次為勉足維持生活者，二者合計所占百分比高達93％以上，貧困無以維生或中產以上者，人數所占百分比皆少。另在「父母狀況」方面，以七十五年至七十九年為例，皆以父母俱存者人數最多，高達85.22％以上，其次為父母分居者，約6.86％以上，其餘父存（亡）母亡（存）或父母俱亡者所占百分比皆少（毛高文，民81）。

另依據法務部（民92）統計分析近十幾年來（八十一年至九十一年）少年輔育院學生入院時之十四種罪名觀之，以竊盜罪年平均約520人之51.5％居第一位；麻醉藥品管理條例罪年平均約253人之25％居第二位；恐嚇罪年平均約32人之3％居第三位。

而教育部訓委會（民79）及黃富源、馬傳鎮等（民85）對青少年犯罪之分析料顯示，青少年犯罪趨勢具有下述七種特徵：

1. 量的增加，即量多化趨勢：就台灣地區少年犯罪之發展趨勢而言，在量的方面，少年犯罪乃呈穩定上升，日趨嚴重。

2. 面的擴展：我國少年犯罪在發展過程中，層面上亦有日漸擴展的趨勢：(1)在學人數的增加；(2)年齡層面的下降。

3. 質的惡化，即多元化與殘暴性趨勢：從犯罪發展的事實來看，近些年來不良少年問題，也趨向於質的惡化。其中事實所顯示的特性，約有下列幾項：(1)集體性；(2)多元性，習常性、計畫性，暴戾性。

4. 投機化：近十年來青少年犯賭博罪人數逐年遞增，到八十一年占35％以上，已高居第一位，其後二年亦高居第二位，可見青少年沉溺於賭博，性喜投機牟取暴利者日益增多。

5. 謀財性：近十年來青少年觸犯恐嚇取財、強盜、搶奪、擄人勒贖等暴力性財產犯罪人數，始終高占各年齡層第一位，可見其謀財性高，使社會治安嚴重敗壞，人心惶惶不安。

6. 墮落性：近年來少女觸犯麻藥法者大量激增，已躍居第一位，煙毒罪亦高居第四位，可見少女逃避現實及毫無生活目標者日益增多。

7. 本能性：近年來少女觸犯妨害風化罪及妨害家庭罪者年有
   增加，且歷久不衰，常常無法自拔，如不能予以及時有效
   的輔導與救助，則其犯罪生涯較男性少年犯更為長久，且
   更難以回頭。

　　青少年的犯罪行為是遺傳之生理因素，與個人內在心理因
素，及外在社會文化互動的結果。而這種種正可經由自我概念、
人格結構、價值觀、心理需求，及道德認知水準等個人特質，對
外在社經文化環境的變化與職業世界的認知程度之強弱，而表現
出正確或錯誤的抉擇行動。如果是正確的抉擇行動，則可為自己
未來成功的生涯發展，奠下良好的基礎，如果是錯誤而失足的抉
擇行動，則可能使自己產生沒有未來的衝突與挫折，而難以回
頭。

　　綜合上述資料可知，台灣地區非但犯罪人數「量」的激增，
而且犯罪年齡下降，及犯罪手法「質」的智識型犯罪，亦日趨嚴
重。因此，亟須將政府有限之資源使用在教育輔導上，並配合職
訓單位、社輔機構及民間公益團體之服務功能，以有效預防犯
罪，達成「預防勝於治療」之目標。

二、少年犯罪原因分析

　　根據台灣地區各地方法院審理少年刑事案件暨管訓事件犯罪
原因，以七十五年至七十九年，皆以因家庭因素而犯罪者人數最
多（平均約44.42％），且人數呈逐年增加趨勢，所占百分比皆在4
％以上，其次為心理因素、學校因素及生理因素。分述如下（法
務部，民80）：

　　家庭社會因素方面：在家庭因素方面，以因父母管教不當而

犯罪者人數最多，約占80％以上，其他依序為家庭破碎、犯罪家庭、父母不睦、親子關係不正常、子女眾多或貧窮難以維生等因素犯罪者。而在社會因素方面，則以因交友不慎而犯罪者人數最多，約占92％以上，其他依序為社會環境不良、參加不良幫派、受不良書刊或傳播影響或因失業而犯罪者。

個體心理與生理因素方面：在心理因素方面，以因意志薄弱而犯罪者之人數最多，約占有66.70％，其他依序為個性頑劣、精神病症或智力不足而犯罪者。而在生理因素方面，則以性衝動而犯罪者人數最多，約占50％以上，其他依序為精力過剩、殘廢、遺傳疾病或痼疾、畸形而犯罪者。

學校因素方面：以因適應學業不良而犯罪者人數最多，平均約占53.19％，其次依序為曠課逃學（38.25％）、處理不當（8.56％）而犯罪者。

其他因素方面：以好奇心驅使而犯罪者人數最多，約占30％以上，其他依序為缺乏法律常識、懶惰遊蕩、失學、愛慕虛榮、外力壓迫或其他因素而犯罪者。

而遇港萍（民75）亦指出影響問題青少年的因素有下述二項：

先天因素：包括疾病、智力低劣、年齡在13歲到16歲間、男孩較女孩多等因素。

後天因素：包括家庭環境不良、家庭教育不當、學校教育不當、社會環境不良等因素。

易永誠（民77）認為影響國中生偏差行為的產生，其因素雖廣泛複雜，但總不離生理、心理、精神、家庭、學校、社會文化與自然環境等多種因素交互影響的結果。馬振華（民81）分析指

出，青少年問題已成爲社會必須共同面對的隱憂，而造成青少年犯罪日益升高的主因是「不負責任」和「享樂主義」，也同時暴露了中產階級文化的另一種危機。謝瑞智（民74）認爲少年犯罪之原因，可由心理學、社會學與生物學等三方面加以論述探究。

綜合上述可知，少年犯罪因素之分析，可由個體的生理、心理、家庭、社會、學校及其他因素等獲得充分的瞭解，其中尤以家庭因素中父母管教不當而犯罪因素居首位，約占90％以上，實值得有關當局重視，速謀對策以解決因應。

第三章

犯罪少年職業態度相關理論

第一節　職業自我觀念

　　本書係以舒伯在其「職業發展型態研究」中所提出的三個重要理念——職業自我觀念、職業價值、職業選擇的態度，及經李庚霈（民86）前測因素分析後之統計結果增加一因素，須重新命名，經參酌相關文獻資料與量表題目特性，增加「積極創造性」等四個變項，作爲測度的指標，探討犯罪少年在生涯發展過程中，於實際進入就業市場工作前，對自己的職業生活所表現的認知、情感與行爲反應，及對職業所抱持的觀念與作法之實際情形。進而透過實地調查犯罪少年之自我表達性需求，對其未來職業生涯之職場需要，作較多的瞭解與接受輔導，及職業訓練的職類，來和專家學者之規範性與比較性需求進行相互比較，以瞭解兩者之間是否有認知上之差異。

一、職業自我觀念

（一）自我觀念

　　自我觀念是有組織、有動力的結構；是個人世界的核心，由個人早期，逐漸習得的對人對已的觀念與態度；也是個人對自己及有關的社會環境之知覺。許多學者對自我觀念有深刻的探討，較重要者有下述數位（張慶凱，民73）：

　　雪里夫（Sherif, 1969）認爲自我是由態度所構成的，包括對自身與外界的人、事、物及價值觀之態度；其是經由後天生活過程中，個人與環境互動作用逐漸發展而得。因此，自我決定個人

在具體情境中的知覺及行動表現。

羅吉斯（Rogers）則認為自我觀念是主我（I）或客我（me）對他人與對生活不同層面的知覺，及其附加價值，而結合成有組織、一致的完形概念。

韋里（Wylie, 1961）則認為自我觀念包括本人所意識的屬性之現象層面與無意識的非現象層面。

米德（Mead, 1934）則認為自我觀念是社會的形成現象，亦即個體與他人交往經驗的結果。

陳麗娟（民71）認為自我觀念是個人對自身及對自己與外在環境間關係的看法，為個人人格結構的核心，具有自我維護、肯定及自我實現之功能。而柯樹青（民68）則認為職業發展階段大致在10歲以前即已建立自我觀念，而在青春期前期進行自我觀念的修正，演進為職業偏好導向；青春後期則配合職業偏好接受教育或訓練，以穩定自我觀念，並進而作升學或就業或其他方向的抉擇。彭駕騂（民72）亦認為自我觀念決定了個人如何學習成長。而江南發（民71）在「青少年自我統整與形式運思能力關係之研究」發現，男性自我統整能力遠較女性為佳，而且犯罪少年統整混淆的程度比一般少年為高。因此，對犯罪少年的矯正輔導，應充分瞭解其心理社會發展階段成敗的情況，以減低其統整混淆感，提高自我覺知能力，使自我獲得健全發展。

（二）職業自我觀念

候月瑞（民75）歸納「職業自我概念」的界定為個人在生計發展歷程中所覺知到與職業有關之自我屬性之綜合體。而舒伯等人（1963）認為自我屬性即是個體對自己與工作有關的興趣、能力、價值、人格特質等特質之看法，此種特質的清晰和統整謂之職業自我觀念之具體化。故，內部屬性具備清晰度及明確性，則

其將自我觀念轉換成職業自我觀念時則愈清楚與愈具體。而由於每個人自我觀念不相同，其轉變方式也不同，因此，職業選擇就因人而異。

巴納德、丁斯里茲、侯渥德（Barrett, Tinsleyz & Howard, 1977a, 1977b）將清晰（clarity）、明確（certainty）及結構性（structure）三者合併為「具體化」（crystallization）的測量概念，來評量個人的職業自我觀念，即以「職業自我觀念的具體化程度」來表示個人可以明確的表達其本身與職業有關的自我屬性集合體的程度。

雷蒙（Remer, 1984）針對74位大學生接受以生活為中心的生計發展課程的理解性諮商模式之處遇，結果發現參與者對其職業自我觀念的形成較具體化、明確性且變得較理性，對其主要生涯選擇較確定。而泰勒（Taylor, 1985）對大學生從學校轉換進入工作世界過程中的困難程度進行預測，結果顯示個體職業自我觀念愈具體，則其愈能明確的表達其所欲從事的工作屬性，並且能做好日後的生涯規劃。侯月瑞（民76）針對431名高中職學生進行「生計發展課程對高中職學生生計成熟與職業自我概念之輔導效果研究」，結果發現生計發展課程對促進高中職學生之生計探索行為及其職業自我觀念有顯著之效果。由上述三項研究可知，生涯發展的輔導有助於其日後職業自我觀念的形成及職業選擇的適當性。

綜合上面各項敘述可知，職業自我觀念是經由自我觀念逐漸轉變而來的一個連續變動歷程。而在這其間所形成的重要結構，是自我人格結構與認知能力，和計畫行動能力的培訓，透過此一過程，方能夠強化個體的的職業自我觀念，走向正確與清晰的境地。

第二節　職業價值觀

　　價值觀是個人或團體透過事物的認知經驗，產生獨特的情感偏好，於意識或潛意識系統作用下，影響行為目標與手段選擇的一組意念。亦即是人類對事物的知、情、意及影響行為選擇一套穩定而持久的價值體系。而青少年的價值觀是在家庭教育、學校教育與社會教育三項功能配合交互作用下完成的（江順裕，民74）。

　　工作價值（work values）的概念，乃職業發展理論大師舒伯繼其「職業自我觀念」之後，提出的一個重要名詞。目的在於藉個人生活過程中，系列判斷的結果，確立其具有動力意義的態度或觀念，以促進個人選擇職業的能力，並提供青少年成長發展的方向（袁志晃，民72）。因此舒伯在一九七〇年所設計編製的「工作價值觀量表」，主要目的是在測定個人在職業選擇時的喜好傾向，以協助其瞭解自身之職業成熟程度。

　　該量表共有十五個代表不同工作價值觀的分量表，包括：利他主義（altruism）、美的追求（esthetics）、創意的尋求（creativity）、智性的激發（intellectual stimulation）、管理性（management）、成就感（achievement）、聲望（prestige）、獨立性（independence）、經濟報酬（economic returns）、安全感（security）、工作環境（surroundings）、與上司的關係（supervisory relations）、與同事的關係（associates）、變異性（variety）、生活方式的選擇（way of life）。透過此量表測試結果之得分可表示個人各個職業發展階段的向度（陳英豪等，民78）。米勒（Miller, 1974）將前六項歸類為內隱的工作價值（intrinsic work values），後九項

歸類為外顯的工作價值（extrinsic work values）等兩類。由此可顯示一般人在工作中或擇業時，常有側重外在獲益的成份或內在實質的成長之二種向度之內涵。

張慶凱（民73）指出，在現實社會中最為多數人所接受的職業價值觀有九個：(1)希望工作的觀念，以保身心健康；(2)希望有成就而力爭上游的觀念；(3)希求滿意和快活的觀念；(4)希冀安全的觀念；(5)喜新厭舊的觀念；(6)喜歡快速的觀念；(7)希求獨立自主的觀念；(8)注意資格與身份的觀念；(9)重視勞資關係的觀念。而此九項職業價值觀是職業輔導上相當重要的基礎。因此，沈健華（民81）指出，在這物慾橫流的社會中，員工若沒有正確的價值觀及人生觀，很容易受到社會風氣、同儕團體的影響或誘惑，而產生非社會或反社會行為，不僅造成個人身心傷害，也直接影響企業生產力。根據專家學者的研究指出（周珪棟，民80；陳憲生，民69；楊朝祥，民80），目前企業員工的工作價值觀，大致可歸納為六種：(1)理想工作環境；(2)合理的待遇及良好的福利措施；(3)人性管理及適當尊重與關懷；(4)工作時間的縮短及彈性化；(5)增加教育訓練的機會；(6)個人適應困擾的申訴及勞資爭議的協助。余志綏（民74）亦指出青年應有的職業價值觀是：(1)認識對國家的責任；(2)建立企業倫理的道德觀；(3)獻身科技發展的抱負；(4)建立職業平等觀念；(5)建立良好人際關係；(6)充實新知技能。

所以，上述的各類工作價值觀，並非是一成不變的，往往會隨著時空背景物換星移而有增減，亦即其係需要隨著時代變遷與個體成長的多寡，而有不同程度的展現。此一情況正如管理學上所言之「天下沒有唯一的法則」（one best way）與「萬靈丹」的道理。而個體除了須隨時充實自身職業所需的的專業知能外，尚須以感性的情懷與同理心的素養與人接觸，進而更能以理性的態度

調適自我內在職業價值觀，以適應外在工作的要求，建立自我積極、正向、肯定的職業價值觀。

二十一世紀的工作世界，將在工作價值所界定的基礎上不斷地改變。工作者的期望將逐漸集中在較高層次的內在工作價值觀上。因此，必須建立終身教育觀念，並接受訓練的觀念，以作一個有建設性的社會一份子（吳天元，民77）。而在組織中，一般員工大約可被歸納為六個不同價值體系之類型：(1)尋求安全感高者；(2)自我中心的利己主義者；(3)Yes. Man型者，即唯令是從型者（較喜歡規示及固定的做事模式）；(4)長袖善舞者（唯物主義者）；(5)以社會關係人格化為導向者（喜歡人性化無衝突性的工作群體）；(6)存在主義者，即追求工作滿足感者（施貞仰譯，民81）。總之，新人類的工作價值觀即是生命的尊嚴和工作的倫理（陳怡安，民79）。

上述之工作價值觀在一些實証研究中獲得結論顯示如後：

第一，財團法人中華商情研究基金會（民74）針對國民就業輔導機構與企業界應如何相互配合有效辦理屆畢業生之就業輔導工作專題研究發現，在539個應屆畢業生針對「畢業後是否有必要再利用工作之餘進修」之問題中顯示有93.69％人認為有必要利用工作之餘進修，而且以進入夜間部就讀所占比例最高，占43.95％。另在「希望將來從事之工作屬於何性質者」問項中，顯示公務員居首，占32.15％，而工廠或其他機構職員居末，占11.07％，而且有51.53％的高中職畢業生認為高中職畢業後馬上就業，只要自己努力仍會有出路。

第二，吳聰賢（民72）針對340位非在學青年與685位高中職生及770位國中生，進行農村青年職業興趣、工作價值與職業選擇之關係研究結果顯示，農村非在學青年在「工具性工作價值」即外在價值，（指可從工作中獲取之報酬，如收入、地位、安全感

等）的反應比在學青年高。反之，非在學青年在「表現性工作價值」（即內在價值，指可直接從工作經驗中取得的報酬，如興趣、權威責任、挑戰性、獨立自主等）的反應比在學青年還低。

第三，劉焜輝（民74）針對1349位國中畢業生進行「國中畢業生職業流動與工作環境及工作興趣關聯性之研究」結果發現國中畢業就業生傾向於「工作適當」、「工作順利」、「人際關係良好」、「可獲技能學習」、「符合興趣」等工作環境之價值觀。因此，宜多加強國中職業輔導工作，以建立國中畢業生敬業、樂業職業態度，引導其選擇適合的職業。

以上實證研究結果顯示之工作價值趨向，而其與犯罪少年的工作價值觀是否亦相同？是值得處在此一犯罪者趨於年輕化、多元化、暴力化與病態享樂化的當下，進一步去探究與瞭解的。袁志晃（民72）針對「台灣地區接受感化處遇的男性少年犯之工作價值分析——地區、學業成就、家庭社經地位之比較研究」結果發現：(1)男性少年犯的工作價值重視程度以「從屬關係」、「環境」、「成就性」、「交誼性」四者為最高項目，其中以「從屬關係」居首；而最低項目為「經濟報酬」、「利他性」、「變化性」等三者，而且台灣北、中、南三區男性少年犯的價值觀念相當接近，是否為其共同特性？(2)男性少年犯之工作價值觀念比較傾向於內隱性，亦即重視內在感受的傾向；(3)男性少年犯之工作價值觀和地區因素達顯著水準，此可能因三者各為重農、重工或重商之社會，其活動皆有其特點，也因而影響三個地區之差異。(4)男性少年犯學業成就愈高，其工作價值觀愈正向而積極。(5)男性少年犯之工作價值並不因家庭社經背景而有所不同，其間差異也不大。這和國外學者所研究結果（安歇爾[Ansell, 1970]；克拉克[Clark, 1962]；侯靈謝[Hollingshed, 1949]；胡格[Huang, 1974]；莫菲特[Moffitt, 1981]；奈兒[Nye, 1958]），及國內馬傳鎮（民71）研

究結果大不相同。另法務部（民75）在「心理病態性格與犯罪行為研究中所編製之「偏差價值觀量表」，經測量結果指出，犯罪行為者的價值觀之特質是「市場取向性格」（marketing personality），包括：(1)道德觀念薄弱，重利忘義；(2)毫無感情；(3)喜操弄他人，並獲利益；(4)無明顯心理疾病。

法務部（民85）指出八十四年台灣地區少年管訓事件之26,341個犯罪少年行業狀況，男性犯罪少年23,239人中，除在學生（13,310人或57.27）、無業者（5,356人或25.05％）與無法分類者（5人或0.02％）外，其所從事的行業以製造業居首位（1,525人或6.56％），其次為公共行政、社會服務及個人服務業者（1,265人或5.44％），其他依序為營造業（896人或3.86％）、商業（221人或0.95％）、水電燃氣業（195人或0.84％）、金融保險不動產及工商服務業（193人或0.83％、運輸倉儲及通信業（161人或0.69％）、農林漁牧業（88人或0.38％）、礦業及土石採取業（24人或0.11％）。而女性犯罪少年3,102人中，除在學生（1,313人或42.33％）與無業者（1,164人或37.52％）外，其所從事的行業以公共行政、社會服務及個人服務業者（443人或14.28％）居首位、其次為商業（85人或2.74％），其他依序為製造業（60人或1.93％）、金融保險不動產及工商服務業（21人或0.68％）、運輸倉儲及通信業、農林漁牧業（5人或0.16％）、營造業（3人或0.11％）、礦業及土石採取業（2人或0.06％）、水電燃氣業（1人或0.03％）。

總之，在職業發展過程中，依據金滋伯格（Ginzberg, 1951）研究結果得知，青少年在15、16歲時，主要是以「價值」作為職業選擇的考慮因素。但是舒伯與歐伯斯特（Overstreet, 1960）、堅特雷斯（Getzels, 1985）、史布瑞特霍爾（Sprinthall, 1966）、劉德生（民77）等研究卻發現工作價值與學校年級或成就地位無顯著相關。而舒伯（1957）研究結果亦指出，15歲至17歲青少年在作

職業選擇時，強調「價值」影響力重於興趣。

　　綜合上述，由於研究對象與方法及工作價值界定的不同而產生不同的結果，基本而言，職業價值是個人價值觀念中的一部分，是指個體對職業的看法與認識，其可能因受許多因素的影響而造成價值取向的差異，此亦是犯罪少年矯治輔導工作者所須注意探究之重點所在。

第三節　職業選擇態度

　　林幸台（民65）指出舒伯及克瑞特兩位職業發展論學者對「職業選擇」或「職業成熟」的概念，提供了適用於中學階段學生（即青少年）職業成熟度評量之指標，包括了「職業選擇能力」和「職業選擇態度」兩大方向。

一、職業選擇能力與態度

　　林幸台（民65，民76）、林淑玫（民78）、徐麗敏（民80）、袁志晃（民71）、陳麗娟（民70，民71）及劉德生（民77）認為舒伯綜合金滋伯格的發展觀點與布勒（Buehler）生活階段的分類及哈伯斯特（Havighurst）的發展任務概念，發展六個衡量個人生涯成熟的指標（向度），以解釋青少年的生涯成熟度，亦即個人完成該階段發展任務的成熟程度。

　　1. 職業選擇的取向（orientation to vocational choice）：亦即關心職業問題，並運用各種資源解決問題的能力。
　　2. 資料與計畫能力（information and planning）：亦即能夠針對有關的職業收集資料與計畫的能力。

3. 職業選擇的一致性（consistency of vocational choice）：亦即對發展歷程前後所選擇的職業，其範圍、層次與體系的穩定性與一致性。

4. 人格特質具體化（crystalization of traits）：亦即對職業有關的特質如性向、興趣、獨立性等成熟具體化的程度。

5. 職業選擇的睿智（wisdom of vocational choice）：亦即職業的選擇與其能力、活動、興趣、社經背景吻合的程度。

6. 職業的獨立性（vocational independent）：亦即指對工作經驗的獨立性，即工作能允許一個人按著自己的方式或想法去進行。

　　而克瑞特進一步增修訂舒伯的「職業發展模式」發展成為「職業發展成熟因素結構階層式體系」，涵蓋了職業選擇的一致性、明智性、能力、態度等四個層面。其發表的「職業成熟量表」實際上包括了能力與態度兩個分量表。在能力方面量表側重「認知」（cognitive）自我功能，共分為目標選擇（goal selection）、自我認識（self-appraisal）、計畫（planning）、職業資訊（occupational information）、問題解決（problem solving）五個次量表；而在態度方面則包含「意動傾向」（disposition），共分涉入選擇的程度、對工作的看法、獨立抉擇程度、喜好的因素、對整個選擇歷程的觀點看法等五個次量表（Fouad, 1988；林幸台，民65，民76；陳麗娟，民71）。而其職業階層模式則包括三層，最上層是職業成熟程度，中層包括評量個體成熟向度的一致性，明智性、能力與態度，最下層為各種特殊因素，以此一職業階層模式為標準來衡量個體的職業成熟程度之實際情況，以作為輔導個體職業生涯發展之參考。

二、職業選擇與職業成熟關聯性的實證研究

　　薩密卡斯（1990）認為職業成熟是顯示個人真實職業選擇的準備度，可藉由職業成熟態度量表來瞭解個案之生涯發展狀況。Damin 與 Hodinko（1987）使用該量表進行研究發現，父母的教育程度與學生的生涯態度有顯著的相關，亦即父母教育程度愈高者，則愈有促使子女做職業選擇的傾向，並提早進入工作市場。

　　因此，從發展的觀點而言，職業成熟是一個連續性過程，是個人透過對自己的清晰瞭解及對職業的期望、抱負與價值判斷，而將自我具體表現於職業選擇與決定中。

　　職業選擇的成熟水準，也因個人的社經背景及生活經驗之不同，而有差異。門卡里得與寇沛（Burkhead & Cope, 1984）在比較生理障礙與身體健全的大學生職業成熟相關變項探討中發現，障礙生比一般生更能表現職業成熟，而且女性比男性的職業成熟發展較好。薩密卡斯（1984）出職業發展理論，認為智力和獲得與應用其他相關領域行為有直接關係，因此，在職業態度與能力的發展過程中，必須考慮最低限度的智力。

　　有關發展不利青少年的職業成熟態度方面，經韓得列（Handley, 1975）；帕爾摩與路特滋（Palmo & Lutz, 1983）；韋得門（Whitman, 1972）等之實証研究結果顯示：

1. 職業成熟與智力間有強烈的相關存在。
2. 男女性在職業成熟態度量表並未達顯著差異，但年級則達 .05 顯著水準。
3. 隨著年齡增加女性平均數高於男性、但二者間交互作用未達顯著水準。

4. 心智能力是預測職業態度唯一的顯著性變項。

5. 參與學校生計輔導計畫方案者，較能表達正向態度與有效率的進行互動，並且對自己的生涯選擇過程中有更多的投入與自主性的職業決定。

而國內一些研究結果顯示，男性偏於機械操作、實驗研究之職業選擇，而女性則偏向音樂、美術活動、社會與教育工作（吳聰賢，民72）。林邦傑（民79）針對大專在學青年工作價值觀與工作環境需求之調查研究結果顯示，大專在學青年的就業態度較具彈性，大部分學生認為與所學稍微配合即願去工作。劉焜輝（民74）研究亦指出國中畢業已就業者對職業選擇，仍停留在不斷摸索、試探的階段。因此，蘇靜芬（民75）研究指出，國中畢業後的就業生在畢業時，決定就業的主要理由為對升學沒興趣。此與黃炳煌（民73）研究國中未升學畢業生去向之調查研究相同。另外多數已就業國中畢業生在選擇職業時所考慮的條件以「能有更多學習訓練機會」為首，而在擇業過程中受到父母與師長生計輔導諮商影響最大。財團法人中華商情研究基金會（民74）之研究結果亦指出：(1)應屆畢業生畢業後馬上就業原因，以「想先吸收社會經驗」者居多，占 60.11％；(2)「希望將來從事的工作與所學相關者占77.07％；(3)影響擇業或升學最深者為自己占63.69％，而父母居次占22.22％，兄姐第三，占5％；同學第四，占3.23％，師長與其他居第五，各占2.92％。

因此，犯罪少年在職業選擇方面是否與一般人一樣仍然停留在不斷摸索、試探的狀況，頗值得吾人進一步探討研究。

第四節　積極創造性

　　所謂「積極創造性」係指個體在工作崗位上，表現出積極主動進取的態度，與創新開發業務的能力，亦即是智慧、能力與行動力的結合，展現出個體積極自主、日新又新能接受挑戰的特性（鄭李足，民67）。而熊鈍生等（民68）認為積極是行事勇往直前，力圖進取，意味為陽、為正、為肯定，消極係對立。創造力（originality）是指個人特出新意，造作一事一物之力量。劉振強等（民74）亦認為積極與消極相對，指勇往直前，力圖進取或向上發展，力爭上游。乃就事情的肯定性、能動性而言。創造係指發明或創作過去所沒有的事物。

　　舒伯（1970）所設計編製之「工作價值觀量表」中，共有十五個代表不同工作價值觀的分量表，其中包括了創意的尋求（creativity）、智性的激發（intellectual stimulation）、獨立性（independence）、變異性（variety）等分量表，很清楚的說明了積極創造性之特質與功能。而張慶凱（民73）亦指出，希求獨立自主的觀念是職業輔導上相當重要的基礎。另舒伯綜合金滋伯格的發展觀點與布勒生活階段的分類及哈伯斯特的發展任務概念，發展六個衡量個人生涯成熟的指標（向度），以解釋青少年的生涯成熟度（即個人完成該階段發展任務的程度）（林幸台，民65，民76；林淑玟，民78；徐麗敏，民80；袁志晃，民71；陳麗娟，民70，民71；劉德生；民77）中，亦強調計畫能力與獨立性。而克瑞特的「職業成熟量表」中亦強調計畫、獨立抉擇與問題解決之認知或自我功能等要項。而李華璋（民79）在「大學生工作價值觀之評量研究」中，發現成長、自主、適配性、新奇變異、表現

創新等分量表占相當重要之等級。

　　而鍾思嘉（民80）整理國內外之有關研究結果，認為關於偏差行為青少年之自我概念之測量，大都以排組法或採田納西自我概念量表進行。而從研究結果中發現其具有較消極的自我概念、反省力弱、衝動、其思考、判斷與抽象能力較差、工具性價值方面較重視獨立、表現較多「非理性、武斷」及「傳統與個人價值衝突」之價值、較高的自主、表現、變異需求等特質。

　　財團法人中華商情研究基金會（民74）針對國民就業輔導機構與企業界應如何相互配合有效辦理屆畢業生之就業輔導工作專題研究發現，在53位應屆畢業生針對「畢業後是否有必要再利用工作之餘進修」之問題中顯示有93.69％人認為有必要利用工作之餘進修，可見其積極創造性在職業態度要素中亦相當重要的。而黃炳煌（民73）研究國中未升學畢業生去向之調查研究結果示，多數已就業國中畢業生在選擇職業時所考慮的條件以「能有更多學習訓練機會」為首；財團法人中華商情研究基金會（民74）之研結果亦指出，應屆畢業生畢業後馬上就業原因，以「想先吸收社會經驗者居多，占60.11％。

　　經由上述的理論與實證調查結果得知，不論是一般人或行為偏差之犯罪少年，在職業態度與行動上均具有積極創造性之特質，只要給予適當的輔導與激勵，相信必能使其建立正確的職業態度。

第四章

影響犯罪少年職業態度相關因素論證

前所述及之職業態度包括個體的職業自我觀念、職業價值觀、職業選擇態度及積極創造性等四個向度，而其影響因素一般則以個人、家庭、學校、社會等四個面向（變項）進行探討與相關論證。

第一節　個人因素

一般常用來進行探討與相關論證之個人因素，主要有性別、年級（齡）、地區、智力、早年生活經驗、成就動機等，分述探究如下。

一、性別

性別因素常是專家學者們在探討人類所抱持的態度或行為時重要變項之一。阿可密（1982）研究結果，男生似乎在工作知識與職業態度上比女生成熟。普得列與韓森（Putnam & Hansen, 1972）也以十一年級的241名學生為研究對象發現，女性的職業成熟度較男性為高，亦即其對教育職業計畫與作決定的歷程介入較多。而達尼爾斯史帝瓦得（Daniels & Stewart, 1972）研究結果指出，性別、年齡與自我概念、職業適應、親子關係等變項間有顯著相關。袁志晃（民71）研究學生工作價值取向，發現因性別的不同而有差異存在。post-Kammer（1987），也針對九到十一年級男女學生進行內外在工作價值與職業成熟間的相關研究，結果顯示性別差異更顯著於年級間之差異。而林淑玟（民78）以肢障者之自我觀念系統與生涯成熟間關聯進行研究，結果顯示性別並無顯著差異。

楊國樞等（民78）針對1218名國中「未升學未就業青少年學習適應與職業成熟之系統研究」的第一年研究中指出，在「就業意願」變項中，性別之差異達顯著水準，而且女性的就業意願比男性低。而在「職業成熟態度」變項中，三個分量尺「目標確定」、「積極投入」，及「觀念澄清」等，「積極投入」與「觀念澄清」兩分量尺在性別差異上達顯著水準，女性的積極投入與觀念澄清兩項得分均比男生高，整體而言，職業成熟的得分，亦為女性比男性高。

　　而以職業成熟態度三個分量尺與總量尺的四個得分作依變項，其他變項作為預測變項進行迴歸分析結果顯示，用以預測職業成熟態度總分的變項可以有五項，分別是「個人自尊」、「學校生活」、「升學意願」、「就業意願」、「性別」等。解釋的變異量不及12％。大致可推測，自尊愈高、學校生活適應愈好、升學意願愈高、就業意願愈高，其職業成熟的得分亦愈高。用以預測「目標確定」量尺得分的變項可以包括，「學校生活」、「個人自尊」、「就業意願」、「升學意願」等四項。解釋變異量僅達8％，大致可以推測學校生活愈適應、自尊愈高、就業意願愈高、升學意願愈高，其「目標確定」之得分亦較高。至於「積極投入」的有效預測變項，僅有「積極型母親管教態度」與「升學意願」兩項，解釋變異量僅約5％。而「觀念澄清」的預測變項亦有兩個，「積極型母親管教態度」與「個人自尊」，但是解釋變異量只有1.2％。因此可知，從國一到國三的變化可能是父母的積極管教態度降低，伴隨著的是學校生活情形較差，個人自尊亦較差，至於升學意願，就業意願及職業成熟態度各變項只有性別的差異。而鍾儀倩（民79）針對「影響大專院校畢業生的行職業選擇因素與工作滿足之研究結果顯示，性別與行職業選擇有顯著關係，男性較多選擇製造業與專技人員，而女性較多選擇服務業與監督佐理人

員（楊國樞等，民78）。

另外在性別方面的研究結果顯示，兩性工作價值觀有交互作用的差異存在。泰得勒（Tittle, 1981）對600名高中生進行生涯發展研究結果顯示：(1)女性嚮往工作帶給個人聲望；而男性注重領導權所帶來的威望外，也關心自己能否從事與己興趣符合之工作。(2)女性生涯選擇傾向於受傳統期望和過去經驗限制；而男性則較不會顧慮到與婚姻或父母地位等有關的成人角色價值。史莫爾（Small, 1980）研究結果顯示，兩性間存在著心理需求與工作價值的要求、期望之差異。而Krau（1987）對以色列學生進行研究，發現年齡和家庭社經背景是造成工作價值差異重要原因。哈潤特歐西（Harrington & O'shea, 1983）對12,575位七至十三年級學生研究結果顯示，男女比較職業發展顯著性關鍵期是七至九年級間，而且女性隨著年齡增加，愈喜歡社會一個人型態工作環境；男性則呈現較一致的進步，也累積更實際性的價值與興趣。袁志晃（民71，民72）以中部國中及男性少年犯為對象之研究結果顯示，工作價值取向與性別、年級、學業成就、地區間具顯著差異，但與家庭社經地位間關係則未達顯著水準。

李庚霈（民82）以犯罪有案返校繼續就學的「朝陽專案」之217名國中生為對象，進行「就業態度相關因素」研究結果顯示，不同性別的學生在就業態度各變項上，除積極創造性外，餘均達顯著水準；而在多元逐步迴歸的預測統計分析方面，則以性別之預測力最大，在「職業自我」、「職業價值觀」、「職業選擇」及「就業態度總分」等四個變項中，均具有預測力。而李庚霈（民86）以犯罪少年380名為對象，進行「職業態度相關因素」研究結果顯示，不同性別之犯罪少年在職業態度各層面的差異性皆未達到顯著水準；而在職業輔導與職業訓練需求各層面的差異僅大眾傳播媒體、提供職訓職類等二項達顯著水準，而其在相關性則未達顯

著水準；另於多元逐步迴歸分析中發現性別亦可有效預測職業自我觀念及職業輔導與職業訓練需求達.001之顯著水準。

由上述研究可知，犯罪少年因性別不同在職業態度與職業輔導面向上有某種程度之差異性與影響。

二、年級（年齡）

經由阿可密（1982）研究發現，學生的職業成熟隨年齡而漸增的趨勢模式。何倫（Holland & Holland, 1977）研究亦指出，發展階段與年級的不同，渠等職業態度成熟程度亦有顯著差異。奈爾赫爾（Nile & Herr, 1989）調查研究指出，學生的職業態度隨著年級增加，愈能預測其生涯的成熟與確定性，及對職業目標的滿意程度。陳麗娟（民71）亦於研究中指出，國中高中各年級學生在職業成熟發展上有顯著的差異。林淑玟針對障者研究結果顯示，不同年齡其自我觀念系統與生涯成熟有顯著差異。劉德生（民77）以國中高中生為對象研究結果指出國一學生有服務之職業價值觀；而國二開始則有職業價值轉移的現象自開始重視與自己能力等其他職業價值的方向。

楊國樞等（民78）針對1,218名國中未升學未就業青少年學習適應與職業成熟之系統研究結果顯示，隨著年級增加，僅有「學校生活」與「個人自尊」等二變項達顯著水準（P<.01）。而「升學意願」與「就業意願」、「職業成熟」等三變項在年級的差異上未達顯著水準。

李庚霈（民82）以犯罪有案返校繼續就學的「朝陽專案」之217名國中生為對象，進行「就業態度相關因素」研究結果顯示，不同年級的學生在就業態度各變項上，均未達顯著水準；而在多元逐步迴歸的預測統計分析方面，亦均未具有預測力。而李庚霈

（民86）以犯罪少年380名爲對象，進行「職業態度相關因素」研究結果顯示，不同年級之犯罪少年在職業態度各層面的差異性，僅職業選擇態度與職業態度總分達到顯著水準；而在職業輔導與職業訓練需求各層面的差異，僅提供輔助教具與教材一項達顯著水準，而其在相關性則未達顯著水準；另於多元逐步迴歸分析中發現性別亦可有效預測職業價值觀念、職業選擇與職業態度總分及職業輔導與職業訓練需求，達.001之顯著水準。

　　由上述研究可知，犯罪少年因年級（年齡）不同在職業態度與職業輔導面向上有某種程度之差異性與影響。

三、地區

　　每個人對事務的認知感覺與需求程度，會因其所居住地區文化發展與區域性特質的不同，而有不同之認知感覺與需求程度，例如常常有專家學者或一般民衆常會以城鄉差距爲由，來觀察探究某一類人或某一事務期間之差距現象，進而予以推估其因有對策與趨向，例如英語教學、電腦購置與應用情況等等事務之觀察探究。李庚霈（民86）以犯罪少年380名爲對象，進行「職業態度相關因素」研究結果顯示，不同地區的犯罪少年在職業態度各層面的差異，僅職業選擇與積極創造性達顯著水準。亦即犯罪少年在職業自我觀念、職業價值觀念及職業態度總分上無顯著的差異存在。但是由研究結果得知，北部與中部地區犯罪少年的職業態度較南部地區犯罪少年積極。而在職業輔導與職業訓練需求各層面的差異，僅提供輔助方法及教具與教材等二項達顯著水準，而其在相關性則未達顯著水準；另於多元逐步迴歸分析中發現性別亦可有效預測職業選擇態度與職業輔導，達.001之顯著水準。

　　由上述研究可知，犯罪少年因居住地區不同在職業態度與職

業輔導面向上有某種程度之差異性與影響。

四、智力

　　舒伯與歐伯斯特（1960）及克瑞特（1969）之研究亦證實智力與職業成熟有著密切的關係，亦即智力愈高者，其生計發展的狀況也愈佳。另一方面薩密卡斯（1984）認為職業態度與能力的發展過程中，最低限度的智力必須被考慮，因智力與獲得並應用其他相關領域的行為有直接關係。Kapes與Bake（1983）研究指出智力、社經地位、學校課程與職業成熟量表（CMI）相關存在。帕爾摩與路特滋（1983）研究指出青少年職業成熟與智力有強烈的相關性。巴得秀與伯瑞（Batshow & Perret, 1981）指出，大部分肌肉骨骼兒童都有正常的智力，不一定會遭遇學業困難的問題（林寶貴，民78譯）。林清江（民69）亦指出智力障礙對升學或就業選擇有影響。

　　李庚霈（民82）以犯罪有案返校繼續就學的「朝陽專案」之217名國中生為對象，進行「就業態度相關因素」研究結果顯示，不同智力程度的學生在就業態度各變項上，均未達顯著水準；而在多元逐步迴歸的預測統計分析方面，亦均未具有預測力。

　　由上述研究結果可知，不同智力程度的差異對個體的職業自我觀念、職業價值、職業選擇與積極創造性等職業態度上的表現便有所不同。而對在處遇機構內之犯罪少年而言，是否會因不同智力程度的差異，其職業態度是否會有所改變，頗值得再進一步探討研究。

五、早年生活經驗

　　早年生活經驗係指個體在童年時期所經驗的生活與工作（遊戲）經驗。牟費（Murphy, 1974）主張心理能量通渠觀（canalization of physical energy）說明個體的每一種需求都會尋求一種特別的方式而得到滿足，由此得以推衍出兒童期的經驗和職業選擇有關之假設。另外馬斯洛（Maslow, 1954）的需求階層理論（need hierarchy theory）亦強調需求的滿足程度在各個發展階段佔有重要地位。羅氏（Roe, 1957）及羅氏與寇洛斯（Roe & Klos, 1972）研究結果，指出兒童時期的需求滿足程度是決定個人成長之後職業選擇的關鍵（金樹人，民79）。而諮商輔導人員與家庭社會工作人在處理個案的問題時，亦常常會與案主（client）共同討論其童年時的發展與家庭關係及社會適應之眞實情況，以先理清問題癥結始末後，再進行現實生活所面臨的問題之解決之道（吳就君，民74，民76，民78）。

　　而呂麗絲（民81）亦表示：從小開始接受各種大大小小不同的工作，有些是有代價的，有些是看不到代價的，但是常常在另一段日子後出現一些代價。這些工作都是在學校和家庭中別人要求的，或是自己要求做的。從工作中找到工作目標，並常看到自己完成工作的輕鬆愉快的臉孔。因此，意識到「工作要求」的重要，並以擁有工作爲榮。從工作中認識自己，瞭解生活，創造個人的風格。可見「工作教育」的重要性。工作教育在職訓教育之前，教育下一代學習對「工作抱熱誠」，喜愛工作，享受工作，培養「工作組織力」，訓練「工作適應力」，激發「工作思考力」，養成「工作持續力」，進而創造工作環境。由此可見，童年經驗對個體一生成長與發展的重大影響。

李庚霈（民82）以犯罪有案返校繼續就學的「朝陽專案」之217名國中生為對象，進行「就業態度相關因素」研究結果顯示，不同早年生活經驗的學生在就業態度各變項上，均未達顯著水準；而在多元逐步迴歸的預測統計分析方面，亦均未具有預測力。而李庚霈（民86）以犯罪少年380名為對象，進行「職業態度相關因素」研究結果顯示，不同早年生活經驗之犯罪少年在職業態度各層面的差異性，皆未達到顯著水準；而其在相關性亦未達顯著水準。其在職業訓練需求各變項之逐步迴歸分析中，入迴歸方程式中，可為預測職業訓練需求的因素。

　　由上述研究可知，犯罪少年因早年生活經驗的不同在職業態度與職業輔導面向上有某種程度之差異性與影響。

六、成就動機

　　所謂成就動機（achievement motivation），係指個人努力追求進步或成功，以期達成所渴望目標的內在動力，與成就需求是相同的。馬斯洛（1954）的需求層次理論將需求分七個層次，並分二大類，一為匱乏需求，包括生理、安全、愛與隸屬、尊重等基本需求；一為成長需求，包括知、美、自我實現等存在需求。而成就動機即是屬後者成長需求，是生命與工作的原動力，促使個體朝既定目標前進與努力及積極主動投入（張春興，民75）。而楊國樞等（民78）針對1,218名國中生進行「未升學未就業青少年學習適應與職業成熟之系統研究」中，亦將「積極投入」變項列為「職業成熟態度量表」之分量尺度，且能有效的預測「母親管教態度」及「升學意願」兩變項。

　　李庚霈（民82）以犯罪有案返校繼續就學的「朝陽專案」之217名國中生為對象，進行「就業態度相關因素」研究結果顯示，

不同成就動機的學生在就業態度各變項上，均未達顯著水準；而在多元逐步迴歸的預測統計分析方面，對「職業價值觀念」變項具有預測力，多元相關係數為0.31，達到.001的顯著水準，可預測的變異量為13％；而對「就業態度總分」變項具有預測力，多元相關係數為0.03，達到.001的顯著水準，可預測的變異量為4％。

　　而李庚霈（民86）再以犯罪少年380名為對象，進行「職業態度相關因素」研究結果顯示，不同成就動機之犯罪少年在職業態度各層面的差異性，僅在職業價值觀念上達到顯著差異；而其在相關性則未達顯著水準。其在職業訓練需求各變項之逐步迴歸分析中，進入迴歸方程式中，可為預測職業訓練需求的因素。

　　由上述研究可知，犯罪少年因成就動機的不同在職業態度與職業輔導面向上有某種程度之差異性與影響。

第二節　家庭因素

　　一般研究者針對犯罪少年在職業態度與職業輔導面向進行探討與相關論證時，常用的家庭因素主要有：父母教育態度或父母管教態度、父母教育程度與職業合成家庭社經地位、家庭所得收入、手足關係或排序或家庭子女數等，本書則以一般常用之父母教育態度或父母管教態度、家庭社經地位等二項分述探究如下。

一、父母管教態度

　　專家學者均強調家庭是個體社會化過程中最重要的基本團體，亦是選擇職業時之重要「參考團體」。而父母更是決定個人職業抱負高低之重要人物。因此，父母對子女的教育方式、期望、

及態度是影響子女職業發展的重要因素（徐麗敏，民80）。Shaw研究指出，父母的教育期望可有效的預測子女的職業成熟（蘇萍，民73），針對259位十年級學生的職業熱誠、職業期望及職業成熟進行研究發現，父母對所有全體學生之影響力均具有重要的預測力。陳麗娟（民72b）以大學生為樣本的研究中發現，父母的教育態度與親子關係能有效預測其職業成熟。而林淑玟（民78）的研究也發現，父母親的教育期望與肢障者的自我觀念和職業成熟有顯著相關。

另楊國樞等專家學者（1978）針對國內1,218名國中生進行「未升學未就業青少年學習適應與職業成熟之系統研究」中發現，職業成熟態度量表之分量尺度之一「積極投入」變項，能效的預測母親管教態度」與「升學意願」兩變項，而其解釋變異量僅約5％。另外父母的管教態度對子女的學校適應影響相當顯著。而鍾儀倩（民79）研究結果亦顯示家庭因素與行職業選擇均達顯著水準。

李庚霈（民82）以犯罪有案返校繼續就學的「朝陽專案」之217名國中生為對象，進行「就業態度相關因素」研究結果顯示，父母教育態度與學生的就業態度各變項間，除「職業選擇」變項外，其餘均呈顯著水準；而在多元逐步迴歸的預測統計分析方面，對「積極創造性」變項具有預測力，多元相關係數為0.03，達到.001的顯著水準，可預測的變異量為3％。而李庚霈（民86）再以犯罪少年380名為對象，進行「職業態度相關因素」研究結果顯示，不同成就動機之犯罪少年在職業態度各層面的相關性中，僅在職業自我觀念上達到顯著相關。其在職業輔導與職業訓練需求各變項之逐步迴歸分析中，進入迴歸方程式中，可為預測職業輔導與職業訓練需求的因素。

由上述研究可知，犯罪少年因父母管教態度的不同在職業態

度面向上，有某種程度之差異性與影響。

二、家庭社經地位

　　家庭的社經地位是最常被研究者以其中父母教育程度和職業類別，來作爲個體職業態度與生涯發展的變項。舒伯（1960）等在「職業發展模式研究」中發現，家長的職業水準與個人的職業成熟呈正相關。Dillard 與 Derrim（1980）研究亦指出，青少年的職業期望因家庭社會經濟地位的提升而增加。Nevill 與舒伯（1988）針對372位大學生探討其職業成熟工作的瞭解、性別、年級及社經地位間關係結果指出，工作的瞭解與職業成熟中態度及認知因素有關，而性別及社經地位與職業成熟間並無關聯。得瑞特（Dratt, 1989）追蹤高中畢業的大學生對職業熱誠的穩定性結果顯示，本身態度與社經地位等屬性因素並未產生顯著性影響。林淑玫（民78）針對肢障者之研究中亦指出，家庭社經地位及年齡，可預測其生涯發展態度。而鍾儀倩（民79）研究亦發現，父親的職業與子女行職業選擇間關係均達顯著水準。

　　而國內學者袁志晃（民71）針對男性少年犯之工作價值觀分析研究結果指出，男性少年犯之工作價值觀並不因家庭社經背景而有所不同，其間差異也不大。此與林義男（民69）之研究結果相同。但是與國外學者安歇爾（1970），克拉克（1962），侯靈謝（1949），胡格（1974），莫菲特（1981），奈兒（1958）及國內馬傳鎮（民71）等之研究結果大不相同。而黃炳煌（民73）針對1427個國中未升學畢業生去向調查結果顯示，社經背景高或低的學生，其學業成績好的都會升學；反之，則大部分都會就業。

　　李庚霈（民82）以犯罪有案返校繼續就學的「朝陽專案」之217名國中生爲對象，進行「就業態度相關因素」研究結果顯示，

不同家庭社經地位學生的就業態度各變項間，均未達顯著水準。
而李庚需（民86）再以犯罪少年380名爲對象，進行「職業態度相
關因素」研究結果顯示，不同家庭社經地位之犯罪少年在職業態
度各層面的差異性與相關性方面，均未達到顯著差異；而在職業
輔導與職業訓練需求各層面上，則僅提供輔助方法一項達到顯著
水準；其在職業輔導與職業訓練需求各變項之逐步迴歸分析中，
以學校場所以外爲效標變項時，進入迴歸方程式中，可爲預測職
業輔導與職業訓練需求的因素。

　　由上述研究可知，犯罪少年因家庭社經地位的不同在職業態
度與職業輔導面向上，有某種程度之差異性與影響。

第三節　學校因素

　　一般研究者常用教學環境、教學方法、教材教具設備設施、
師生互動、同儕互動等變項合成學校因素來進行探討與相關論證
之。

　　學校生活或可稱爲機構化處遇之感化教育生活環境。國內學
者陳榮華（民78）認爲，職業教育思潮的演進，已使整個教育系
統產生極大轉變，因而促使學校提供各種服務，如心理輔導、職
業輔導等，以協助學生發展最大潛能，而於畢業後順利就業。劉
德生（民77）探討中學生職業成熟態度之研究發現，在學校生活
與社經背景方面，皆是高分組顯著高於中低分組。而Au與Chung
（1988）使用Harren之「生涯決定過程模式」評定職業認同、生涯
的成熟、學校生活的適應、決策的型態在生涯決定過程中的影
響，結果發現學校生活的適應是最直接的影響因素，其次爲職業
認同。

個體在學校生活中，接觸最久與最多的對象是師長與同儕，二者不論在言語、行為、態度等方面的表達或做人處事待人接物的方法與原則，均毫無保留的傳達給個體。個體在接收上述訊息後會作何反應？實值得吾人探究測度。是照單全收、如法炮製，或透過思考與判斷後作理性抉擇？

　　李庚霈（民82）以犯罪有案返校繼續就學的「朝陽專案」之217名國中生為對象，進行「就業態度相關因素」研究結果顯示，師生互動變項與學生的就業態度各變項間，除「職業選擇態度」、「積極創造性」外，其餘均呈顯著相關；而教學環境與學生的就業態度各變項間，除「職業選擇態度」外，其餘均呈顯著相關；在多元逐步迴歸的預測統計分析方面，師生互動變項可有效預測「職業自我觀念」變項，多元相關係數為0.28，達到.001的顯著水準，可預測的變異量為8％；而教學環境變項可有效預測「職業價值觀念」與「積極創造性」等二變項，多元相關係數分別為0.05與0.07，均達到.001的顯著水準，可預測的變異量為3％與7％。

　　而李庚霈（民86）再以犯罪少年380名為對象，進行「職業態度相關因素」研究結果顯示，不同學校生活變項之犯罪少年在職業態度各層面的差異性與相關性方面如下：

1. 不同師生互動的犯罪少年在職業態度各層面，僅積極創造性一項達到顯著差異。

2. 不同教學環境的犯罪少年在職業態度各層面，僅積極創造性與職業自我觀念二項達到顯著差異。

3. 不同同儕互動的犯罪少年在職業態度各層面，僅職業態度總分一項達到顯著差異。

4. 師生互動與教學環境二變項與職業態度各分項間，僅積極創造性一項達到顯著相關。

5. 同儕互動可有效預測職業自我觀念、職業價值觀念、職業選擇態度與職業態度總分等變項；而教學環境可有效預測積極創造性。

6. 學校生活變項爲可預測職業輔導與職業訓練需求各層面之影響因素上。

由上述研究可知，學校生活對學生的影響有其重要性，而對在處遇機構內之犯罪少年因學校生活變項的不同，在職業態度與職業輔導面向上，有某種程度之差異性與影響。

第四節　社會因素

一般研究者針對犯罪少年在職業態度與職業輔導面向進行探討與相關論證時，會想常用之社會因素主要有大衆傳播媒體、鄰居及親友就業情形、社會規範（如法律、風俗、習慣、道德）等，本書則以一般常用之大衆傳播媒體、鄰居及親友就業情形等二項分述探究如下。

一、大衆傳播媒體

傳播或譯作溝通（communication），係指透過交換意見的意思（exchanging meaning），亦即我人可以獲得傳播，乃是利用種種方法、各種途徑，以傳達人與人之間的思想、觀念、意見，以造成共同瞭解的活動（白秀雄，民72）。西蒙（Simon, 1957）認爲溝通（或傳播）是一項程序，藉此程序，一個機構中的份子將其決定的意思，傳達給另一份子。

羅超華（民79）認爲大衆傳播（mass communication）是指傳

播組織將符碼、意理、觀念、態度等音訊大量地傳遞到廣大的，複雜的，非特定的社會大眾的過程。它可以是單線道的，也可以是雙線道的，由於不易獲得回饋，故常藉調查蒐集資料，以為推測。而其媒介（media）有報紙、雜誌、書籍、電影、廣播、電視、電傳視訊等，可迅速傳播消息，溝通意見。故 David M. Rubin、David B. Sach Sman、Peter M. Sandman 等認為大眾傳播媒體具有娛樂、消息、影響與賺錢等四大功能。而余煥模（民80）亦指出函授制（通信制）訓練可兼顧技能與知識的傳授，是一種相當便利的學習方式，亦是學員與教師間溝通媒介的學習方式。

李庚霈（民82）以犯罪有案返校繼續就學之「朝陽專案」的217名國中生為對象，進行「就業態度相關因素」研究結果顯示，大眾傳播媒體與學生的就業態度各變項間，除「職業價值」、「積極創造性」外，其餘均呈顯著相關；而在多元逐步迴歸的預測統計分析方面，可有效預測「職業選擇態度」變項，多元相關係數為0.05，達到.001的顯著水準，可預測的變異量為2%。

而李庚霈（民86）再以犯罪少年380名為對象，進行「職業態度相關因素」研究結果顯示，不同大眾傳播媒體之犯罪少年在職業態度各層面的相關性方面，僅積極創造性一項達到顯著相關；而在職業輔導與職業訓練需求各變項之逐步迴歸分析中，可有效預測積極創造性，及職業輔導與職業訓練需求。

由上述研究可知，犯罪少年因大眾傳播媒體的不同在職業態度與職業輔導與職業訓練需求面向上，有某種程度之差異性與影響。

二、鄰居及親友就業情形

鄰里是指一個小的社區，其特點為區域的面積有限，而人與

人的關係有較高度的聯繫，成了面對面互相親密的組織。社區內居民均是鄰里的一份子，彼此有相互作用的隸屬感，發展一致的興趣，彼此互助合作（張鏡予，民79）。而美國紐約市的鄰里青年團為貧困青年提供工作經驗，給予就業與賺錢機會，以刺激貧困青年向上追求教育上及技術訓練的機會，即以就業機會代替救濟，協助解決社區貧困青年的問題（李宗派，民79）。可見與鄰居接觸互動，對彼此均具有相互作用之影響力。

親友係指個體本身家庭之旁系血親或直系血親，以及姻親關係與工作關係而有來往之親戚朋友之謂。個體是否會因其所接觸的親友之就業態度積極與否、正確與否，而在其職業態度的表現上有所影響。

李庚霈（民82）以犯罪有案返校繼續就學的「朝陽專案」之217名國中生為對象，進行「就業態度相關因素」研究結果顯示，鄰居及親友就業情形與學生的就業態度各變項間，均無顯著相關；而在多元逐步迴歸的預測統計分析方面，可有效預測「就業態度總分」變項，多元相關係數為0.02，達到.001的顯著水準，可預測的變異量為1％。但是由於Beta數為負值，表示其對鄰居及親友就業情形認同程度愈低，其整體的就業態度就愈積極、愈正向。

而李庚霈（民86）再以犯罪少年380名為對象，進行「職業態度相關因素」研究結果顯示，不同鄰居及親友就業態度之犯罪少年在職業態度各層面的差異性方面，僅職業自我觀念一項達到顯著差異；而與職業輔導與職業訓練需求各變項間均未呈顯著相關；另在職業態度各變項間之逐步迴歸分析中可有效預測職業自我觀念，而在職業輔導與職業訓練需求各變項之逐步迴歸分析中，可有效預測積極創造性，及職業輔導與職業訓練需求。

由上述研究可知，犯罪少年因鄰居及親友就業態度的不同，

在職業態度與職業輔導與職業訓練需求面向上，有某種程度之差異性與影響。

　　經由上述眾多國內外文獻之研究顯示可歸納出，影響個人職業態度及職業輔導，與職業訓練需求的因素包括個人、家庭、社會環境及學校生活（機構化處遇之感化教育生活環境）等。而實際的影響程度，會因時空與或處遇生活環境的不同，而有不同的研究結果。

第五章

犯罪少年人力運用與就業概況

第一節　當前人力運用概況

一、人力資源發展與人力發展關係

　　人力資源的基本意義，是指一國國民的「智識、技藝與性向」的綜合。發展的意義，「是指成長加上演變」。因此，人力資源發展是培植一社會中所有人民的知識、技巧、工作能力和發掘天賦才能的過程，並使社會、文化與經濟各方面有質與量的改變（彭台臨，民78）。因此，人力資源發展具有經濟、社會與政治的目的：

　　經濟：提高人力素質，發展生產能力，以增加國民生產力，提高國民所得。

　　社會：採取各種措施，以產生有利於經濟和社會進步的社會結構，價值體系和工作動機。

　　政治：在發展機會均等的社會中，個人能力得以充分發展，發揮生產力以提高國民所得，政治得以安定，並使政策形成理性化，以滿足人民的需求。

　　陳金泉（民75）亦認為人力資源首重培育工作，人力培育工作主要由各級學校承擔大部分責任，家庭與社會亦分擔部分責任；而人力培育工作的目標乃在使人力資源能充分地為國家社會所用。故欲期每一人力資源均能發揮其力量，予以妥善的規劃、分配與運用，方能達成預期目標。英國人力運用工作係由就業部督導人力運用委員會結合教育暨科學部、各地方主管機關，及各

有關部會在政府人力政策指導下推動各項措施，包括：就業服務、職業訓練、職業生涯教育與輔導、人力運用組織的調整與強化等有關措施，使人力資源能做最有效的運用。

　　總而言之，一個企業能否發展成長，也不是決定於技術層面的創新領先，或是資金財務的充裕健全，最重要的還是人的問題。所以，無論軍隊或企業在競爭過程中，人是影響結果最主要的資源。武器補給或技術資金等，只是受人所支配執行的次要資源。人力資源的發展，有助於其他資源發揮最大的功效，引導組織追求卓越的成就與成長，而個人也從中獲得最大的滿足與尊敬。因此，如何培育人才、訓練人力、應用人力，應是人力資源發展的最重要課題（石滋宜，1988，引自彭台臨，民78）。洪榮昭（1988）亦認為，人力資源發展的最主要的工作是人力培訓，亦即個人能力的提升來促進公司的生產力，因而人力發展漸為企業所重視。而瓊斯博士（Rose, 1981）認為HRD組織的功能，主要是包括五種活動，分別是(1)訓練；(2)組織發展；(3)人——系統計畫；(4)教育；(5)系統改變（彭台臨，民78）。

　　所以，人力資源發展（Human Resource Development, HRD）這個名詞自一九七〇年代開始被廣泛使用以來，比較重視個人的發展，是從個人內在配合組織外在的發展，期能達到「人適其所，盡其才；物暢其流，盡其用」的人力資源發展要義。此正與國父孫中山先生於光緒二十年上李鴻章書所主張的「人盡其才、地盡其利、物盡其用、貨暢其流」的理想相吻合（荊知仁，民81）。因此，人力資源與人力發展關係呈現出相互為用的密切關係。

二、人力資源發展與人力規劃運用關係

人力資源發展既是增進全民知識、技術和能力的過程，則其可說是國家現代化的重要指標。而其發展的方法很多，最重要的有三種，包括(1)正式的教育系統；(2)良好醫藥與保健及國民營養改善；(3)就業服務。Harbison與Myers（1964）就研究人力資源發展與經濟發展的觀點，發展出二種基本類型的人力資源發展綜合指標，(1)測量一國人力資本總量指標；(2)測量此一總量之淨增加，或在一段特定期間內人力資本形成的速率等二種基本類型的人力資源發展綜合指標。而在一般的理想上，最為有用的人力資源發展指標有二種：(1)教育程度；(2)在人口或勞動力中，從事高尚職業的人數。

人力規劃運用係針對未來，為能付諸行動以解決人力問題，發展中肯且可接受方案的動態過程。而其主要目的是在於有效培育與運用人力資源，以達成國家或公司發展目標的一種規劃。簡言之，是在於提高人力資源效率，用同樣的投入因素可產生較先前為多的產出。所以，透過系統分析的過程，來檢查與比較各種達成目標的對策，亦即經由人力運用規劃單位與勞動階層的參與，並評估環境因素及本身人力條件擬訂出可行的方案，作最佳的選擇，然後據以發展執行計畫或專案，再施以管制考核，以確定計畫的執行可達成目標。所以，人力資源發展與人力規劃運用關係恰似形成互為表裡一體兩面的密切關係。

三、人力資源發展策略

人力資源發展策略的選擇，應以系統分析方式，審視事物

理、財務、時效等限制，來設立目標，並以績效、成本效益時效與政策等標準選出策略。因此，在作人力資源發展策略選擇時，必須注意四項原則：

1. 某一團體或國家的成功策略，並不能完全適用於其他團體或國家。
2. 不同的人力資源發展階段，應該要有不同的政策與之配合。
3. 人力規劃是針對經濟、社會、文化與政治安定的發展，而社會、文化與政治安定是難以用量化表示，所以，應該謹慎運用「量」的觀念，以使其規劃富彈性，且符合能夠適應外在環境與內在需求的改變。
4. 注重個人「自由選擇」的機會，以提高人員素質，增加生產，滿足人民的需求，終而達到政治安定與社會安和樂利的境界。

所以，不同的人力資源發展的國家與階段，其發展的基本因素，在於教育、訓練與人力的運用。其中人力的運用係指經教育與訓練體系，供應適質適量的人力。亦即國民充分就業，除表示一個社會有足夠的工作機會可供國民選擇外，更顯示各項經濟資源已達到有效的分配與利用。而在就業市場運作過程中，就業服務除能為勞力供需雙方做適當的媒介，減少摩擦性失業外，更可促進各地區勞力調配，所以就業服務工作亦為達成人力資源發展目標的主要策略之一。其主要功能在蒐集與散佈就業市場消息，使求職者有更多的選擇機會，使雇主選擇最適當的人選，節省求職者與求才者的時間與物力，並減少摩擦性失業及促進勞動力流動。因此，就業服務工作如能與職業訓練推動，及失業保險的辦理相互配合，則將可建立就業安全體系。

經由上述資料可知，人力資源發展是培植一個社會中所有人民的知識、技巧、工作能力和天賦才能的過程，並使社會、文化與經濟有質與量的改變，因此，人力政策規劃應配合政治、社會與經濟目標。而其基本因素在於教育，以提高人口素質，促使經濟發展，社會進步，政治安定。而為求人力有效運用，必須以系統分析進行人力規劃，及尊重個人「自由選擇」的權利與機會，以研訂人力資源發展策略，達到人力資源有效的運用（彭台臨，民78）。

第二節　人力運用理論基礎

一、相關主義之驗證

　　大體言之，綜合各專家學者的觀點，可知當今世界現存的主義仍有四大主義，若從經濟觀點言之，則包括資本主義（Capitalism）（朱言明，民83；吳寄萍，民76）、社會主義（Socialism）（朱言明，民83；吳寄萍，民76）、共產主義（Communism）（朱言明，民83；吳寄萍，民76）、民生主義（The Principle of Livelihood）（朱言明，民83；吳寄萍，民76；周世輔，民67；國父全集，民78）等四大主義（朱言明，民83），謹據此針對外勞決策開放引進外勞後，其對國內勞工間就業權益和社經影響，尤以犯罪少年人力運用方面進行比較論證。

（一）資本主義方面

　　資本主義是以自由經濟為基礎，在自利心的誘因下，利用機

械生產，追求最大利潤，以蓄積大量資本。其特徵包括：

1. 財產（生產工具）所有權私有制。
2. 分工專業化與消費者主權之市場經濟制度。
3. 自由競爭與追求利潤的營利制度之經濟體系。

因此，由外籍勞工引進工作概況可以知道，其確實對資方製造自由競爭與追求利潤的營利制度，但是卻對國內勞工就業權益與社會成本造成嚴重影響，尤以犯罪少年人力運用方面造成更多的阻礙。

（二）社會主義方面

社會主義流派既多，彼此主張也不盡相同，但是他們所訴求的目標或揭櫫的原則、理想、特徵，都提供了人們解決社會問題的啓示。其主要特徵爲：

1. 追求社會平等與經濟平等。
2. 消滅貧窮，舉辦社會保險，以解救人類的痛苦。

由社會主義觀點可證之於外勞決策之不當，無論是對外勞或國內勞工或社經環境均未能達成均衡作用。誠如俗云：「惡法亦法」，如何痛下針砭，當是其時了！尤以針對犯罪少年人力運用方面的輔導規劃策略之研訂與推動，更是不能再延宕了。

（三）共產主義方面

係廣義的社會主義中之一派，主張將現有社會組織徹底破壞，廢除私有財產制度，社會所有一切財產完全屬於共有，共同生產，共同分配，以實現「各盡所能，各取所需」之共產社會，自古已有的思想，經馬克思之手，將之建立成所謂「科學的」體

系。誠如國父孫中山先生所言：「共產制度不適用中國，更不適合現代人類的需要。」在共產制度下外勞政策應是多餘的考量，因為其本國勞工就業機會係以分派方式進行，均感不足，何須再假外人之手？更遑論有關犯罪少年人力運用方面之輔導規劃策略的研訂與推動了。

(四) 民生主義方面

中山先生認為社會問題之發生，原來是要解決人民的問題，而社會問題便是民生問題，所以民生主義便可說是社會主義的本題，解決的原理可以說是全憑事實，而不尚理想。故其包括社會主義、共產主義與集產主義，而具有「以養民為目的」、「以均富為原則」、「採用和平的方法」、「建設自由安全的社會」、「以經濟地位平等為目的」、「以造成大同社會為目的」特質。進而用民生主義代替社會主義，二十世紀不得不為民生等義之擅場時代。惟以目前台灣引進外勞社經概況觀之，已非國父所言之「民生主義」，而是一般所言之「資本主義化的民生主義」，更非國父所強調的「人盡其才」的理想目標了，實值有關當局省思的重要課題。

二、社會學領域專家探討比較之驗證

(一) 功能結構系統理論 (functionalism or structure system theory)

社會功能學理論（白秀雄，民72；蔡文輝，民76；陳秉璋，民77；詹火生，民77）再三強調社會各部門是相互關聯的，此種相互關聯的特質乃組成功能體系。其主要概念常包括四個基本命

題：

1. 每一個體系內的各部門在功能上是關聯合作與相配合的。
2. 每一個體系內的組成單位通常都是有助於該體系的持續運行操作。
3. 每一個功能體系都包含數個次級體系（subsystems）。
4. .體系本身是穩定和諧的，不易有所變遷。

由此觀之，勞工行政主管機關與目的事業主管機關，如未能儘速建立「犯罪少年人力運用與職業輔導指標性政策」，以發揮功能論所強調的國內人力運用的均衡點，將會導致衝突理論現象的發生。

(二) 衝突理論

前述功能學派社會學家強調社會變遷是緩慢的，非破壞性的，其主要目的是在於調整修正失調的部門，以維持社會的整合性與均衡目標。而衝突理論（conflict theory）學派的社會學家則持相反意見，他們認為變遷是必然的，而且也是急遽的，社會變遷的後果是破壞性而非建設性的。

因此，衝突功能論（functional conflict theory）是指衝突對社會的功能。考舍（Lewis A · Coser）認為衝突的起因乃是由於社會報酬的不均衡分配，以及人們對此不平分配所表現的失望（白秀雄等，民72；蔡文輝，民76；陳秉璋，民77；詹火生等，民77）。準此，則上述現象將會發生在國內勞資政三者身上，此時若不儘速防範於未然，則要承受付出的成本將多倍於今。

(三) 社會交換理論

社會交換理論（social exchange theory）是綜合實驗動物心理

學、行為心理學與經濟學的基本理論，而將人與人之間的互動行為視為是一種計算利益得失的理性行為。其認為個人之間的交換行為乃是維持社會秩序的基礎之一，避免痛楚與難堪，機會與利益等都可當做交換的對象。所以，酬賞概念是社會交換理論的基石，也因而衍生出酬賞與懲罰、取與給、利潤與成本等概念做為解釋團體的特質（白秀雄等，民72；蔡文輝，民76；陳秉璋，民77；詹火生等，民77）。

準此，有效運用犯罪少年人力與進行職業輔導及訓練，對國內雇主與國家三者間，呈現互利狀態，如果未能如此施行，則以社會交換論之，可能又會產生衝突理論之現象，不得不慎思慎行我國的更生保護政策走向！

三、心理學領域專家探討比較之驗證

（黃坤祥，民84；郭靜晃，民83；張春興，民74；藍三印，民81）

（一）佛洛依德的人格結構理論

佛洛依德認為人格是一個整體，係由本我（id）、自我（ego）及超我（super ego）等三個部分所構成。本我是人格結構中最原始的部分，自出生之日起即已存在，欲力（libido）是推動個體一切行為的原始內在動力，是生之本能。強調趨樂避苦的「唯樂原則」（pleasure principle）；自我是個體出生之後，在現實環境中由本我分化而來的。其強調「現實原則」（reality principle），是位於本我與超我之間，對本我的衝突及超我的管制具有調節緩衝的功能；超我是人格結構中的道德部分，對自我與本我負有監督功能，係強調完美原則（perfection principle）。

（二）馬斯洛的需求層次理論（need hierarchy theory）

馬斯洛（Abraham Harold Maslow）認爲動機是人類生存成長的內在動力，而此等內在動力是由多種不同性質的需求所組成，各種需求之間有高低層次之分，依序由下而上包括，生理需求（physiological need）、安全（safety need）需求、愛與隸屬的需求（love and belongingness need）、尊重需求（esteem need）和自我實現需求（self-actualization need）等五種，只有低層次的需求獲得相當滿足之後，人類才會採取行動以滿足高一層次的需求。前面四種需求爲基本需求（basic need）又稱匱乏需求（deficiency need），而自我實現需求（self-actualization need）是衍生需求（meta need），又稱存在需求（being need）。

因此，如未能儘速建立「犯罪少年人力運用與職業輔導指標性政策」，能使犯罪少年在工作中達成自我功能的調整，更能像馬斯洛的需求層次理論所強調的，在最基本的生理（經濟）需求滿足後，方能有自我實現需求的可能，否則有可能變成是社會治安的一顆不定時炸彈，而助長國內犯罪率的提高。

四、經濟學領域專家之探討

（李如霞，民75；陸民仁，民72）

（一）經濟發展理論

誠如李偉士（Lewis, 1954）所提的經濟發展理論（economic development theory）所述，一個落後國家在經濟發展之初，勞動力常呈現無限供給局面，但隨著工業社會發展，勞動需求量愈來愈多，勞動供給量漸漸短缺之勢，導致薪資報酬節節升高，產生

「勞動供給曲線後彎」現象，對休閒、生活品質的注重取代了工時的投入。結果使勞動供給由局部性、結構性短缺，終於達到全面性的短缺。若無法及時趕上產業升級腳步，則縮小規模慘淡經營，或關廠歇業產業外移。此一趨勢不僅加深產業空洞化疑懼，更使勞資關係丕變，社會問題浮現。此時政府開放合法外勞的引進，對國內勞工而言，無異是雪上加霜，尤以一向工作權常呈現不確定性保障的犯罪少年而言，更增添機會減少的憂慮，對雇主與外勞之敵意與抗爭行動便因而增加。

（二）工資理論

工資理論（wage theory）（李如霞，民75；陸民仁，民72）一般分為「生存費用說」、「工資基金說」、「生活程度說」、「議商說」等四種，分述如下，供卓參：

生存費用說：係馬爾薩斯、李嘉圖諸氏所揭櫫的。認為工資有一個最低量，以維持工人最低生活所需的費用，工資絕不能低於此數，不然就無以維生。故生存所需費用就是勞動的自然價格，此種悲觀論調後來為德人拉薩爾引為工資鐵律。亦即勞動的長期供給，在最低生活費的工資率水準下其彈性為無限大，則不論勞動的需要情況如何，長期的工資率僅能等於最低生活費。

工資基金說：工資是由雇主從一固定的基金中所支出的，如果工資付多，則雇主利潤就少，反之，則多。此種假設是錯誤的，工資是從推銷物品所獲得的收益中所支付的。

生活程度說：工資是取決於勞動者所要追求或維持的生活程度，想維持高的生活程度，工資亦高，反之，則低。

議商說：工資實際上是決定於雇主與工人雙方在議商時所具之力量，雇主的力量大，工資就低，反之，則高。

(三) 熊波得創新說 (動態說) 的利潤理論

在靜態社會中，利潤是不可能產生的，唯有在動態社會中，企業家不斷的努力創新，始能產生利潤。故，利潤是創新活動的結果，是對企業家從事創新活動的報酬（李如霞，民75）。

(四) 一般均衡理論

係法國瓦爾拉斯所建立的理論，著重經濟各部門或單位之間的互相關聯性，要求整個經濟社會中所有各部門的均衡。亦即各市場均有其供給曲線，任何一個市場的某一決定變數變動，影響所有產品與要素市場而經由調整，致最後趨於全面的均衡。此亦是「完全的凱因斯模型」（complete keynesian model），或稱「完整的凱因斯體系」（complete keynesian system），係指產品市場、貨幣市場與勞動市場同時達到均衡的情形（李如霞，民75）。

五、人力資本理論

人力資本理論（the theory of manpower capital）（彭台臨，民78）強調人力資源發展是國立形成的基礎，所以，一個國家的真正財富及其政治、經濟、社會發展的潛能，以其國人天賦才能是否得以充分發展與有效利用為準。正如馬歇爾所強調的「所有資本中最有價值的是投資在人身上」。自從一九六〇年代人力資本理論興起後，世界各國開始重視人的能力培養，即強調教育、訓練、就業資訊健康與工作條件的加強，使大家認識到「人力資本形成」比「物質資本形成」對經濟成長更重要。

所以，人力資本理論強調人力資本投資提高人力素質，增加生產力，使廠商增加利潤，以及個人增加所得的基本論點、人力

資本投資的成本效益會影響廠商與個人的行為，因而瞭解最適人力資本投資的原則。因此，人力資本投資的機會成本會超過直接成本。故，個人在做人力資本投資時，會考慮成本效益，也就是說人力資本投資的行為是受投資報酬率的影響（彭台臨，民78）。

因此，從上述勞動經濟學理論的探析可知，外勞可分為「競爭性」與「互補性」二種，以競爭性外勞而言，因為本國勞工在「比較利益」因素居優勢，此一競爭不明顯。但是，如果外勞產生「替代效果」，則會使原為「補充性」政策變質。以目前國內外勞引進狀況，及在諸多報告中已列載了引進外勞對我國政治、經濟、社會、文化與產業升級等多方面的弊端觀之，我國的外勞管理政策已亮起嚴重的紅燈，更驗證了受保護少年就業權益喪失的一般（黃坤祥，民84；李庚霈，民85）。

第三節　犯罪少年之就業概況

經濟活動之主要動力為勞動力。根據行政院主計處（民92）人力資源調查統計得知台灣地區九十一年勞動力年齡組別中，青少年組（15至19歲）就業人數年平均約170,800人，占全部年齡組別1.87％。另張波鋒（民74）指出台灣地區青少年就業人口，其職業分配明顯趨勢集中於生產程序工及運輸設備操作工、體力工，再次為農林漁牧狩獵工作人員，其他依序為買賣工作人員、服務工作者、專門職業及技術工作有關人員、行政及主管人員。而法務部（民85）指出八十四年台灣地區少年管訓事件之26,341個犯罪少年行業狀況，以在學生居首位（14,623人或55.25％），其次為無業者（6,520人或24.75％），其他依序為公共行政、社會服務及個人服務業（1,708人或6.48％）、製造業（1,585人或6.02

％）、營造業（899人或3.41％）、商業（306人或1.16％）、金融保險不動產及工商服務業（214人或0.82％）、水電燃氣業（196人或0.74％）、運輸倉儲及通信業（166人或0.63％）、農林漁牧業（93人或0.35％）、礦業及土石採取業（26人或0.10％）、和無法分類（5人或0.02％）。

　　黃昆輝（民74）指出，目前國中畢業青少年的就業機會遠較高中職以上畢業青年爲多，但其因缺乏一技之長，只能擔任非技術性的操作工作；由於工作性質單調乏味，缺乏成就感與升遷機會，工作情諸普遍低落，兼以此一階段青少年心理狀況較不平穩，造成就業後中途離職率偏高的現象。根據行政院青輔會歷年的訪視調查及台灣省政府社會處的統計資料顯示，國中畢業青少年就業後中途離職率高達40％左右。而探討其中途離職原因，主要爲「興趣不合」，其次爲「學不到技術」，第三是「準備升學」，第四則爲「待遇太低」。但深究影響國中畢業青少年就業後中途離職的基本因素，在於其缺乏一技之長，無法獲得滿意的工作，而其對就業市場狀況與工作性質亦未能先深入瞭解，此乃就業輔導過程應設法解決之問題。

　　周添成（民81）於「青年就業市場的趨勢分析」研究報告中亦指出，台灣青年15至19歲組別的勞動大有下降的趨勢；而青少年就業於服務業的比率多於工業。就失業率而言，青年的數據維持在高於一般國民失業率的兩倍左右，且年齡組別愈小者愈高。從青少年的求供倍數和台灣普遍勞力短缺的現象觀察，青年的失業是供需未能配合及資訊不暢所致。而行政院主計處（民92）指出，九十一年15至24歲青少年勞動力人口平均人數約爲121萬4千人，而就業人口平均人數約爲107萬人，僅占88.14％，失業人口平均約爲14萬4千人，其失業人口占所有失業人口總數51萬5千人的27.96％，居第二位。但是進一步研究發現15至19歲少年

在所有台灣地區年齡組別失業率占第一位為14.59％。而另經分析得知，台灣地區15至19歲少年就業之行業年平均人數以服務業居首位有11萬6千人，其中又以批發零售業4萬1千人最多、其他服務業3萬5千人居第二位，住宿及餐飲業2萬4千人居第三位；另外，也有資料顯示，青年的失業與犯罪關係密切，由於就業市場不利於役前男性，他們可能就不想進入就業市場，反而提高潛在犯罪的壓力。一旦走入黑社會，就很難回頭。因此；謀求改善之道，應可採取提供勞動市場供需資訊，協助青年規劃事業生涯（施建矗，民81）。

黃炳煌（民73）探討1,427個國中未升學畢業生去向之調查結果顯示，國中畢業生未升學者，不升學的原因以對讀書沒興趣及成績差考不上學校，及求自立為最主要；而就業者以從事生產程序、設備及體力者為最多，約占66％左右。而就業後離職者原因以興趣不合、學不到技術、及薪水太低為最多；在求職失敗的最大原因以無一技之長及待遇不合為最多。未升學未就業者之中，以準備重考及在家幫忙者居多。另未升學者尋找職業主要是以自己的性向及興趣為最主要考慮，然後再考慮工作環境及其他。在國中就學期間，就業者有50％左右被編入就業班，而未升學亦未就業者只有34％，可見國中未升學畢業生在職業試探方面皆嫌不足，尤以未升學亦未就業者為然。

劉焜輝（民74）探討1,349位國中畢業生職業流動與工作環境及工作興趣關聯性之研究結果顯示，國中畢業生職業流動率因畢業年度的長久，流動率愈大。而就業者大都從事製作生產的工作，其職業流動率高低與其對工作環境滿意與否呈現強烈的反比現象。蘇靜芬（民75）針對台北市120位國中畢業後就業學生職業輔導、工作滿意、職業調適及離職傾向、職業流動之關聯性研究發現，渠等人員在職業別上，以運輸設備操作人員及體力工人所

占人數最多。而在畢業時，決定就業的主要理由爲：對升學沒有興趣。

　　法務部（民75）針對少年竊盜犯罪之研究指出，民國七十四年「台灣地區各地方法院終結少年竊盜刑事案件職業」的610個案中，除「無業」321人（占52.62％），及「在校生」107人（占17.54％）外，以從事「生產勞務工」84人（13.77％）最多，次爲「雜役」49人（占8.03％），再次爲「生產技術工」19人（占3.11％），餘爲自營買賣者、餐廳服務生、農漁業人員、裝卸工、船員、司機、店員、公司職員、理髮業者、裁縫業者、旅館服務生、與演藝人員等職業。而「台灣地區各地方法院少年暨兒童竊盜管訓事件」的6,719個案職業，除「在校生」4,197人（占62.46％），及「無業」1,507人（占22.43％）外，亦以從事「生產勞務工」547人（占8.14％）最多，次爲「雜役」198人（占2.95％），再次爲「生產技術工」116人（占1.73％），餘爲自營買賣者、餐廳服務生、農漁業人員、裝卸工、船員、司機、店員、公司職員、理髮業者、裁縫業者、旅館服務生演藝人員等職業。

　　行政院主計處（民80）指出，民國七十九年各地方法院少年暨兒童管訓事件，按職業狀況分類的17,346個案中，以「生產勞務工」1,860人（占10.72％）最多，次爲「雜役」717人（占4.13％），再次爲「生產技術工」421人（占2.43％），餐廳服務生337人（占1.94％）居第四，「理髮業者」135人（占0.78％）居第五，餘爲店員、公司職員、農漁業者、裁縫業者、旅館服務生、裝卸工、船員、司機與演藝人員等職業。

　　而在法務部（民80）的委託調查研究「近十年來犯罪狀況及其趨勢」的結果亦顯示，犯罪者之職業，各年齡均以生產、運輸設備操作工、體力工所占比例最高（30.79％至35.58％），其次爲無業、買賣工作人員、農林漁業者，其餘職業種類犯罪者均占少

數。由此可見，個人之行為受其環境影響甚大，而職業對個人之生活方式及社會環境有決定性之影響，而且很可能因職業關係而較易觸犯特種罪行。亦即職業種類和犯罪種類間是有相關的。

　　而吳天元（民77）亦指出，青少年就業問題乃牽涉政治、經濟、社會與教育各層面的複雜問題。如果由於教育與訓練的安排不當，則會造成個人生計的失調（career disorder），進而促成少年人犯罪率的提高，及少年犯罪年齡的下降和失業率的提高，此種結果絕非個人、家庭、社會與國家之福。

　　由此可見，上述犯罪少年暨兒童在學人數與無業者居多且亦逐年增加，而其所從事之職業與一般少年暨兒童差別不大。如果能夠適時的給與適當的技藝訓練與職業態度及法律教育，協助其心理建設與生涯規劃之輔導，相信必能導其入正軌，為國家培植更多人力，進而減少犯罪事件的發生，以達到人力資源充分運用，繁榮經濟與國家建設之目標。

第六章

犯罪少年職業輔導相關策略與理論基礎

第一節　職業輔導基本概念與未來趨勢

一、職業輔導服務基本概念

　　職業輔導服務亦稱就業輔導或就業服務，乃是在求才與求職之間從事安置，以使之成立僱用關係的工作，是現代工業國家為推行社會安全與就業安全的一項重要與積極性的施政。而其積極性意義，即是依其獨特之專業功能，加強就業市場組織，掌握人力供需動態，迅速輸送職業消息，並提供必要之職業輔導，期使求職者不因職業消息不靈通，以及對職業涵意的缺乏認識，致就業市場雖有其適性的工作機會存在，而無法順利獲致職業所造成的「摩擦性失業」。（註解：「摩擦性失業」[frictional unemployment]：又稱「移動性失業」，即就業市場所發生之「人求事」與「事求人」的不協調情況所產生的失業狀況謂之。）

　　總之，職業輔導服務係指政府運用組織的力量與整合的方法，充分結合社會之資源力量，協助國民解決就業問題，以實現就業安全政策，建立社會安全制度為目標的一項主要工作。其目的是：

1. 使「人盡其才」與「事得其人」，亦即為求職者謀得適當的工作，為求才者謀得適當的人才（right man in the right place）。

2. 使「人」與「事」得到適當的配合，善用社會人力資源，發揮國民工作效能，提高工業生產目標，以達到國民充分就業，繁榮國家經濟，增進國民生活福祉。

綜合言之，就業服務措施的執行在於如何由執行機關產出「服務」給政策對象——求職者與雇主。亦即就業服務機構如何建立有效的傳送系統（delivery system），傳送其服務予目標對象，使「人」與「事」之妥適調節、配合與運用的過程。

二、就業服務未來發展趨勢

（一）專業制度方面

1. 就業服務工作之專業化。
2. 就業服務工作之分工化。
3. 就業服務工作之制度化、系統化。
4. 就業服務工作之合法、合理、合情化。
5. 就業服務工作之研究發展評核性。
6. 就業服務工作之社會心理性。
7. 就業服務工作之周延性。

（二）時空發展方面

1. 就業服務工作之國際化。
2. 就業服務工作之前瞻性。
3. 就業服務工作之適性化。
4. 就業服務工作之因應性。

（三）推動之廣度與深度方面

1. 就業服務工作之自動化、現代化。
2. 就業服務工作之大眾化。
3. 就業服務工作之普遍化。

4. 就業服務工作之政治性。

5. 就業服務工作之實際實在性。

6. 就業服務工作之獨特性與包容性。

(四) 就業資訊流通方面

1. 就業服務工作之迅即性。

2. 就業服務工作之補充性。

3. 就業服務工作之最新性。

4. 就業服務工作之簡化性。

第二節　犯罪少年職業輔導策略概況

一、當前有關少年的職業輔導策略概念

(一) 有關現代少年的新名詞——新新人類

　　「新新人類」這一個新名詞，在新近幾年來被大眾傳播媒體所一再炒熱，其究竟是有什麼魅力與價值，而受一向以功利主義為主的大眾傳播媒體青睞，予以大肆報導與探討？「新新人類」這一個新名詞，究竟是被賦予何種的標籤？而這些新新人類的心態與價值觀又是如何？這是從事就業輔導工作者在當今這個多元化與快速變遷的社會，及失業率近幾年來一直居高不下在5％左右游走的當下時刻，在面對新新人類提供就業輔導協助時，所需要瞭解與準備的重要課題。本部分試圖以當代的新新人類為主軸，參考各相關專家學者針對新新人類這一個時期的特性所發表的相關

理論，與《聯合報》和救國團共同主辦的「談新人類與新新人類
——探索一個新世代的社會秩序」等相關研討會的論文資料，及作
者擔任輔導老師時，與來協談諮商的同學們討論他們的人生觀、
價值觀、人格性向興趣及所學科系所遇到的困難和發展方向等問
題的真實情況經驗，進行分享與探討。

（二）何謂新新人類

　　在進行本報告各相關主題論述驗證與探討之前，首先需要說
明一般對「新新人類」的年齡界定是指一九八三年（民國七十二
年）以後左右出生，現年二十歲左右的年輕人，此一階段的年輕
人剛好多數是目前在大學求學或高中職剛畢業未考上大學在等待
服役，或進入補習班補習準備重考，或進入各行各業短暫工作階
段的年輕人。

　　而依據心理分析學家艾力克遜（1963）所提出的「心理社會
階段理論」（psychosocial stages）而言，在此一階段的新新人類青
少年正值「自我認同與角色混淆」的狂風暴雨危機時期，如果沒
有良師益友的指引與扶持，便很難順利的走過這一個尷尬與摸索
的階段，最後會導致其走向崎嶇的坎坷路，而又增加了一些社會
問題，例如自殺、飆車、強暴、搶劫、未婚懷孕、逃家、逃學、
逃課、犯上欺下或欺弱、製造學潮等令人難過與惋惜的遺憾社會
事件。

　　誠如舒伯在一九八四年所提出的「人生彩虹圖」之「試探期」
生涯發展階段，與林幸台（民80）依生涯輔導目標觀點，將此一
時期青少年界定為「自我探索、認定與抉擇」階段均是一樣的，
實是值得注意與思量的。

（三）各個年代的人對事務的價值觀與心態

　　您究竟是那一個年代的人？這是一個令人興奮與期盼得知的
訊息。經由上述各專家學者的資料論見綜合，可進一步以下列表
格說明各種年齡者之分類。您究竟是那一個年代的人？這是一個
有趣的問題。經由**表6-1**便可見分曉。

　　而各個年代的人對事物的價值觀與心態又是如何？透過**表6-2**
的一覽表便可以一目瞭然，更是從事就業輔導工作者所不能不知
的新資訊。

表6-1　您究竟是那一個年代的人？

族群類別	所屬年代與年齡
新新人類	指1983年以後左右出生，現年二十歲以下。
新人類	指1973年以後左右出生，現年三十歲以下。
半新半舊人類	指1963年以後左右出生，現年四十歲以下。
舊人類	指1953年以後左右出生，現年五十歲以下。

資料來源：由筆者採自83.11.12.《聯合報》，43版，白冰瑩等分析資料與
　　　　　84.3.25《聯合報》17版，蕭新煌等論文資料，進一步推估而成。

二、當前新新人類的職業輔導策略趨向

　　就業政策是政府公共政策？政策一詞（policy）來自希臘文、
梵文及拉丁文。希臘文與梵文的語根polis（城、邦）加上pur（城）
演變成拉丁字politia（邦）。然後再演變成中古世紀的英文字
policia，此字義即「公共事務的處理」（the conduct of public affairs）
或「政府的管理」（the administration of government）。最後演變成
今天所使用的policy一字。綜合各專家學者的論點，對公共政策的

表6-2　各個年代的人對事務的價值觀與心態一覽表

項目＼特質＼族群	新新人類	新人類	半新半舊人類	舊人類
遇到喜歡的人怎麼辦？	坦白直接讓對方知道	會讓對方知道但不是馬上	繞了一大堆圈子死命地暗示對方	等對方自己發現
愛與被愛如何選擇？	愛人	愛人	被愛	被愛
食（吃）	喜歡嘗試新餐廳新東西	兼顧自己的口味和冒險性	既特別又便宜，既好吃又大碗	飽就好
衣（穿衣哲學）	穿也可以，不穿也沒關係，這是個人私事	強調個人風格，流行趨勢列入參考	穿什麼不重要，流行就好	整齊清潔是最高指導原則
住	多隱於市，心中自有屬於自我的空間，住那兒都一樣	有能力也願意打造完全屬於自我的空間	有私人且獨立的空間，但多由父母提供	如果房子夠大，三代同堂最好
行（交通配件）	呼叫器、大哥大應有盡有，需不需要是另外一回事	視工作需要而配帶呼叫工具	除交通工具外，不帶call機或大哥大，因為時間操之在我	需要這麼急嗎？需要這麼浪費嗎？
職業（工作）	興趣比薪水重要一點，快樂比社會地位又重要一點	在右列兩種矛盾中找到平衡點	事少、錢多離家近，最好是個人工作室，省得看老闆臉色	工作就是為了工作，務實點吧！
人生目標	清楚且作階段性的規畫	有大目標	好像有目標，可是很模糊	工作
金錢	先刷了再說	賺多少，花多少	有少許的儲蓄觀念	存起來
對於同性戀	不但可以接受，甚至可以嘗試	接受	只要不是我的親戚朋友，就可以接受	那是一種病

資料來源：由筆者採自83.11.12《聯合報》，43版，白冰瑩等分析資料與84.3.25.《聯合報》，17版，蕭新煌等論文資料，進一步推估而成。

界定爲：「乃是政府機關爲解決某項公共問題或滿足某項公衆需求，決定作爲或不作爲，以及如何作爲的相關活動。」由此可揭示數項要點：

1. 公共政策係由政府機關所制定的。
2. 制定公共政策的目的是在解決解決公共問題，或滿足公衆需求。
3. 公共政策包括政府機關所決定的作爲或不作爲活動。
4. 政府以各種相關活動表示公共政策的內涵，如法律、行政命令、規章、方案、計劃、細則、服務、產品等內涵。

一個人爲何要工作、要有職業？理由爲何？不就是爲了要：(1)維持個人生活；(2)養家活口；(3)不做社會的寄生蟲；(4)參與生產；(5)使自己覺得有用；(6)對國家、社會回饋與貢獻；(7)希望能維持自尊、受人敬重；(8)希望能實現自己的理想。

由此可知，就業問題具有下述數項功能與意義：(1)經濟性功能；(2)政治性功能；(3)社會性功能；(4)文化性功能；(5)心理性功能；(6)生理性功能；(7)教育性功能；(8)家庭性功能。

所以，就業政策即是政府爲了輔導國民就業，調節勞動供需，以促進經濟、社會發展的重要措施。質言之，其現代意義等於人力政策的執行，凡是政府爲了確保勞動力的充分就業而執行的各項計畫活動，諸如，就業安置、就業訓練、失業保險、增加勞力及行業移動的種種措施，及職訓與職教方案、貸款創業、就業市場研究預測，各種低素質勞動力的輔導專案等均包含之。

第三節　犯罪少年職業輔導理論基礎

經濟學家佛利曼（Milton Friedman）曾說：「一個理論的時效性及其功能，往往取決於它利用的模式是否能準確的預測與運用，而其有關的假設是否真實則不是十分的重要的。」因此要談政策的中國化，必須要兼顧現實社會現象的概念話語抽象化，在不斷地考驗過程中，嘗試建立一般化的理論，不斷孳生新的假設、新的觀念，逐漸發展成為有系統的政策，再應用到社會環境與福利制度的各個不同層面中，來解析政策形成與推行的來龍去脈，進而由瞭解真象，以推動整個社會的進步（李欽湧，民83）。

因此各個政策之間並不是獨立的，它有高度的關聯性。就「未來」長期來看，我們必須用一種歷史的眼光去探討「過去」所謂「放諸四海皆準」的社會福利價值系統以及政策發展的軌跡，並瞭解「當前」社會福利政策的全盤性及強弱點，才能經由「分析」的結果，為「將來」而設計。所以政策研究的模式的基本關鍵是具有「過去」與「未來」的持續性，而此聯繫的中心，則是任何「當前」的政策類別。而衡量政策效益的主要變項必須賦予計量化的操作性定義。尤其與社會福利政策有關的問題，則必須由「計量」與「計質」的方向來著手。

所以，職業輔導策略是屬於社會政策的一種，其理論基礎亦是取決於社會政策及其相關領域的觀點與理論。尤其在此一時期，我們的社會正處於質變與量變之關鍵時刻，社會福利政策全面價值與性格的參考架構，西方的經驗與價值觀是值得參考。其中包含的部分，分述如下：

一、社會正義

任何一個強調自由與平等的社會，必須正視社會變遷的成本問題，這些成本的分配問題，尤其社會成本轉嫁於弱勢人口的問題。英國社會政策學家蒂的馬斯（Titmuss）認為窮人之所以窮，就是因為他們為社會其他人口的進步負擔了部分的社會成本，這就牽涉了社會正義與否的基本議題。羅曼尼森（Romanyshyn, 1971）認為在理想的社會裡，社會正義就是任何個人以合法的程序所取的，就能夠擁有它。而任何個人或團體（包括政府）皆不得賦有權利去控制這些資源，或去決定如何分配這些資源。代之而起的，乃是以公平的交換或贈與的方式來建立人與人之間的公平關係（equitable relationship）。所以，人與人之間的關係能夠尋得平衡的定點，社會秩序能夠自然和諧，其最大的依靠就是正義的律法（law of justice）（引自李欽湧，民83）。

而當前我國職業輔導策略的規劃施行內涵中，是否有秉持著社會正義原則針對犯罪少年這一弱勢族群的人力運用與職業輔導，而作周延和積極性的規劃？此一問題則有待本研究進行探討分析後方能做完整的判斷。

二、資本主義學派的福利價值觀

坎普頓（Compton, 1980）認為西方的資本主義消費社會之經濟福利價值觀，正有如「美國蘋果派」一樣，是沿襲資本主義及清教徒式（puritan）的傳統，也是美國當前社會福利政策理念的主流之一。其主要內涵為：

1.社會的責任是提供各項機會，在「物競天擇，適者生存」的

原則下，只應對那些鰥寡孤獨殘疾者提供最起碼的生存條件與救助，行為偏差者則不值得救助，除非他們自力更生，否則只好聽天由命，這也就是所謂「社會達爾文主義」（social darwinism）（Dolgoff, Feldstein & Skolnik, 1993）。

2.人類基本上是邪惡的，經由努力與強烈抑制行動力克服困難，以求達到經濟與物質的繁榮，而其主要動機與原動力，乃源自於經濟或物質的報酬。

3.為了全面而長期的繁榮，社會維持法律與治安是必要的。

三、基本的需要與權利

歐美的基本社會福利理念產生了福利國家（welfare states）的制度，並將資本主亦提升至一個融合社會主義福利價值觀的新意識形態。其基本的價值觀包括：

1. 社會存在的主要目標是滿足人類精神與物質的需求，因此人的基本權利應受到尊重。

2. 人類的生理與心理得到滿足時，潛能將會充分表現於人類的完美、成熟、適應與生產力，社會問題也因而迎刃而解。

3. 人的本性是完善的，自我實現所遭受的阻力，非個人所能控制，常是外在環境所造成。而這些阻力可透過政府或政策力量加以克服，因此科學的技術與知識是相當重要的。

4. 愛與關懷是人的本能，人與社會的護府護城中，可達完美境地。

四、民主自由

　　絕大多數經濟上的先進社會，幾乎都是具有較高度的民主自由的。民主本質上是一種解決問題的基本架構，一套客觀而合理性的規則，是社會政策建構與執行上不可或缺的有力依靠。而開發中國家不易享有真正的民主自由，其政權的合法性常建立在如何排除貧窮的經濟決策上，而非在保證民主自由的諾言上。

　　就今日台灣的發展階段來看，由於民主政治的本質在於協調衝突的利益，因此未來的社會政策走向與具體作為，須有下述幾個方位的考量：

1. 認清意識形態的功能，使其成為社會和諧的原動力，並非「思想一律」，而是要以民主自由精神釋放出多元的空間與餘地。
2. 決策的民主化，以減少許多的政治對立與社會暴力的現象。
3. 以開放的胸襟吸納多元性的建言與對策，力行更加開放的政策，使政府的角色與功能隨著民主意識與自由開放的挑戰，而重新定位。
4. 欲達到健康而穩定的民主自由化成熟社會，必須設法防止經濟權力的過分集中與壟斷。
5. 今後政府的角色應扮演社會政策的主導者，不同團體間的仲裁者，使成為社會全民爭福祉的現代科層制度。

　　所以，研究緣起於問題。因為問題而產生疑惑，為瞭解決疑惑，才著手進行具體的研究。所以西里提茲（C. Selltiz）、策滋門（L. S. Wrightsman）和庫克（S. W. Cook）等在其合著的《社會關

係的研究方法》一書中，開宗明義說明研究的標準步驟時，即指出研究的第一步是「就問題的形成提出研究的目的。」而孔恩（Thomas S. Kuhn）在科學研究上所提出的「典範」（paradigm）一詞，亦說明了科學研究的典範所以能被接受，乃是因爲這些典範提供了選擇問題的類別標準，同時假定這些問題都能解決（高永光，民84）。

　　因此，社會政策中的職業輔導策略分析的理論基礎與倫理守則，乃是將社會福利的基本哲理思想，及前述各層面領域之理論觀點與社工專業的倫理意識和價值取向，融合於社會政策分析者的思想與行爲上，方能針對所研究主題進行有效與有意義的質量評估，達到提供社會進步與解決社會問題的多元性的建言與對策的目標，以提供有效與有意義的職業輔導目標結構，及有助於犯罪少年人的運用與紓解當前勞動力普遍缺乏的困境。

第七章

當前犯罪少年職業輔導概況

第一節　犯罪少年職業輔導依據

一、我國當前促進犯罪少年及國民就業服務體系與分工之法令制度依據

（一）我國方面

1. 禮運大同篇：「大道之行也，天下為公，選賢與能，講信修睦，……使老有所終，壯有所用，幼有所長，鰥寡孤獨廢疾者皆有所養，……男有分，女有歸，……」。

2. 國父上李鴻章書：「……人盡其才，地盡其利，物盡其用，貨暢其流，……」；及主張人力培育方案應著重教育、就業與生活機會的平等，一切教育措施均應配合達成此一目的為目標。

3. 蔣公「民生主義育樂兩篇補述」：「中國建設之途徑，第一步工作，要謀中國人思想之統一」。

4. 蔣總統經國先生「使科技成為帶動建設的原動力」一文。

5. 中華民國憲法於民國三十六年一月一日公布，同年十二月二十五日施行之第二章「人民之權利與義務」及第十三章「基本國策」第三節及四節之規定：

(1)第二章「人民之權利與義務」第11條、第15條、第18條之規定：

第11條：人民有言論，講學，著作及出版之自由。

第15條：人民之生存權，工作權及財產權，應予保障。

第18條：人民有應考試服公職之權。

(2)第十三章「基本國策」第三節國民經濟第150條：國家
應普設平民金融機構，以救濟失業。

(3)第十三章「基本國策」第四節社會安全第152條至第157
條：

第152條：人民具有工作能力者，國家應予以適當之工
作機會。

第153條：國家為改良勞工及農民之生活，增進其生產
技能，應制定保護勞工及農民之法律，實施保護勞工及
農民之政策。婦女兒童從事勞動者，應按其年齡及身體
狀態，予以特別之保護。

第154條：勞資雙方應本協調合作原則，發展生產事
業。勞資糾紛之調解與仲裁，以法律定之。

第155條：國家為謀社會福利，應實施社會保險制度。
人民之老弱殘廢，無力生活，及受非常災害者，國家應
予以適當之扶助與救濟。

第156條：國家為奠定民族生存發展基礎，應保護母
性，並實施婦女兒童福利政策。

第157條：國家為增進民族健康，應普遍推行衛生保健
事業及公醫制度。

6. 民國三十四年五月社會部所提出之「四大社會政策綱領」
中之「勞工政策綱領」之十六條規定內容，及「戰後社會
安全初步設施綱領」均以改善國民之生計與輔導就業，並
促進勞資合作調節勞力供求，增進勞動效能，加強國際勞
工聯繫，以確保社會安全等為主。

7. 民國五十三年十一月之「民生主義現階段社會政策」乙項
「國民就業」之六條規定內容，均以積極創造就業機會、辦

理職業訓練與輔導就業，並加強聯繫公私企業調劑人才供求等工作爲主。

8. 加強國民就業輔導工作綱領。

9. 青年工作要點。

10. 民國六十八年二月八日國民黨十一屆三中全會所通過的「社會工作決議案」。

11. 就業服務法各章之規定均以促進國民就業爲宗旨，更於第三十一條明文規定，公立就業服務機構應與更生保護會密切聯繫，協助推介受保護人就業或參加職業訓練。惟實際上所作之工作卻有限，從行政院勞工委員會職訓練局之統計資料顯示，針對渠等人員輔導就業之人數不多，八十九年受理求職人數有535人，推介就業人數有245人；九十年受理求職人數有1,138人，推介就業人數有337人；九十一年受理求職人數有1,147人，推介就業人數有337人。由此顯示，如要眞實落實就業服務法保障出獄受刑人之就業權益，政府各部門該加緊腳步了。

（二）國際方面

1. 一九四八年十二月十一日「世界人權宣言」第二十三條之規定：人人有權工作，自由選擇職業，享受公平優裕之工作條件，及失業保險……等。

2. 國際勞工組織一九六四年所提出之「就業政策公約及建議書」有關就業政策方案的有效組織，創造較高的就業水準，使經濟繁榮和充分就業。

二、我國當前促進犯罪少年及國民就業服務體系與分工的法令方案

1. 就業服務法於民國八十一年五月八日公布施行，並至九十二年五月十三日止先後多次修正。

2. 就業服務法施行細則於民國八十一年八月五日公布施行，並至民國九十年十月三十一日修正，刻亦修正中。

3. 兒童及少年福利法於民國九十二年五月二十八日公布施行，第九條及第二十五條規定有關勞工主管機關主管年滿十五歲少年之職業訓練、就業服務及勞動條件之維護等相關事宜。

4. 省（市）公立就業服務機構設置準則於民國八十一年七月二十九日公布施行，並至九十二年七月十四日止先後多次修正為「公立就業服務機構設置準則」。

5. 外國人聘僱許可及管理辦法於民國八十一年七月二十七日公布施行，並至九十年時十一月七日止先後多次修正。

6. 就業安定基金收支保管及運用辦法於民國八十一年九月十八日公布施行，並至九十二年一月二十八日止先後多次修正。

7. 私立就業服務機構許可及管理辦法於民國八十一年七月二十七日公布施行，並於八十七年六月三十日修正。

8. 我國當前促進國民就業服務體系與分工的方案，包括第一、二期加強就業服務方案及就業服務行動方案、各類特定對象促進就業措施等，主要採行措施內容不外乎：
   (1)調整公立就業服務機構組織及設置。
   (2)建立就業服務專業與獎勵制度。

(3)加強就業服務與職業觀念及正確價值觀之宣導，協助青少年潛能開發，以強化其就業競爭力。

(4)改進電腦作業，建立全國就業服務資訊系統及網站。

(5)強化生計輔導工作，加強就業諮詢專業服務工作，輔導其做好職業準備與職涯規劃，以促進青少年適性就業。

(6)制定工作手冊，充實機具設備。

(7)加強特定對象就業服務與職業訓練，以強化就業意願與技能及競爭力。

(8)辦理雇主座談會及現場徵才活動與拜訪雇主，加強對雇主服務，開發與爭取就業機會。

(9)強化勞動供給，因應國家建設計畫與經濟發展所需人力。

(10)辦理失業輔助措施及就業促進津貼要點暨辦法，作為「勞工保險失業給付辦法」與「就業保險法」實施前之試行工作，以為擴大實施依據。

9. 各地區公立就業服務機構每年均與轄區少輔院、少年監獄等矯正機構合作，辦理在監服刑犯罪人與出獄更生受保護人之職業輔導與就業服務工作。九十二年行政院勞工委員會職業訓練局更一改過去不主動不排斥之作法，將觸角向外伸展，委託台灣更生保護會辦理「扶持您再出發——協助更生人就業活動」，及委外辦理「青少年就業促進巡迴列車」，協助青少年成功的擇業與轉業，及提高警覺認清求職陷阱與處理之方法。

三、就業服務專業人員應有的素養與工作原則

1. 以失業者及初進入就業市場者為優先服務之對象。

2. 保護身心障礙及更生受保護求職者之權益。

3. 免費服務，但是服務所需費用比一般情形要高時，可以向雇主酌收超額之費用，及依法設立之「私立就業服務機構」，可依規定收費。

4. 提供雇主及求職者自由選擇人才及就業機會。

5. 工作應具有公正不偏之職業道德。

6. 不得違背法律及社會善良風俗。

7. 就業諮詢與諮商之專業知能。

8. 就業市場資訊閱讀與分析及預測能力。

9. 職業分析與職業分類技術知能。

10. 對來尋求服務者之接納、尊重與人性對待。

11. 瞭解職業心理測驗量表之內容、特性與解釋分析重點。

12. 瞭解同理心的運用。

13. 專注與客觀的態度及熱誠助人的心。

第二節　犯罪少年職業輔導體系

一、我國當前就業服務體系與分工概況

目前我國就業服務機構，在中央方面係由行政院勞工委員會職業訓練局負責全國就業輔導工作之統籌規劃與推動等事項。此外，行政院青年輔導委員會負責大專以上青年就業輔導工作；行政院國軍退除役官兵輔導委員會負責國軍退除役官兵之輔導安置業務；法務部所屬之監獄與輔育院則設有技藝訓練與職業輔導；而司法院所屬之台北、台中、台南與高雄等四個地方法院設有少

年觀護所，職掌個案調查、較學習藝及心理測驗等處遇矯治及建議工作。在直轄市縣市政府勞工局科設在各主要城市之七個公立就業服務中心，以及分設在重要市鎮區的三十七個就業服務站，二百三十九個就業服務台，四十二個就業服務據點，十二個民間就業服務據點負責各地區的就業服務工作，我國就業服務行政體系詳如表7-1。

表7-1　我國就業服務行政體系表　　　　　　　　　　　　　單位：所

項目	中心	站	台	縣市據點	民間據點
行政院勞委會	5	26	235	0	12
行政院青輔會	0	0	0	0	0
行政院退輔會	-	-	-	-	-
法務部	少輔院2所、矯正學校2所、少年觀護所17所、技能訓練所3所共24所				
司法院	少年及家事廳（庭）				
台北市政府	1	9	4	0	0
高雄市政府	1	2	0	0	0
23縣市政府				42	
合計	7	37	239	42	12
總計	7中心,37站,239台,42縣市據點,12民間據點,2少輔院,2矯正學校,17少年觀護所,3技能訓練所及少年及家事廳（庭）				

二、公立就業服務機構主要職掌內容與功能

(一) 各主要國家當前就業服務的主要工作內容

1. 介紹與安置服務。
2. 職業指導與諮詢服務。
3. 職業分析與分類服務。
4. 雇主服務。

5. 人力規劃服務。

6. 就業市場資料之建立服務。

7. 職業交換服務。

8. 就業訓練服務。

而我國目前在台灣地區的公立就業服機構則依據「公立就業服務機構設置準則」第三條規定,公立就業服務機構掌理下列事項,或得將前項所定掌理事項,委託相關機關(構)、團體辦理之。

1. 求職、求才登記及推介就業事項。

2. 職業輔導及就業諮詢。

3. 就業後追蹤及輔導工作。

4. 被資遣員工再就業之協助。

5. 雇主服務。

6. 應屆畢業生、退伍者、更生保護會受保護人等專案就業服務。

7. 職業分析、職業訓練諮詢及安排。

8. 就業市場資訊蒐集、分析及提供。

9. 雇主申請聘僱外國人辦理國內招募之協助。

10. 特定對象之就業服務及就業促進。

11. 就業保險失業給付申請、失業認定等事項。

12. 中央主管機關委任或委辦之就業服務或促進就業事項。

13. 其他法令規定應辦理事項。

(二)公立就業服務機構主要功能

由前開業務職掌可知我國當前就業服務體系的功能如下:

1. 建立「經濟性目標」而言：
   (1)誘導人力參與建設，以達到「質」、「量」並重目標。
   (2)抑制通貨膨漲，紓解失業壓力。
   (3)改進人力資本。
   (4)減少人力浪費。
2. 就建立「社會性目標」而言：
   (1)積極協助民眾脫離貧困。
   (2)引導謀職者獲致理想職業。
   (3)降低社會問題成本。
3. 對「個人」功能而言：
   (1)協助個人增加所得。
   (2)減少失業。
   (3)提高個人的滿足感。
   (4)減少個人對家庭社會的依賴。
   (5)增進個人身心健康。
   (6)改善個人家庭物質生活及促進家庭關係的和諧。
4. 對「雇主」功能而言：
   (1)協助解決技術人力的瓶頸。
   (2)協助滿足人力的需求。
   (3)提高企業整體的生產力。
5. 對「政府」功能而言：
   (1)平衡所得分配。
   (2)增加國民總生產。
   (3)減少失業現象。
   (4)促進社會安全與政治穩定。
   (5)穩定物價。
   (6)減少反社會行為。

(7)減少社會救助金支出。

(8)增加稅收。

(9)調節軍事人力。

三、我國當前職業訓練體系與分工概況

目前我國職業訓練機構，在中央方面係由行政院勞工委員會職業訓練局負責全國職業訓練工作之統籌規劃與推動等事項，並於北、中、南等三個地區分設六個職業訓練中心。此外，行政院青年輔導委員會、行政院國軍退除役官兵輔導委員會，及行政院農業委員會等三個委員會亦分設一個職業訓練中心，辦理職業訓練業務。直轄市政府勞工局設在各主要城市之二個職業訓練中心，以及財團法人東區職訓練中心（設於台東市）、中華社會福利基金會（設於台北市）等共計有十三個職業訓練中心，負責職業訓練工作事宜。我國職業訓練行政體系如表7-2。

表7-2　我國就業服務行政體系表　　　　　　　　　　單位：所

項目	中心
行政院勞委會	6
行政院青輔會	1
行政院退輔會	1
行政院農委會	1
法務部	少輔院2所、矯正學校2所、少年觀護所17所、技能訓練所3所共24所
台北市政府	1
高雄市政府	1
民間職訓中心	2（東區職訓中心、中華社福基金會）
合計	13
總計	13中心,2少輔院,2矯正學校,17少年觀護所,3技能訓練所

而目前我國各職業訓練中心所招訓的訓練類型，依據職業訓練法的規定計有五種，包括：師資訓練、養成訓練、進修訓練、轉業訓練及殘障者職業訓練等。而其訓練的方式有自行辦理訓練、接受委託辦理訓練、與有關單位合作辦理訓練及提供有關訓練服務四種方式（行政院勞委會職訓局，民85）。

（一）報名接受訓練資格及期限

1. 技術人員養成訓練為期一年以內，視職類程度需要而定：
   (1) 年滿十五歲。
   (2) 國中、高中職、專科、大學或研究所畢業。
2. 高級技術人員養成訓練為期三年，因須同時完成補習教育，故其年齡及教育程度亦須符合教育法令之規定。
3. 在職技術人員進修訓練期限視需要而定，以各公民營事業單位之在職人員為對象。
4. 接受委託或合作訓練期限視需要而定，由委託或合作單位選送。

（二）有關接受職業訓練學員於受訓期間待遇和出路

1. 接受職業訓練學員於受訓期間待遇：
   (1) 除每月膳食費須自行負擔外，其餘學雜費、材料費及勞保費均由政府負擔，並提供住宿。惟低收入戶、殘障者、山胞等可申請補助膳食費。
   (2) 於招訓二週後，無故退訓者，依規定按比例賠償學雜費、材料費及勞保費。
   (3) 在職技術人員進修訓練學員需負擔半數訓練費；而委託訓練則由委託單位全額負擔。
2. 接受職業訓練學員之出路：

(1)結訓成績合格者頒發結訓證書，並輔導就業。

(2)受訓六個月以上者，輔導參加專案技能檢定，合格者發給國家技術士證書。

(3)參加養成訓練半年期以上結訓後，得轉入高職學校相關科別的延教班就學。

　　總之，由上述我國當前就業服務與職業訓練體系與分工概況中可知，我國當前中央政府之就業服務與職業訓練體系政出多門，無法由一個機關統籌，造成事權重疊，未能有效釐訂一個整體職業訓練體系的政策，以因應產業結構變遷所需要的技術人力，培訓各類技術人才，進而輔導其適性就業，而犯罪少年之輔導更遑論之，這是有關當局所需面對與儘速處理的當務之急要務，且不能再等閒視之了。

第三節　犯罪少年職業輔導主要內涵與作法

一、我國針對促進犯罪少年就業服務行政體系

　　我國當前針對促進犯罪少年就業服務行政體系依據就業服務法第六條之規定，主管機關在中央為行政院勞工委員會；在直轄市為直轄市縣市政府勞工局；在縣（市）為縣（市）政府勞工局（科）。而由表7-1可知目前中央除了行政院勞工委員會職業訓練局就業輔導組職掌全國就業服務工作外，尚有行政院青年輔導委員會。惟均只作政策性規劃和指導，而於「就業服務工作手冊」中訂定「出獄人就業服務」，及於就業服務法第三十二條規定公立就業服務機構應與更生保護會密切聯繫，協助推介受保護人就業或

參加職業訓練等規定，卻未有實際性積極作為。而直轄市政府勞工局亦遵循上述法令和更生保護會及各犯罪矯治與處遇機構聯繫，協助其輔導受刑人之職業輔導與職業訓練工作，台北市政府勞工局就業服務中心，甚至將其南港就業服務站賦予更生受保護人之任務編組專案職掌就業服務工作。而與法務體系之相關單位針對犯罪少年辦理之就業服務工作，亦因各種不同因素未能有周全的設計與輔導。因此，過去與現在和犯罪少年關係密切的少年事件處理相關機構及職掌和實施狀況如下分述（行政院青年輔導委員會，民85；行政院勞工委員會職業訓練局，民81；李庚需，民86）。

（一）少年法庭（院）

台灣地區各地方法院計有台北、台中、台南、高雄等四個地方設有少年法庭，其餘未設有少年法庭的者，則指定法官專門辦理少年及兒童觸犯刑法事件。而由近十年來我國台灣地區觸犯刑法之少年事件，除了七十九年略減外，其餘各年均逐年遞增，尤以近幾年均超過三萬人，而以少年法庭處理少年刑事案件中，結果又以科有期徒刑為最多，實令人憂心（行政院青年輔導委員會，民85）。

（二）觀護人

少年事件處理法規定，觀護人之權利義務應服從推事之命令。職掌調查與蒐集關於少年管訓事件之資料、對於少年關護所知觀護事項、保護管束事項及其他規定事項等工作。所以，觀護人掌理少年保護管束及假日輔導業務，採用輔導諮商、社會工作等技巧，對受保護管束少年之行為、職業、學習等予以輔導，並運用社會資源，如榮譽（義務）觀護人、大專生輔導員等，就少

年教養、醫療、就業、環境改善等，予以適當幫助（行政院青年輔導委員會，民85）。

(三)少年觀護所

少年事件處理法規定，少年法庭於必要時，對少年刑事被告、管訓事件少年，得以裁定拘押或收容於少年觀護所。而少年觀護所設置及實施通則第三條明定其目的，為協助調查依法收容之十二歲以上，十八歲未滿之管訓事件及刑事案件少年之品性、經歷、身心狀況、教育程度、家庭情形、社會環境及其他必要事項，加以綜合研判、分析、提出鑑別報告與處遇建議，供少年法庭審理少年事件之參考，並對少年之生活、學業、品德等予以輔導，藉以矯治被收容少年之身心，使其適應於社會正常生活。

目前法務部於台閩地區高等法院檢察署共設立十七所少年觀護所，所內依法分設教導組、鑑別組、總務組與其他行政單位，及容額在三百人以上者設醫務組等單位。其中鑑別組掌理心理測驗、生理檢查、精神狀態分析與鑑定、智力測驗，及處遇建議；教導組則掌理個案調查、生活指導、教學習藝、康樂活動、紀律執行、同行處遇及戒護等事項。由此可見，其性質與少年輔育院迴異，僅對少年觀察保護之短暫期間，施予每週約二小時左右之職業輔導相關知識，在效果上較無法與其他長期性的處遇機構相比擬（行政院青年輔導委員會，民85；許春金，民85；台南少年觀護所，民85；法務部簡介，民92；台灣台北少年觀護所，民92）。

(四)少年輔育院

目前法務部於台灣地區設有二所少年輔育院，包括桃園、彰化等二所少年輔育院，為執行少年感化教育之機構，其性質乃是

普通中學與職業學校之綜合性矯治機構，採取學校化、家庭化的措施，由鄰近高中職、國中與國小在院內設置分校，以班級為單位實施管教，是社會安全制度中之重要一環。主要目的乃期冀使學生在溫暖正常的環境中成長，繼續其學業及習得一技之長，並培養其刻苦耐勞、勤奮向上精神，使其變化氣質，化莠為良，俾其出院後，得以適應社會繼續升學或就業，成為身心健全之青少年。

院內依法分設教務組、訓導組、保健組、總務組與其他行政單位及院務委員會等單位，收容各地方法院少年法庭裁定應執行感化教育之十二歲以上、十八歲未滿之少年，其中彰化少年輔育院以收容女性少年為主。至於十二歲以下之兒童則收容在兒童學苑，施以家庭式感化教育。各院核定收容額不一，總計約有 1,800 名，而目前實際收容在院學生約有 1,300 名。對院生除施以生活知能教育外，為使其出院後能自謀生計，十分重視職業訓練，共計設有室內配線、印刷、汽車修護、廣告設計、陶瓷、美容美髮、縫紉、鉗工、車床及美食烹飪等十種職類之職業訓練班，結訓後由行政院勞工委員會職業訓練局辦理技能檢定，合格者即發給丙級技術士證照，以便學員出院後謀職就業，每期結訓學員技能檢定合格率均在 90％以上，對防止其再犯頗有助益，可由近幾年之出院追蹤調查與輔導統計，平均再犯率約為 16％觀之，其教育成效約達 84％，是值得肯定的（行政院青年輔導委員會民 85；許春金，民 85；桃園少年輔育院，民 85；彰化少年輔育院，民 85；高雄少年輔育院，民 85；法務部，民 92）。

（五）矯正學校

矯正學校的設置是依據「少年矯正學校設置及教育實施通則」，隸屬於法務部，但有關教育實施事項受教育部督導。為貫徹

教育刑之理念，以使一時犯錯之少年收容人獲得繼續求學機會，政府於八十八年七月一日分別在新竹縣成立誠正中學及高雄縣成立明陽中學二所少年矯正學校，成爲兼具行刑矯治及學校教育之一創新機構。該校以人格輔導、品德教育及知識技能傳授爲總體之教學目標，使依法裁定感化教育之十八歲以下少年及兒童，經由學校教育方式，以矯正少年不良習性，促使其改過自新，適應社會生活。

學校遴聘有優良師資，採小班制教學，每班學生以不超過二十五人。一年分四學期，依據國民小學或中等學校日校教學授課時數教學（每週三十五小時）。爲配合實施九年一貫課程，以因應教育變革及設計適合本校學生之教材教法，其要點有：推展十項國民之教育能力（自我發展潛能、欣賞表現創新、生涯規劃、表達溝通能力、尊重關懷團體、文化與國際學習、規劃組織、科技資訊、獨力思考與解決問題能力等）。教育內涵有：人本情懷、統整能力、民主素養、鄉土與國際意識及終身學習。並以語文、建康與體育、社會、藝術與人文、數學、自然與生活科技、綜合活動等七大學習領域。高職部課程以電腦資訊、食品烘焙、園藝、美工設計等試探教學爲主，以培養學生多元學習興趣。

各班級由訓導處遴定導師（教師兼任）、教導員各一名共同班級經營，每二至三個班級均設有專任輔導老師，兼顧犯罪矯治管理及學校教育輔導雙重功能，發揮專業輔導效能，獎勵重於懲罰，以激發少年之自律心與責任感。竭誠歡迎各學生家長或監護人配合本校實施親職教育，密切聯繫，期使家庭支持系統與矯正教育共同配合，幫助學生努力學習，悛悔向善（法務部，民92；誠正中學及明陽中學，民92）。

(六)少年監獄

少年監獄爲台灣地區收容少年受刑人之專業監獄,執行少年犯之徒刑。目前僅有新竹少年監獄爲唯一之少年監獄,收容十四歲以上、十八歲未滿之少年受刑人,並兼收十八歲以上、二十歲未滿,其身心發育狀況有必要繼續在監獄中執行之受刑人;另兼收新竹地方法院檢查署指揮執行三年以下有期徒刑之受刑人,目前核定容額爲1,674人,而收容人數有1,803人。

獄內依法分設教化、調查、作業、衛生、戒護、總務等科與其他行政單位,及各種委員會,並附設女監、新竹分監,實施調查、心理測驗、教化輔導及職業教育訓練等工作。並由鄰近高中職設立分校,施予進修補習教育,以免因服刑而中斷學業。在職業教育訓練方面,目前有十五個作業工廠,科目包括車工、鉗工、鍵盤組合、塑膠容器、印刷、輪胎氣門嘴、園藝與燈串等,參加作業受刑人均能習得一技之長;至於附設之技能訓練中心的訓練科目有汽車修護、室內配線、機工、車床、鉗工等五種職類訓練班,結訓後由行政院勞工委員會職業訓練局辦理技能檢定,合格者即發給丙級技術士證照,以便學員出院後謀職就業,並能積極的激發受刑人之良知良能,培養崇法精神,提高國家觀念,訓練簡樸生活,成爲健全國民(行政院青年輔導委員會,民85;許春金,民85;李清泉,民86)。惟少年監獄已隨著教育部支持在少年監獄少年輔育院中設立矯正學校,並且依據通過之「少年矯正學校設置及教育實施通則」,以貫徹教育刑的理念下,於八十八年七月一日將之改制爲少年矯正學校「誠正中學」,少年監獄便隨之成爲歷史名詞。法務部亦預定在此通則施行後的六年內分期改制,以使失足少年有再一次受教育的機會(李建榮,民85;黃國樑,民85)。另爲減輕青少年升學壓力,及提升技職專業地位與尊

嚴，建立「學力」重於「學歷」的價值觀，重拾學習的信心，教育部現階段規劃技職教育改革的重要工作方向有十項（吳京，民85）：

1. 推動精緻技職教育，滿足國家社會及個人生涯發展的雙重需求。
2. 規劃高職免試升學方案，逐步達成十二年國教目標。
3. 彈性調整技職學制，暢通學生進路管道。
4. 試辦綜合高中實驗，提供學生選擇學術導向與職業導向課程機會，以強化學生基本能力。
5. 改進技職教育課程，培養學生成為兼具人文與科技素養的健全國民，以因應新世紀人才之需求。
6. 強調技職實務導向，落實職業證照制度。
7. 縮短學校資源差距，促進教育機會均等。
8. 加強照顧弱勢族群，提升全民技術水準。
9. 規劃生涯學習體系，建立終身學習社會。
10. 加強技職教育宣導，建立正確價值觀念。

（李建榮，民85；黃國樑，民85；法務部，民92；誠正中學及明陽中學簡介，民92）。

(七)財團法人更生保護會

設立依據及沿革：係依據更生保護法第四條第二項規定設立，辦理更生保護事業，受法務部指揮、監督，及登記許可。台灣更生保護會前身係「台灣省司法保護會」，民國三十五年十一月十一日設立，五十六年七月更名為「台灣更生保護會」，辦理台灣省、台北市及高雄市出獄人等保護工作，為財團法人組織的公益慈善團體。由於政府重視此項工作，特訂頒更生保護法於六十五

年四月八日公佈實施，隨即於同年十一月改組，依法受法務部指揮監督，辦理更生保護事業。又依規定高等法院、高等法院檢察署、勞工行政機關及社會行政機關，應促進更生保護會及其分會更生保護事業之推行。

宗旨：以仁愛精神，輔導出獄人等自立更生，適於社會生活，預防再犯，以維護社會安寧為宗旨。

組織：在全省各地設有十九個分會。總會設董事會、分會設委員會，監督策劃會務，工作人員專任或兼任，辦理轄區內各項更生保護業務。各分會轄區內再以鄉、鎮（市）或區為更生保護輔導區，遴聘更生輔導員協助辦理輔導工作。另依地區性需求，設置輔導所、學苑、生產事業及技藝訓練場所，辦理直接保護工作。

對象：保護的對象依更生保護法第二條規定，包括下列十種：

1. 執行期滿或赦免出獄者。
2. 假釋、保釋出獄或保外醫治者。
3. 保安處分執行完畢或免其處分之執行者。
4. 受少年管訓處分執行完畢者。
5. 依刑事訴訟法第二百五十三條或軍事審判法第一百四十七條，以不起訴為適當，而予以不起訴之處分者。
6. 受免除其刑之宣告或免其刑之執行者。
7. 受緩刑之宣告者。
8. 受徒刑或拘役之宣告，在停止執行中或經拒絕收監者。
9. 在觀護人觀護中之少年。
10. 在保護管束執行中者。

服務內容：

1. 直接保護：收容（輔導所、學苑）、安置參加生產、技藝訓練。
2. 接保護：輔導就業、輔導就學、輔導就養、急難救助、輔導就醫、訪問受保護人。
3. 暫時保護：資助旅費、供給車票、資助膳宿費用、協助申報戶口、資助醫療費用、護送回家、護送其他處所、創業小額貸款。

（法務部，民92；台灣更生保護會簡介，民92)。

　　總之，財團法人更生保護會報奉法務部後，主要宗旨是在預防再犯，即以仁愛精神輔導出獄人等，解決其困難，使獲得社會的溫暖與照顧，回頭向上，成為社會上有用的人。其對出獄人之保護，係採自由保護方式，必須經渠等人員的同意或申請後方予直接保護、間接保護和暫時保護，輔以教導、感化或技藝訓練，即就學、就養、就醫、業及救濟等工作之輔導與協助。

　　經由上述當前政府針對國民所研訂之就業促進關法令、方案與措施中，並未有針對以犯罪少年為本位進行人力運用與職業輔導之周延性、整體性與策略性的規劃，而主管的法務部亦僅以司法警政立場進行矯治規劃，未能有進一步的深度有效之對策，實令人深感遺憾。

二、輔導對策與建議

(一) 新新人類價值觀

　　經由上述各項特質的說明，我們可以將現代新新人類對事物的價值觀與所抱持的心態，歸納如下述十一項：

1. 因為出生在較富裕的環境，而被認為是個人主義的追求者，「功利、愛現、崇拜偶像、急賺錢也猛花錢、對社會似乎較不關心，也不知如何投入……。」（引自蕭新煌的〈新人類之社會意識與社會參與〉、張小鳳的〈新人類的生涯信念與價值觀〉、黃富源的〈新人類的反社會行為與社會危機〉等。

2. 一般行為發生問題的少年有「高社會不公平感」的感受、身處「家庭功能失調」的挫折經驗、及「自我控制力低下」等三種現象，且認為在今日台灣似乎不但沒有稍緩，反而有更加嚴重的趨勢，值得為人父母與師長的注意。引自黃富源的〈新人類的反社會行為與社會危機〉）。

3. 追求自由：即是「只要我喜歡，有什麼不可以」，不喜歡被拘束。

4. 心事誰人知的「少年維特的煩惱」或「為賦新詞強說愁」，有時會無病呻吟等類型。

5. 有時會不知不覺自己到底怎麼啦！或不知不覺自己到底做了什麼啦！或較缺少周延的思慮，而為急進者所煽動鼓惑。

6. 較缺少自我控制力，即易衝動、不會考慮後果，及做出超出自己能力範圍的事情。

7. 心性未定，未有明確目標與努力方向，而感到茫然、不確定性及缺乏安全感與被關懷重視的感覺，而導致其犯上欺下或欺弱後，毫無後悔之心，竟然認為是理所當然的遺憾事件。

8. 價值觀被媒體與社會不良風氣事件所誤導，而產生以「物質導向」的混淆價值觀，與待人處事和成就動機態度的衡量標準，而輕忽了人文社會精神胸懷的培養。

9. 崇拜偶像與模仿偶像為時尚，並喜歡自我表現展現自我。

10. 喜愛談星座、算命及交筆友，或談一些較刺激、敏感、流行事物等「語不驚人死不休」的話題，或偶爾來個「與眾不同」的獨立性格行動。例如：喜歡上KTV自我解放，或來個同居或試婚……等行動。

11. 不注重禮節、不修邊幅，朝中性化發展，或反傳統禮教的規範。

（二）對犯罪少年族群所採取的輔導對策

經由瞭解上述新新人類中的犯罪少年族群各項特質後，一般針對渠等人員所採取的輔導對策有下述數項（李庚霈，民85）：

1. 給予同理心。

2. 給予人性的尊重。

3. 給予適度的表達意見機會，但不要抓的太牢。

4. 給予溫暖關心的鼓勵和支持，使其更具信心而不自卑。

5. 給予適度的自由發揮空間，以培養其創造力。

6. 將其當做是自己的家人一般，與其討論生活、人生、家庭、交友課業、壓力、挫折等等的切身問題，而不是僅僅上課時課堂見，下課後就不見。誠如吳靜吉博士在「青年的四個大夢」中所說的為「生活導師」（良師益友），而不只是經師而已。（註：青年的四個大夢即是尋求人生的價值、尋求一位良師益友、尋求終身的職業或事業、愛的尋求等四個大夢。）

7. 採取民主的方式做雙向互動與溝通，減少權威式的單向溝通。

8. 在和諧氣氛中訂定合情、合理、合法的團體規範，並依規

範原則執行到底，且從中給予修正不當言行的建議。

9. 多多善用輔導中心，多與輔導中心聯繫，透過各種科學化的測驗量表，進行其人生觀、價值觀、人格、性向、興趣及所學科系所遇到的困難等問題的諮商與諮詢，以使其瞭解自我，進而做好自我的生涯規劃，創造生命的活水。

10. 適度的幽默與自我陶侃，並善用當前事件作為活化教材，以與課本的理論相印證，達到理論與實務結合的目標。

11. 建議各校與就業服務中心、職訓中心在經費與空間許可之下成立、「個案諮商輔導室」與「團體諮商輔導室」，以利於各校與職訓中心師生，及就業服務中心就業服務人員「成長團體」的進行，減少一些不必要的誤會與磨擦，進而提升「愛校護校」、「愛中心護中心」的共識與認同感。

　　總之，我們都曾經年輕過，或者說我們都保持著年輕的心去奉獻所學，而現代的新新人類一如我們年輕時，回想過去，面對他們，相信每一位為人師長先進的感受與經驗雖然不同，但「百年樹人」的理念，相信都是一致的，都希望能夠將所知所學的專業，做毫無保留的薪傳，協助他們瞭解到「面對人生，與其花時間和精力怨天尤人，不如把同樣的時間和精力，製造機會或把握機會，瞭解並實現自己的夢」，苟能夠如此，相信必能達到上述目標。

　　所以，為因應當前社會、經濟與政治環境的變動，未來社經發展與就業市場需要，及發揮就業安全制度之整體功能，我國當前之就業政策與就業服務工作內容，亦隨之與日俱增，尤以「外籍勞工」的引進，及新新人類所衍生的許許多多之多元與複雜的問題，已非民國八十一年所通過及期間多次修正的「就業服務法」

之條文所能規範，亦已不符實際需要。因此，九十二年五月十六日立法院雖然審議通過「就業服務法修正案」。然其對犯罪少年及其更生受保護人之輔導協助，與理想及實際需求間實有一大段距離須再積極努力，方能符合社經與就業市場脈動之實際需要，以激發其就業意願，增進就業技能，確保其充分就業權益，方能達成支援生產、繁榮經濟與安定社會之目標，進而導正新新人類的價值觀與心態，激發其向上奮進意志力，以奉獻所學於國家社會。（註：可依就業服務法第二十四條第六款規定，以行政命令認定「少年更生受保護人為特定對象」，與同條第一款至第五款所指之原住民等五種特定對象一樣享有其就業權益之保障，以協助其釐清人生方向，認識自我，做好其就學、就業等生涯規劃，自力更生，不再淪為累犯與社會問題等憾事。）

第八章

當前犯罪少年職業輔導工作之實施

第一節　犯罪少年職業輔導個案工作之實施

一、犯罪矯治個案工作定義及範圍

　　社會乃是多數人彼此有相互關係的集合體，乃是一重組織的安排，自行平衡的存在，但此種存在經常在不斷的變遷中，相對的亦因而促使個人因失調而產生不適應言行，必須透過專業協助以改善，而個案工作是其中一種方法。所謂犯罪矯治個案工作係指幫助失調個人及家庭，以發揮潛能，及解決其問題，並運用人類關係，社會資源與個案工作的技術，去瞭解犯罪失調的個人及家庭，啟發其潛能，改善其生活方式、社會環境，扶助其自立自強，增進個人幸福與社會福利。

　　所以，個案工作者不但是藝術家，也是社會工程師，而且是社會建設中之策畫者，需要有足夠的幫助求助者之知識、學理、能力、經驗去應付個別求助者，指導個人，啟發求助者個人潛能，協助其從缺乏較美滿的社會關係與適應中，走向美滿的社會關係與適應中，扶植其自助與自立參與社會活動，過著較美滿有意義的生活。因此，犯罪矯治個案工作是：

1. 由個人入手的科學化社會工作方法與藝術之本質。
2. 其實施必須具有現代有關人類關係與個人發展的各種科學知識。
3. 其工作方法與過程是一方面運用專業知技瞭解個人，引發個人潛能，改變其人生態度與觀點，協助個人調整其社會關係。

4. 目的是要協助功能失調的個人，在不妨礙他人或社會的利益下，改善其生活與增進幸福。

而犯罪矯治個案工作範圍一般則認為應包(1)生理保育；(2)心理與情緒；(3)生活技能；(4)學習；(5)親職教育；(6)同儕團體；(7)社會環境；(8)人際關係及其他相關事項等九項範圍。

二、犯罪矯治個案工作目標與功能

一般認為犯罪矯治個案工作的主要目的與功能，簡言之即是：

(一) 協助個人生涯的發展

包括生活與學業及工作能力、興趣、性向與人格、價值觀、生活與學業及工作世界的認識及決策與解決問題能力等內涵。

(二) 提升個案工作者的專業地位

包括諮商的專業能力、適當的會談技巧、適當的測驗工具、協助解決問題或選擇適切的生涯發展之能力等。

(三) 有效運用人力資源，促進社會繁榮進步

包括充分就業、適性就業、工作效率達到最高點，及個人整體發展的生涯規劃等，達到「人盡其才、事竟其功」目標。

三、犯罪矯治個案工作的相關理論

依據相關專家學者針對犯罪矯治個案工作的相關理論之論見，有如下幾種：

（一）精神分析治療法（psychoanalytic therapy）

佛洛依德為代表，是歷史上第一個有系統的心理治療學說，透過人格結構探討潛意識，從過去瞭解現在，強調早期經驗的重要性，闡明行為的因果性，使當事人不再防衛，而勇敢的面對原來不敢面對的經驗。而精神學家魏斯、陳名義等亦曾以「精神分析之催眠方式」治療煙毒犯或憂鬱症等病人，效果頗受肯定。

（二）現實治療法（reality therapy）

以 Willian Glasser 為代表，是一個短期、重視現在，強調個人力量的治療。基本上著重案主現在行為，以面對現實，對自己的行為負責。

（三）理性情緒治療法（rational-emotive therapy, RET）

以 Alber Ellis 為代表，是一個以教導、認知、行動為主的治療，強調思考和信念，亦即情緒反應是隨著刺激事件發生，但實際上是個人信念體系所造成，只要以理性有效制止，便可終止困擾。

（四）溝通分析治療法（transactional analysis therapy, TA）

以 Eric Berne 為代表，是一種從內在人格結構探討團體中人際關係，人際溝通多層變化主因，係個人內在存有不同的自我狀態，以作不同的表現。強調認知層面以助案主評估早年決定，並做新的與適當的決定（PAC 父母－成人－兒童人格結構）。

（五）個人中心治療法（person-centerd therapy）

以羅吉斯為代表，是一種強調此時此地、同理心、無條件的尊重及誠摯等概念的治療，以促使案主開放自己的經驗，更相信自己，發揮自我導向的能力。

（六）完形治療法（gastalt therapy）

以 Fritz Perls 為代表，是一種把不協調的對立狀態引出來，以使個人自覺，尋求解決的方法，進而達到心理上的整合，解決內在的衝突。

（七）意義治療法（existential therapy）

以 May、馬斯洛、Frankl、Jourard 為代表，是一種協助案主體驗自己存在的真實性，以發展潛能及力行實踐的態度，亦即諮商員進入案主的世界，並參與案主的現實，以瞭解案主，協助案主發現、欣賞、認同所處的世界，以發現生活意義。

（八）行為治療法（behavior therapy）

以 Bandura、Meichenbaum、Mahoney、Beck、Wolpe、Lazarus 以及 Kazdin 為代表，是一種協助案主去除不良適應的行為，進而幫助其學習建設性的行為。

（九）家族治療法（family therapy）

是一種改變家庭溝通和互動關係，以使得癥候的行為消失於無形的治療方法。包括開放系統、結合的三角關係、回饋、家庭副體系及自動調適等概念。

四、犯罪矯治個案工作進行的模式

依據相關專家學者針對犯罪矯治個案工作一般進行的模式如下：

(一) 準備階段

係指使個案工作人員與受助者做好必要的準備，以便順利進行正式的個案服務。個案工作人員需運用專注、傾聽技術進行服務。

專注：即協助者外在行為表現出對個案的尊重，並且於內心亦秉持專心真誠的意念，傾聽個案敘述自己的困難與問題，共分心理的專注與生理的專注等二項。

傾聽：即心理的專注，專心真誠的用心聽個案敘述自己的困難、問題與內在掙扎壓力事情，以做為診斷和處遇之參考資訊。

(二) 探討階段

以問題的瞭解和探討為主，個案工作人員需運用真誠、尊重、初層次同理心及辨識感覺與情緒等技術進行服務之階段。

(三) 分析統整階段

係指重點在整理資料，分析各問題的癥結，必要時可運用適當的測驗工具，分析其未揭露性格、潛能或問題癥結，以協助其理出頭緒，認清問題真相。個案工作人員需適當的運用高層次同理心、自我表露、面質、立即性等技術進行服務之階段。

（四）行動階段

係指個案工作人員根據求助者的領悟，以創造性問題解決的過程，採取力場分析觀念說明問題解決原理，協助其探討各種可能產生建設性改變的方法，再依其抉擇協助擬定行動計畫，鼓勵其採取行動，並於執行時適時給予支持和回饋之階段。

（五）檢討階段

係指個案工作人員就整個協助過程的目標、方法及效果，與求職者、同事或督導共同檢討，以增進諮詢知能，同時亦可追蹤瞭解求助者生活與適應狀況，必要時再給予適當協助之階段。

五、犯罪矯治個案工作人員的角色與特質

依據相關專家學者針對犯罪矯治個案工作人員應有的角色與特質及基本態度論見如下：

（一）犯罪矯治個案工作人員的角色

個案工作人員所需熟悉與運用的專業技術，包括建立友善的關係、接納技術、引導技術、結構技術、反應技術、沈默技術、解釋技術、澄清技術及終結技術等，而其運用之妙則存乎一心。誠如 Corey 所說的：「沒有任何一種個案工作諮商的方法是適用於所有的當事人。」因此，個案工作人員應依據本身人格特質與所學之專業特長知能，摘取各家之長，以融合成自己特色的一套個案工作諮商方法與技術，方能愉快的為犯罪少年提供專業與適當的個案工作諮詢服務和協助。所以，犯罪矯治個案工作人員的角色應是協調者、教導者、研究者、諮詢顧問者、評量（估）者、

支持陪伴者等角色。

（二）犯罪矯治個案工作人員的特質

1. 對人的關心。
2. 肯定自我。
3. 保持彈性。
4. 瞭解自己。
5. 瞭解人的特質與行為法則。
6. 善於控制自己

（三）犯罪矯治個案工作人員的基本態度

1. 無條件接納求職者。
2. 真誠對待求職者。
3. 尊重求職者的意願與選擇。
4. 恪守專業道德，發揮專業精神。
5. 不可專為工作人員選擇案主。

六、犯罪矯治個案工作諮詢環境佈置與工具

依據相關專家學者針對犯罪矯治個案工作的諮詢環境與工具應如何佈置與準備論見如下：

（一）個案工作環境佈置

雙方成九十度角面對面坐著，小桌子或茶几則放置在中間稍後處，以利雙方非語言的行為表達及觀察，達到案主感覺安全、舒適而敢於表達自己內心的痛苦、疑惑……，利於雙方溝通和瞭解。

（二）個案工作諮詢工具及物品

包括家庭背景資料、個人資料、電腦設備、測驗、紙筆、茶水及面紙等。

總之，個案工作的諮詢環境與工具應佈置與準備，如能如上述注意要點進行佈置與準備，相信必能為個案塑造溫和與安全感氣氛，進而在專業關係與信賴下，進行諮詢與諮商，共商解決問題之行動方案，而逐步解決問題與困難。

七、犯罪矯治職業輔導個案工作的程序

（一）開案（申請及接案）（application & intake）

係指專業工作人員透過自行申請、其他轉介與主動發掘等三種個案來源方式，進行接案與訪視，經與案主初步會談後，依據本身機構之職掌功能決定接受案主提供服務，或向案主詳細說明原委，並徵得案主同意，為其進行解決問題與困難之專業機構或專業人員之聯繫與轉介。

（二）調查研究（case study & research）

係指專業工作人員與案主和家人及其關係人會談，其中案主關係人應包括最親密或最接近的機關（構）與人，及訪問與聯繫有關機構，方能夠達到確切資料之獲得。其主要內涵為：

1. 與案主會談。
2. 與案主家人及其關係人會談。
   (1)多方獲得確切資料。

(2)所得資料僅能供參考。

(3)案主關係人應包括最親密或最接近的機關（構）與人。

3. 與有關機構之聯繫。

(1)訪問有關機構。

(2)聯繫有關機構。

4. 辦理調查與研究時應注意事項。

(1)會談場所應能讓案主感受溫馨與安全之場所。

(2)會談場中應讓案主感受溫馨與安全，並產生信賴之專業關係。

(3)會談前應讓案主明確瞭解會談之意義與目的，以作好萬全準備。

(4)避免偏見。

(5)勿造成案主依賴心理。

(6)誠懇聽取案主問題與困難陳述。

(7)注意案主所陳述之價值觀。

(8)說明機構職權與立場及限制。

(9)為下次會談預留餘地。

(10)情感轉移之妥適處理。

（三）診斷分析（diagnosis & evaluation）

係指專業工作人員與案主和家人及其關係人會談後，所獲得之確切資料，進行診斷分析，內容應包括：(1)說明真相；(2)認識案主；(3)發現助力與阻力。

（四）治療與服務計畫（treatment & service or therapy）

係指專業工作人員與案主和家人及其關係人會談，所獲得之確切資料，進行診斷分析後，所進行之治療與服務計畫內容應包

括：(1)設計要富伸縮性；(2)工作員與案主共同研究擬定；(3)根據診斷結果；(4)參酌相關意見。

(五) 結案檢討評估會議與紀錄（recode）要能精確忠實

係指結案檢討評估會議與紀錄要能達到精確忠實目標，且可採取下述四種方式進行記錄：(1)逐字記錄；(2)敘述性記錄；(3)摘要式記錄；(4)研究問卷式記錄。

總之，犯罪矯治個案工作者或管理者需瞭解為何採此服務模式、接受新的助人觀念、以培養「成事能力」觀點取代「問題敗事」觀點、放下身段與人合作、實事求是以示負責等心態，及具備分析情境能力、計畫管理的能力、協調、合作的能力、推動與教育服務對象獲取與使用資源的能力、監督和評估考核能力等的能力，方能針對各案需求擬定職業輔導矯治策略，以協助犯罪少年認識自我，修正不正確的人生觀與職業價值觀，得以適性就業。

八、犯罪矯治個案工作案例運作討論

例如以藥隱或毒癮者人力運用之職業輔導為例，國內精神科醫師陳勝英（民92）亦以精神分析學派之催眠治療法治療十八名毒癮病例，經過接案、研究、診斷分析、治療與服務計畫擬定，在做過一至三次的催眠後結案討論，這些藥隱或毒癮者心境都比較平靜，十七名之效果良好，僅有一名回籠，可見催眠治療法運用在職業輔導個案工作方面上有其一定之功效。因此，由案例治療過程證明，治療者透過讓藥隱或毒癮者瞭解自我過去經歷與現狀間之關係後，可使其更進一步澄清自我特質與此生責任，及瞭解堅強自我體質與堅強完美人格之必要性，以養成其獨立自主、

樂觀進取與能屈能伸的人格，促使自己得以針對職業目標奮發向上，創造屬於自我的生涯志業，達到人力有效運用之目標。

第二節　犯罪少年職業輔導團體工作之實施

一、犯罪矯治團體工作的意義及治療因素

(一) 犯罪矯治團體工作的意義

犯罪矯治團體工作是基於人類彼此的需要，及相互依賴，是個人與團體的份子（二人或二人以上）一起工作，以加強社會功能，進而達到社會願望與目標的方法。其中所強調的是因社會工作人員的介入而帶來的影響或幫助。其具有目的、工作方法、過程和目標、適合性及就專業性等意義。

(二) 犯罪矯治團體工作的治療因素

葉龍（Yalom）肯定的提出團體治療的十個因素：(1)傳授資料；(2)灌輸希望；(3)普遍性；(4)利他主義；(5)修正個人早期經驗；(6)發展社交技巧；(7)模仿行為；(8)人際學習；(9)團體內聚力；(10)感情淨化作用。

二、犯罪矯治團體工作的理論基礎及模型派別

一九三○年代發端的團體動力學的理論基礎建立在李溫（Lewin）的場地理論，認為社會中每一個人都有他活動的範圍，

而個人的行為是相互依賴。另如角色理論、社會系統理論、社會學習理論、社會測量理論與心理分析理論，如今團體動力學已成為一門整合的科學研究，被用於不同領域中。所以，犯罪矯治團體工作的理論基礎，可由團體動力學方面對團體行為及團體中個人行為的解釋，以及社會工作者帶領團體所採用的模型（model）或派別（approach）來瞭解。

（一）社會目標模型（social goals model）

基本概念來自於社會意識、社會責任和社會變遷，認為藉著共同參與團體情境中，個人就能影響社會變遷。社會團體工作者是一個影響者與使能者。主要倡導者有：Whittaker、Papell、Rothman、Konopka、Northen、Hartford 等。

（二）治療模型（remedial model）

強調透過團體經驗來治療個人心理、社會與文化的適應問題。團體是一個治療環境，也是治療工具。主要概念是團體發展、溝通、領導、社會測量、衝突現象、規範式的結構與過程。社會團體工作者是一個研究、診斷與治療的權威專家，更像一位家長及博學的指導者。主要倡導者有：Redl 以及 Vinter。

（三）交互模型（reciprocal model）

團體的形成是由成員互動的結果決定，團體成員分享對團體的責任。社會團體工作者是案主與團體，或團體與機構間的居間協調者或資源人物，又稱「居間模型」（mediating model），較注重此時此地經驗及情的交流。主要倡導者有：Schwartz 以及 Tropp。

（四）發展學派（development approach）

　　強調採用發展心理學，認為任何人在不同年齡階段有不同的
任務。在團體中學會自我管理，自我教導，扮演好個人角色。社
會團體工作者主要工作是幫助團體達到目標，促進人際關係和個
人的自我實現，是較積極的社會團體工作。主要倡導者有：
Kaln、Cayle、Wilson、Ryland、Philips、Schwartz等。

（六）組織和環境學派（organization and environmental
　　　approach）

　　主要理論基礎在社區的結構功能、組織理論、小團體理論、
社會交換理論、社會行為學習理論、自我心理學和社會化理論。
社會團體工作者主要工作是促進成員功能，尊重個人，使成員在
其生活環境中調適自己、預防問題及運用社區資源等。

三、犯罪矯治團體工作的目標及過程

（一）犯罪矯治團體工作的目標

　　1. 矯治的。
　　2. 預防的。
　　3. 正常的成長與發展。
　　4. 個人的進步。
　　5. 公民責任與參與。

（二）犯罪矯治團體工作的過程

　　1. 瞭解團體的成立背景與成員背景。

2. 瞭解團體的性質是屬於治療性、功能性、社會目標、交互團體等何類性質。

3. 認清瞭解團體的目標是矯治的、預防的、正常的成長與發展、個人進步或公民責任與參與等何種目標。

4. 認清瞭解團體的情況：(1)團體成員的選擇是同質性或異質性；(2)團體的大小與進行的頻率、時間及結構；(3)有系統有組織。

5. 評估團體的目標是否達成(1)評估指標應包括：成員投入狀況、成員互動情形、外團體的影響、成員約束力、達成目標否？

6. 評估種類包括(1)預估；(2)期中評估；(3)期末評估等。

7. 團體活動的總結。

四、犯罪矯治團體工作各階段的重點工作

(一) 開始前的準備工作

1. 如何在確定目標後撰寫計畫應包括(1)對象與需求之差距；(2)目標；(3)團體性質；(4)成員性質與進行事項；(5)成員選擇與過濾；(6)領導者資格；(7)進行方式；(8)規則與經驗；(9)結構及技巧；(10)主題的決定；(11)成員冒險的處理與保護；(12)如何評估與追蹤；(13)不同階段的特性與功能；(14)團體性質與機構功能吻合否？

2. 如何在確定目標後選擇成員：(1)進行成員的招募；(2)進行成員的過濾；(3)進行成員的評估與決定。

3. 如何進行籌備與開始前的準備工作：(1)進行籌備的準備工作重點應包括討論團體領導者與成員的期望、討論團體規

則、討論團體的利弊與限制；(2)活動開始前的準備工作應包括團體成員的心理準備、場地及器具安排、其他相關事宜。

（二）**團體工作開始階段**

1. 如何協助成員從團體經驗中獲得最大的學習，重點如下：
   (1)瞭解達到目的的手段。
   (2)學習建立信任。
   (3)表達目前的感受。
   (4)決定表露自己的程度。
   (5)做積極的參與者。
   (6)預期會有的干擾與改變。
   (7)預料會有挫敗退步。
   (8)不要期望一個團體經驗就會完全改變原來生活。
   (9)瞭解不必有問題才能從團體獲得好處。
   (10)期望發覺自己優點。
   (11)不濫用怪言怪語。
   (12)以學習某些東西時，要決定行動。
   (13)自我省察和探索。
   (14)傾聽和辨認正確性。
   (15)一致性回饋。
   (16)不要把自己類化。
   (17)進入團體前做些準備工作，團體結束後做些事（如寫日記）。。
   (18)自我評估。
2. 團體結構與過程重點如下：
   (1)團體結構：角色結構、人際親疏結構、權力結構、領導

結構、溝通結構。

(2)團體過程：團體的凝聚力、團體的規範。

3. 團體成員心理與行為之特徵重點如下：

(1)是否能接納他人與被他人接納。

(2)抗拒：包括對領導者的抗拒、對團體的抗拒。

(3)自我中心對他人中心。

(4)信任與不信任。

4. 團體工作開始階段，促成信任感受的基本行為如下：(1)領導者事前準備；(2)適時介入保護成員；(3)訂定適當規範；(4)示範催化性行為。

5. 團體工作開始階段，要確認團體目標和訂定團體契約。

(三) 團體工作轉換階段的重點工作

1. 瞭解團體的特徵。

2. 對抗拒行為的反應。

3. 瞭解與處理成員的問題行為：(1)非參與性行為；(2)專斷性行為；(3)說故事；(4)問問題；(5)給予忠告；(6)聲援；(7)敵意；(8)依賴；(9)表現優越；(10)誘惑行為；(11)理智行為。

(四) 團體工作進行階段的重點工作

1. 瞭解團體特徵。

2. 在團體運作中幫助個人改變的因素有哪些：(1)希望；(2)改變的承諾；(3)願意冒險；(4)開懷；(5)接納；(6)同理心；(7)親密；(8)權力感；(9)自由自在地嘗試；(10)回饋；(11)幽默；(12)自我表露；(13)面質；(14)團體凝聚力；(15)學習人際關係技巧。

3. 團體領導者的主要工作：(1)示範被期望的行為；(2)鼓勵成

員冒險的自我開放；(3)增強被期望的行為；(4)協助重建認知；(5)協助採取行動。

4. 團體工作進行階段中，進行環境改變的工作重點：

(1) 環境改變的理由：行為是其與環境互動結果、標籤過程、個人功能發揮。

(2) 環境改變目標的選擇：家庭系統目標、同輩團體目標、組織目標、社會目標。

(3) 改變系統層次的選擇：個人、一群相似角色的個人、整個系統、最終的權威結構。

(4) 改變的策略：改變工具的選擇、以團體作為改變的工具時，團體成員可扮演角色為何？以成員為主要考慮因素。

(5) 由成員使用的策略：躲避、選擇另一種反應、操縱外在環境。

(6) 可被個人與團體選擇用來改變環境的策略：解釋、教育、評價、運用影響力、討價還價、面質、大傳媒介、抗拒、被動。

(7) 團體所採取的策略：選舉、聯盟。

（五）團體工作結束階段的重點工作

1. 結束階段的任務。

2. 結束階段的重要工作：(1)處理分離情緒；(2)處理團體內未完之事；(3)練習行為的改變；(4)成員彼此回饋；(5)討論未來繼續學習方式；(6)回顧整理；(7)成員對領導者評估。

3. 團體領導者的主要工作重點：(1)回饋增強行為改變；(2)處理團體內未完之事；(3)鼓勵表達正負向情緒；(4)鼓勵表達未來行動計畫；(5)評鑑目標達成度；(6)提醒保密；(7)提供

諮詢或轉介服務；(8)處理自己的主要情緒。

4. 團體領導者的主要角色功能與技巧：(1)增進交互作用；(2)導引交互作用；(3)調適；(4)統合；(5)維持規則；(6)溝通；(7)處理衝突；(8)流通團體資源。

5. 團體領導者的專業角色行為的特性：(1)運用知識解狀況與需要；(2)有計畫有目的的工作；(3)意識上的自我訓練與控制；(4)發展專業哲學。

6. 團體領導者的技巧：(1)處理過程的技巧；(2)溝通互動技巧，包括反應的技巧、互動的技巧、行動的技巧等須注意的技巧。

五、案例運用討論

以行政院勞工委員會職業訓練局九十二年度委託台灣更生保護會辦理「扶持您再出發——協助更生人就業活動工作計畫」為例，分別針對出獄前與出獄後進行團體職業輔導工作。

1. 在更生人出獄前之職業觀念宣導講座即採取團體輔導方式，設計「職涯面面觀」、「如何運用公立就業服務機構」、「更生人就業經驗分享」等課程，透過就業市場情勢分析、就業態度與求職管道暨流程、面試技巧、更生人求職與雇用雇主及更生保護會工作人員輔導等經驗分享，使更生人做好重返職場心理準備。

2. 在更生人出獄後之就業輔導活動即採取團體輔導方式，設計「心理輔導」、「現場徵才活動」、「更生人就業經驗分享」、「追蹤輔導」等課程工作，透過情緒管理、家庭關係重建與再社會化的調適、更生人工作性質與求才求職媒

合、就業與職訓政策說明及面試技巧、更生人求職與雇用雇主及更生保護會工作人員輔導等經驗分享，以及個案出獄後生活與就業狀況追蹤輔導，使更生人得以順利的重返職場。

第三節　犯罪少年職業輔導社區工作之實施

一、社區的意義及功能

（一）社區的意義

社區是指一群人居住在一特定的地區，而具有共同意識與活動場所，及其共同目標的自然形成一個與其他地區不同之地域而言。因此，社區的共同要素是：(1)有一定境界的地理範圍；(2)有一群人組成的團體；(3)有一個以上的共同活動場所或服務中心；(4)有共同目標；(5)有地緣感覺或共同意識；有共同行為。所以，簡言之，社區就是：是一種「空間單元」、是一種「社會關係」單元、是一種「集體認同」單元。

（二）社區的基本功能

1. 依據相關專家學者之論見，分述在兒童福利服務社區工作的基本社會功能如下：(1) 經濟功能；(2)教化（教育）功能；(3)社會控制功能；(4)政治功能；(5)互助（福利）功能；(6)衛生功能；(7)娛樂功能；(8)宗教功能。
2. 社區工作的內容包括：(1)農業服務；(2)教育服務；(3)職業

指導服務；(4)合作服務；(5)社會福利服務；(6)衛生保健服務；(7)住屋建築及設計服務；(8)康樂服務等八種。

3. 涵義與特性如下：(1)社區發展是一種策略，經由教育及組織使產生有計畫的社會變遷；(2)社區發展是一種方法或手段，用以促成現代化或解決現代化所帶來的問題；(3)社區發展是關心所有社區居民、生活和需要；(4)社區發展應基於需要感（felt needs）與居民的慾望；(5)社區發展具有任務與過程雙重目標；(6)社區發展是一種教育及組織的行動過程。

二、社區工作的模式及理論

(一) 社區工作的模式

模式一——地方發展取向（locality development）：針對衰敗、紊亂、傳統的靜態社區，以過程目標為主，希望居民自動自助，期獲得社區能力提升與整合，並使用社區居民參與團體討論方式，研究社區自身問題，再透過社區工作者促成、協調與催化協助，以獲取社區共同利益。

模式二——社會計畫取向（social planning）：針對社區的實質問題，以任務型目標為主，以社會計畫專家來蒐集、分析資料與決策途徑，以提供社區服務。

模式三——社會行動取向（social action）：針對社區有劣勢群體、社會不公平、不平等與剝奪的存在，利用問題的具體化與組織民眾方式，來對抗敵對的目標，社區工作員協助社會行動團體進行政治過程，為這些社會行動者改變社區正式組織政策或社區資源再分配。

（二）社區工作的理論

一般社區工作理論包括五種：

溝通理論：透過社區工作參與，學習到予人接觸溝通及協調經驗，進而得以運用在實際人際互動與工作接觸上，以習得良好雙向溝通方式。

作決策理論：透過社區工作之參與，培養犯罪少年在做決策方面之能力，使其透過積極正向工作之參與，獲得良好的職業選擇知識及技術。

均衡發展理論：在犯罪矯治之職業輔導工作與參與社區建設發展工作間取得平衡之作法，可達到有效人力運用及職業試探之目標。

基層建設理論：以基層建設工作為目標，進行必要工程之改善，如硬體設施設備，可透過犯罪少年之參與，強化其正確職業之觀念與良好工作態度之培養。計畫變遷理論：有目標的變遷，包括創新改革、改變習俗、行為改變、過程取向改變等四種模式。

三、社區發展工作的一般原則及步驟

（一）社區發展工作的一般原則

依據相關專家學者之論見，社區發展工作的一般原則如下：

1. 要依據社區需要。
2. 要能發揮協調功能。
3. 發展初期要同時注重改變居民態度與物質環境。

4. 要促使人民參與社區事務。

5. 訓練領導人才。

6. 促使未發揮人力參與社區發展方案。

7. 要獲得政府充分支持與協助。

8. 實施全國性社區發展方案需採協調政策。

9. 要充分運用地方、國家及國際志願性非政府組織。

10. 要與國家全面進步相互配合。

(二) 社區發展工作的基本步驟

1. 認識與接觸社區人士，取得接納和合作。

2. 蒐集社區生活有關資料。

3. 發掘社區領導人才。

4. 激發社區人士承認問題的存在。

5. 協助討論問題，並確認最迫切問題所在。

6. 促進社區居民自信心。

7. 協助社區居民決定行動方案。

8. 協助社區居民確認本身潛能和資源。

9. 協助社區居民堅持己力解決問題。

10. 增進社區居民自我互助能力。

四、社區福利服務體系組織工作的要項

(一) 福利服務體系組織工作的基本原則

1. 民主原則。

2. 保持和人聯繫的原則。

3. 共同行動的原則。

4. 人多勢大原則。

5. 過程和結果同樣重要原則。

6. 順應環境調整策略原則。

7. 祕密愈少愈好原則。

（二）社區福利服務體系組織活動的規劃分析工作要項

1. 明確目標。

2. 達成目標的要件。

3. 列出已有資源。

4. 還需哪些資源。

5. 達成目標可能產生的影響。

6. 社區哪些人關心此議題與可提供的協助。

7. 解決問題的資源權力提供者。

8. 達成目標哪些事情需先做好。

9. 達成目標需花費多少時間。

10. 工作成效的衡量標準。

11. 核心團體如何做決策。

12. 達成目標或萬一失敗的下一步是什麼？

（三）建立社區福利服務體系應把握的原則

1. 運用社區用現有資源。

2. 一切自立自強。

3. 擴大社區民眾參與。

4. 當先則先，當急則急。

5. 運用志願服務人員。

（四）建立社區福利服務體系的要領

1. 調查及瞭解社區的福利問題及需求。
2. 查明社區可運用社會資源。
3. 擬訂社區短、中、長程工作計畫。
4. 籌措必要的工作經費。
5. 建立推動社區福利服務的組織體系。
6. 設置必要的福利服務設施。

（五）現階段福利服務社區發展工作的項目（內容）

　　基礎工程建設：社區各項設施之興（修）建與維護與管理：綠化及美化社區環境、改善家戶衛生、溝渠道路與公共建設之養護。

　　生產福利建設：(1)生產建設：生產建設基金的籌措、生產合作事業及產銷共同作業之推廣、各種技藝副業辦理；(2)建立社區福利服務體系：展開各對象福利服務與組織，以建立社區福利服務體系。

　　精神倫理建設：(1)興、修、擴建社區活動中心，充實設備以妥善運用；(2)設置及充實文康活動；(3)充實及運用社區圖書設備與設施；(4)辦理社區童子軍及媽媽教室活動；(5)爭取及結合社區內各級學校開放供使用。

　　組織活動方面：(1)健全社區發展協角色與功能會；(2)按期召開社區理事會；(3)運用社區專業方法推動各項工作；(4)志願服務的組訓與活動。

五、福利服務社區發展工作計畫擬訂

（一）應具備的條件

1. 就計畫性能言應考慮其(1)可行性；(2)適應性；(3)可受性。
2. 就計畫應包含範圍言應包括：

   (1)what？亦即應包含執行時應該運用的機具、設備、設施及軟硬體等方面需求的計畫預擬。

   (2)why？亦即應包含為什麼要採取本項計畫進行執行等方面需求的原因理由之敘述。

   (3)how？亦即應包含為什麼要採取何種方法與模式進行計畫的執行等方面原因理由之敘述。

   (4)who？亦即應包含本項計畫服務對象及研擬計畫與執行和評估計畫人員等方面之敘述。

   (5)when？亦即應包含本項計畫進行執行之期程進度與時間等方面之敘述。

   (6)where？亦即應包含本項計畫進行執行之地點與區域等方面之敘述。

   (7)for whom？亦即應包含本項計畫進行執行之範圍與限制等方面之敘述。

3. 工作計畫一般應具備的條件：

   (1)有效的達成目標。

   (2)合理決策過程。

   (3)經濟有效的執行計畫。

   (4)把握時間與進度的掌控。

   (5)簡明具體的計畫內容。

(6)均衡周延的計畫內容。

(7)脈絡一貫的計畫內容。

(8)充分的意見溝通與協調。

(9)適度彈性的計畫運作。

(10)便於控制與評估。

（二）福利服務社區發展工作計畫的要領及方法

社區發展工作計畫的要領：把握目標、評估分析、衡量和抉擇等。

社區發展工作計畫的方法：社區行動調查、社區工作設計、社區協調會議、社區基金募集、社區服工作、社區服務案務工作等。

六、案例運作討論

如何透過犯罪少年人力的有效運用之規劃，在安全與社會計畫目標下，集中帶領犯罪少年至合作之社區，以社區為基礎，賦予犯罪少年勞動服務或志願服務之學習機會與經驗，參與社區之基礎工程、生產福利、精神倫理、組織活動等建設事務之推動與經營，使其體驗服務人群貢獻社會的使命，進而從中瞭解工作的意義與個人職業生涯規劃之試探。

第九章

犯罪少年職業輔導質化與量化實證研究

第一節 犯罪少年職業輔導實證研究程序與設計

茲以「犯罪少年職業態度及人力運用與職業輔導策略之評估研究」為主題進行質化與量化實證研究案例說明。

一、犯罪少年職業輔導實證研究程序

一般研究的過程可略分為資料蒐集、研究工具的編製、行政協調與聯繫、實施預試、項目分析、正式施測、資料整理與統計分析、撰寫研究論文等步驟，簡要說明如下：

(一) 資料蒐集

可敘明從幾年幾月即開始著手蒐集有關特殊對象之職業教育與輔導、人力運用及生涯規劃等國內外相關的資料，並確定相關內容變項做為擬定研究計畫的參考。

(二) 研究工具的編製

根據研究架構，參考相關文獻及有關人員的意見編擬研究工具，並經過多次的修改及訂正，先實施預試再根據刪題標準而為正式調查表及量表。

(三) 行政協調與聯繫

犯罪少年實地量化研究之施測方面：首先瞭解法務部所屬收容犯罪少年進行感化矯治教育機構，並蒐集人數資料，將之加以編號，再以隨機的方式抽出要施測的機構。測試前先以電話與各

機構的院長或輔導組長或實際負責人員聯繫，說明研究目的及進行的概況，徵得對方的同意及配合後再瞭解犯罪少年的人數，然後安排適當的時間前往進行「少年生活及職業需求態度問卷」施測。

聘請專家學者組成評估研究小組進行質化研究方面：首先瞭解所採取之DELPHI專家學者評估研究技術之內涵與作法後，與指導教授請益討論，決定聘請約十位專家學者組成評估研究小組針對研究者所自編之「台灣地區犯罪少年人力運用與職業輔導策略之規劃評估研究問卷」進行評估，其學術背景以社會心理、教育輔導、社會工作犯罪矯治、經濟、政治與公共政策等領域之專家學者為主，依所聘請之專家學者分別聯繫親送或函送問卷二次，請其就所學專業學術進行評估後，再予以統計進行分析比較。

（四）實施預試

經過協調與聯絡，選定擬進行「行為異常國中生與就業態度問卷」預試對象人數與施測時間。由於受試對象的特殊性，又限於機構場地及個別訪問時間不易安排，故本研究採取團體施測（group test）的方式。

（五）項目分析

將預試結果的資料編碼，並檢查問卷的完整性後輸入電腦進行各項統計的分析，進行刪題的程序，並編成正式的問卷。

（六）正式施測

犯罪少年施測方面：與預試的程序相同，先抽樣選定機構與施測人數再進行行政方面的聯繫進行施測。施測方式與預試大致相同，測試完並當場檢查問卷的完整性，有無漏填、錯誤、或不

清楚處立即給予處理，以減少廢卷數。而問卷中基本資料部分之智力商數，是由主試老師於施測完再補填寫於研究者所函寄之空白表格中。

聶請專家學者組成評估研究小組方面：同前述行政協調與聯繫方式進行。

（七）資料整理與統計分析

全部量表先以人工的方式編碼，再將資料輸入電腦，以預定的統計方法進行各項研究假設的分析。

（八）撰寫研究論文並修正定稿

完成上述步驟，便可著手撰寫論文，而後修正、定稿。

二、研究設計

（一）研究架構

根據研究目的與文獻探討及相關理論驗證結果，擬定本研究的架構圖9-1所示。

本研究是以個人變項（包括性別、年級、地區、智力商數、早年生活經驗、成就動機）、家庭變項（包括父母教育態度、家庭社經地位）、社會環境變項（包括大眾傳播媒體、鄰居及親友就業情形）、學校生活變項（包括師生互動、教學環境與同儕互動）等四個變項為自變項，以職業態度（包括職業自我觀念、職業價值觀念、職業選擇態度、積極創造性）為依變項。並透過專家學者對犯罪少年人力運用與職業輔導策略的問題導向性、急切性、可行性、方案替代性、策略優先性及其他方面等問項之評估研究結

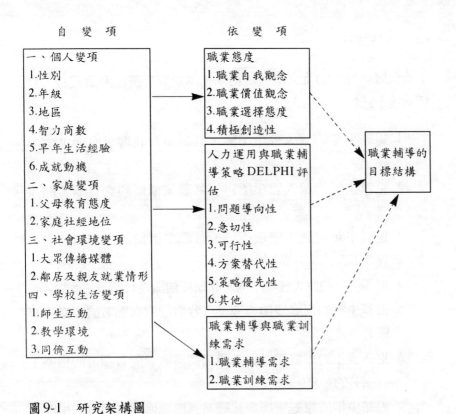

自　變　項　　　　　　　依　變　項

一、個人變項　　　　　　職業態度
1.性別　　　　　　　　　1.職業自我觀念
2.年級　　　　　　　　　2.職業價值觀念
3.地區　　　　　　　　　3.職業選擇態度
4.智力商數　　　　　　　4.積極創造性
5.早年生活經驗
6.成就動機　　　　　　　人力運用與職業輔
二、家庭變項　　　　　　導策略DELPHI評
1.父母教育態度　　　　　估
2.家庭社經地位　　　　　1.問題導向性
三、社會環境變項　　　　2.急切性
1.大眾傳播媒體　　　　　3.可行性
2.鄰居及親友就業情形　　4.方案替代性
四、學校生活變項　　　　5.策略優先性
1.師生互動　　　　　　　6.其他
2.教學環境
3.同儕互動　　　　　　　職業輔導與職業訓
　　　　　　　　　　　　練需求
　　　　　　　　　　　　1.職業輔導需求
　　　　　　　　　　　　2.職業訓練需求

職業輔導的
目標結構

圖9-1　研究架構圖

果，和犯罪少年對職業輔導與職業訓練的需求結果（包括家人及
親友、學校人員、學校場所、大眾傳播媒體、學校以外場所、提
供輔導協助的時間、提供輔導協助的方式、提供輔導協助的方
法、提供職訓的職類及提供輔導協助的教具與教材等方面）相互
比較其間關係或差異性。在職業發展的過程中，不同的個人變
項，家庭變項、社會環境變項、學校生活變項的個體，其所表現
的職業態度可能不同，因此，必須藉由瞭解個體差異特性，及其
自身能力與條件之配合作為規劃職業輔導的目標結構之依據，俾
據以實現人生的各階段目標。

（二）研究假設

根據研究目的及文獻探討結果，本研究所擬之考驗假設，包括下述十三項：

1. 犯罪少年的個人變項不同，其職業自我觀念有顯著的差異。

2. 犯罪少年的個人變項不同，共職業價值觀念有顯著的差異。

3. 犯罪少年的個人變項不同，其職業選擇態度有顯著的差異。

4. 犯罪少年的個人變項不同，其積極創造性有顯著的差異。

5. 犯罪少年的家庭變項與職業自我觀念間有顯著的相關，有顯著的差異。

6. 犯罪少年的家庭變項與其職業價值觀念間有顯著的相關，有顯著的差異。

7. 犯罪少年的家庭變項與其職業選擇態度間有顯著的相關，有顯著的差異。

8. 犯罪少年的家庭變項與其積極創造性間有顯著的相關，有顯著的差異。

9. 犯罪少年的社會環境變項與職業自我觀念、職業價值觀念、職業選擇態度等變項間有顯著差異與相關。

10. 犯罪少年的學校生活變項與其職業自我觀念、職業價值觀念、職業選擇態度、積極創造性等變項間有顯著差異與相關。

11. 各變項均能有效的預測職業態度及職業輔導與職業訓練的各項變項。

12. 犯罪少年個別變項不同在家人及親友、學校人員、學校場所、大眾傳播媒體、學校以外場所、提供輔導協助的時間、提供輔導協助的方式、提供輔導協助的方法、提供職訓的職類及提供輔導協助的教具與教材等職業輔導及職業訓練需求間有顯著的差異。

13. 專家學者對犯罪少年人力運用與職業輔導策略的觀點和犯罪少年本身對職業輔導與職業訓練的需求間有顯著的差異。

（三）研究方法

文獻探究法：蒐集國內外有關文獻，藉以提供本研究設計問卷、比較研究與提出建議之參考。

問卷法：根據理論與實務之經驗，配合所蒐集之文獻資料，編自「台灣地區犯罪少年人力運用與職業輔導策略之規劃評估研究問卷」，及「少年生活及職業需求態度問卷」等二種質化與量化之問卷量表。

抽樣：本研究擬以台灣地區取樣二百名矯治感化機構之犯罪少年為研究對象。

調查法：徵得被取樣學校之同意與合作，實際對少年學生做問卷調查，以供研究之用。

統計法：以次數分配、百分比、單因子變異分析及多元逐步迴歸預測做進一部的比較研究。

演繹法：即原理規則應用到至特定事例之解釋方法。

歸納法：將觀察情形締結成理論的方法。

第二節 犯罪少年職業輔導實證研究工具編製

研究所使用的工具皆爲研究者參考相關文獻與量表資料自編質化與量化二種問卷（見附錄十二），第一種爲「犯罪少年生活及職業需求態度問卷」量化問卷，包括三個部分：第一個部分爲「個人基本資料調查表」；第二個部分爲「少年職業輔導與職業訓練需求調查表」；第三個部分爲「少年職業態度量表」等。第二種爲「台灣地區犯罪少年人力運用與職業輔導策略之規劃評估研究問卷」（見附錄十三）質化問卷。茲分別說明如後。

一、個人基本資料調查表

本調查表可獲得樣本的一般基本資料，如性別、年級、早年生活經驗、成就動機、家庭社經地位、父母教育態度、大眾傳播媒體、鄰居及親友就業情形、師生互動、教學環境與同儕互動等資料。

（一）性別

分爲男、女。

（二）年級

指國中一年級（約14至15歲）、二年級（約16至17歲）、三年級（約18歲以上）。

（三）地區

本研究受試者的地區，是以機構之所在地爲基準，依台灣地區之地理位置所分北、中、南等三個地區，包括北區的「台灣桃園少年輔育院」、「台灣新竹少年監獄」，有160人（42.1％），中區的「台灣彰化少年輔育院」有91人（24.0％）、南區的「台灣高雄少年輔育院」、「台南少年觀護所」和「台南監獄有關少年部分」有129人（33.9％）等六個機構的犯罪少年。

（四）智力商數

由機構負責之專業輔導人員提供。

（五）早年生活經驗

指受試者有無工作經驗及對工作所存有的概念。此部分的題目是研究者參考相關文獻自編而成。共4題爲基本資料調查表中第23-26題，其中第26題爲反向題，每個題目自喜歡至不喜歡，分爲二個等級，每題最高 2分，最低1分，各可得4-8分；反向題則反向計分，得分愈高，代表愈有工作經驗，而且對工作愈存有正向與積極的概念，反之，則否。

（六）成就動機

分爲成長需求與匱乏需求二類需求。此部分的題目是研究者參考相關文獻自編而成。共4題爲基本資料調查表中第27-30題，其中第27題爲反向題，每題目自需要至不需要，分爲二個等級，每題最高2分，最低每1分，各可得4-8分；反向題則反向計分，得分愈高，表示其追求精神（心理）層面之需求，而能作正確的

抉擇，並達成目標，反之，則否。

(七) 父母教育態度

此部分的題目是研究者參考林清江（民69）與陳麗娟（民72a）及徐麗敏（民80）的研究內容，選擇適當的題項自編而成。共4題為基本資料調查表中第19-22題，每題目自重視至不重視，分為二個等級，每題最高2分，最低1分，各可得4-8分；反向題則反向計分，得分愈高，代表父母的教育態度愈積極與關心。

(八) 家庭社經地位

參照侯靈謝兩因素社會地位指數之模式，以父母一方中較高的教育程度及職業等級作為依據（林淑玟，民78；袁志晃，民71；徐麗敏，民80）。

1. 教育程度：參考現行學制，將行為異常國中生父母的教育程度區分為五等級：
   (1)不識字者。
   (2)國小、小學畢業、或識字者。
   (3)初（國）中、初職畢業、高中（職）肄業。
   (4)高中、高職畢業、專科肄業。
   (5)專科學校畢業或大學以上程度。

2. 職業等級：依據職業所具有的專業性質、技術性質、就業準備、報酬及地位等標準，就我國的職業現況並按國內一般分類法，區分為五個等級（行政院主計處，民80）。
   (1)半技術、非技術工人或無業。
   (2)技術性工人。
   (3)半專業人員、一般性公務人員。

(4)專業人員、中級行政人員。

(5)高級專業人員、高級行政人員。

依上述方式，可分別計算出父母的教育程度及職業等級，其計算方法如下：

將教育程度與職業等級分別由高而低轉換爲5、4、3、2、1之教育指數與職業指數，而後再將教育指數加權四倍、職業指數加權七倍，將加權後之教育指數與職業指數相加即爲個人的社經地位指數。也就是：家庭社經指數＝父親教育指數（或母親教育指數）×4＋父親職業指數（或母親職業指數）×7，指數愈高，表示其家庭社經地位愈高，分爲五個不同的層次，將 I 及 II 等級列爲低社經地位；III 等級列爲中社經地位；IV 及 V 等級列爲高社經地位（徐麗敏，民80；林淑玟，民78；袁志晃，民71），詳細分類方式見表9-1。

表9-1　家庭社經地位等級計算表

教育等級	教育指數	職業等級	職業指數	社經地位指　　　數	社經地位等　　級
I	1	I	1	$1 \times 4 + 1 \times 7 = 11$	I(11-18)
II	2	II	2	$2 \times 4 + 2 \times 7 = 22$	II(19-29)
III	3	III	3	$3 \times 4 + 3 \times 7 = 33$	III(30-40)
IV	4	IV	4	$4 \times 4 + 4 \times 7 = 44$	IV(41-51)
V	5	V	5	$5 \times 4 + 5 \times 7 = 55$	V(52-55)

（九）大衆傳播媒體

此部分的題目由研究者依受試者接觸大衆傳播媒體所提供的就業資訊種類，對其就業態度影響程度而言。共4題爲基本資料調查表中第31-38題，每題自相信至不相信，分爲二個等級，最高2分，最低1分，各可得4-8分；得分愈高代表學生對大衆傳播媒體

愈滿意、愈喜歡及愈信任。

(十) 鄰居及親友就業情形

此部分的題目由研究者依受試者和鄰居及親友接觸時，得悉渠等人員就業態度積極與否，對其就業態度影響程度而言。共4題，為基本資料調查表中第39-42題，其中第39與41題為反向題，每題目自喜歡至不喜歡，為二個等級，最高2分，最低1分，各可得4-8分；反向題則反向計分，得分愈高代表學生對鄰居及親友積極的就業態度認同度愈高。

(十一) 學校生活

此部分的題目，是研究者參考劉德生（民77）、徐麗敏（民80）及筆者碩士論文研究中的學校生活題項，並修改部分的詞句編製而成。共分三部分：

師生互動：此部分的題目由研究者依受試者和師長互動情形來說明學生在校的生活。共4題為基本資料調查表中第7-10題，每題自喜歡至不喜歡分為二個等級，最高2分，最低1分，各可得4-8分；反向題則反向計分，得分愈高，代表學生對學校生活愈滿意，適應愈佳。

教學環境：此部分的題目由研究者依受試者對教學環境的看法與感受來說明學生在校的生活。共4題為基本資料調查表中第11-14題，每題自喜歡至不喜歡，分為二個等級，最高2分，最低1分，各可得4-8分；反向題則反向計分，得分愈高，代表學生對學校生活愈滿意，適應愈佳。

同儕互動：此部分的題目由研究者依受試者和同儕互動情形來說明學生在校的生活。共4題為基本資料調查表中第15-18題，

其中第15與18題為反向題，每題自喜歡至不喜歡分為二個等級，最高2分，最低1分，各可得4-8分；反向題則反向計分得分愈高，代表學生對學校生活愈滿意，適應愈佳。

二、少年職業輔導與職業訓練需求調查量表

本量表係以筆者八十五年協助黃貴美教授接受行政院農業委員會委託研究之「建立農漁村青少年就業及職業訓練需求資訊管道之研究」，所設計進行調查之「農漁村青少年就業及職業訓練需求資訊管道之需求問卷」的自編題目為例。將意思相近之題目濃縮合併或刪除，使各變項題目更具周延性。總共包括「職業輔導」與「職業訓練」兩大類需求量表，各有十個向度及七十八個題目。為免除利克式（Likert）的回答方式對學生造成的判斷困難，每題皆以「需要」與「不需要」的方式來回答，答「需要」給1分；答「不需要」則給0分，反向敘述的題目則採反向計分的方式，本部分量表有第五十與五十一題為反向題。其內容為：

1. 在家人及親友方面共有九題，包括父親、母親、兄姐、弟妹、叔伯、姑嬸、阿姨、表兄弟姐妹、朋友及其他等問項，為調查表中第1-9題，第1-8題，每題目自「需要」至「不需要」，分為二個等級，最高1分，最低0分，各可得0-8分；反向題則反向計分，其他乙項則採開放式作答方式，不予計分，得分愈高，代表其愈需要渠等人員協助輔導，提供瞭解職業世界和職業訓練的情形。

2. 在學校人員方面共有六題，包括同學、院長、導師、輔導老師、科任老師及其他工作人員等問項，為調查表中第10-15題，每題目自「需要」至「不需要」，分為二個等級，最

高1分，最低0分，各可得0-6分；反向題則反向計分，得分愈高，代表其愈需要渠等人員協助輔導，提供瞭解職業世界和職業訓練的情形。

3. 在學校場所方面共有四題，包括學校公布欄、學校輔導室、學校圖書館、教室等問項，爲調查表中第16-19題，每題目自「需要」至「不需要」，分爲二個等級，最高1分，最低0分，各可得0-4分；反向題則反向計分，得分愈高，代表其愈需要在學校的適當場所提供協助輔導，以助於瞭解職業世界和職業訓練的情形。

4. 在大眾傳播媒體方面共有十三題，包括報紙、雜誌、海報、車廂廣告、公共場所、廣播、電視、電影、電腦資訊站、錄影帶、宣傳單、第四台及書籤等問項，爲調查表中第20-32題，每題目自「需要」至「不需要」，分爲二個等級，最高1分，最低0分，各可得0-13分；反向題則反向計分，得分愈高，代表其愈需要有效的多元化大眾傳播媒體提供協助輔導，瞭解職業世界和職業訓練的情形。

5. 在學校以外的場所方面共有十一題，包括社教館、教堂、火車站、公路局車站、公車站、補習班、公立就業服務機構、私立就業服務機構、公共職訓機構、鄉公所、村里幹事等問項，爲調查表中第33-43題，每題目自「需要」至「不需要」，分爲二個等級，最高1分，最低0分，各可得0-11分；反向題則反向計分，得分愈高，代表其愈需要於交通便利和最近的場所協助輔導，提供瞭解職業世界和職業訓練的情形。

6. 提供輔導協助的時間方面共有三題，包括上課時間、下課時間、休息時間等問項，爲調查表中第44-46題，每題目自「需要」至「不需要」，分爲二個等級，最高1分，最低0

分，各可得0-11分；反向題則反向計分，得分愈高，代表其愈需要於適當的時間協助輔導，提供瞭解職業世界和職業訓練的情形。

7. 提供輔導協助的方式方面共有三題，包括個別方式、團體活動方式、書信式方等問項，其為調查表中第47-49題，每題目自「需要」至「不需要」，分為二個等級，最高1分，最低0分，各可得0-3分；反向題則反向計分，得分愈高，代表其愈需要多元適當方式協助輔導，提供瞭解職業世界和職業訓練的情形。

8. 提供輔導協助的方法方面共有五題，包括權威式方法、專制式方法、民主開放式方法、人性化管理方法、其他方法等問項，其為調查表中第50-54題，每題目自「需要」至「不需要」，分為二個等級最高1分，最低0分，各可得0-4分；反向題則反向計分，其他方法乙項則採開放式作答方式，不予計分，得分愈高，代表其愈需要良好正向的方法協助輔導，提供瞭解職業世界和職業訓練的情形。

9. 提供提供職訓的職類方面共有十九題，包括車床、室內配線、汽車修護、鉗工、廣告設計、印刷、美髮美容、縫紉、電腦資訊處理、電腦修護、服裝設計、中餐烹飪、西餐烹飪、餐飲服務、水電工、傢俱木工、建築、冷凍空調及板金等問項，其為調查表中第55-73題，每題目自「需要」至「不需要」，分為二個等級最高1分，最低0分，各可得0-19分；反向題則反向計分，其他方法乙項則採開放式作答方式，不予計分，得分愈高，代表其愈需要多種職類與符合時代需求的方法協助，提供瞭解職業世界和職業訓練的輔導情形。

10. 提供輔導協助的教具與教材方面共有五題，包括心理測

驗、圖畫式教材、文字式教材及電傳視訊教材等四項，其為查表中第74-78題，每題目自「需要」至「不需要」，最高1分，最低0分，各可得0-4分；反向題則反向計分，其他方法乙項則採開放式作答方式，不予計分，得分愈高，代表其愈需要良好正向的矯治方法協助輔導，提供瞭解職業世界和職業訓練的情形。

三、「少年職業態度量表」的編製

本問卷係以筆者八十二年碩士論文之「國中生生活與就業態度量表」的自編題目為例。將意思相近之題目濃縮合併或刪除，使各變項題目均為四題，並將父母教育態度變項中，含有同儕互動之問項予以拆開，分成兩種變項，合成此一態度量表及基本資料調查表。又因受試對象為行為異常的國中生，閱讀、認知及理解能力可能較一般國中生為低，並非所有的題項都適合他們回答；且此類學生的注意力較短暫，不適宜長時間的作答。故研究者斟酌實際的狀況，根據有關文獻，參照研究架構，從各種相關的問卷及量表中選取適合的題目編製而成。

本研究的職業態度原包括了職業自我觀念、職業價值、職業選擇態度三個向度，故編製時也以此為基準，參考相關的問卷編擬而成。初步撰擬題目情形，說明如下。

此份問卷共區分為三個向度：職業自我觀念、職業價值觀念、職業選擇態度。為免除利克式的回答方式對學生造成的判斷困擾，並彰顯行為異常學生態度的差異性，每題皆以「是」與「不是」的方式來回答，答「是」給1分；答「不是」則給0分，反向敘述的題目則採反向計分的方式。其內容為：

（一）職業自我觀念

　　由研究者參考徐麗敏（民80）採自林淑玫（民78）的職業自我觀念量表內容，並選擇適合行為異常國中生情業況及程度的詞句共16題。而原量表是由林淑玫（民78）參考舒伯等人1963；巴納德、丁斯里茲與侯渥德（1977a, 1977b）等人所提出的編製職業自我觀念量表的原則、概念及侯月瑞（民75）根據巴納德與丁斯里茲（1977）編製的「The vocational rating scale, VRS」修訂而成的「職業自我概念量表」編製而成。信效度考驗結果內部一致性信度求得 Cronbach α 係數為.93；重測信度為.82；效度是以團體差異分析來進行考驗，具有良好的建構效度。

（二）職業價值觀念

　　由研究者參考徐麗敏（民80）採自袁志晃（民71，民72）的工作價值量表及陳英豪等（民78）、劉德生（民77）的職業價值分量表，選擇合適的題目並修改詞句編製而成，共十四題。而原量表是由陳英豪等（民78）修訂與袁志晃（民71）譯自舒伯（1957）的工作價值量表（work values inventory），其內容有四十五個題目，由十五個量表（scales）組成，每個量表即代表一個價值觀，綜合而成為總的「工作價值」。袁志晃（民71）與陳英豪（民78）均是採用修訂後的「工作價值量表」為評量工具，量表乃取工作的正向價值（positive value），以表示個人行為的意願、態度的高低。該量表重測信度在.47至.88之間；內部一致性係數為.65；而效度則以經驗效度以及建構效度為參考標準。

(三) 職業選擇態度

　　由研究者參考林幸台（民65）的職業選擇態度量表及夏林清和李黛蒂（民72，引自劉德生，民77）的「生涯成熟態度問卷」，選擇合適的項目編製而成，共十九題。原量表皆是修訂克瑞特的職業成熟中的態度量表而來，修訂本的內容包括六個因素：(1)職業選選擇自我肯定的程度；(2)職業選擇的偏好；(3)職業選擇的概念；(4)工作的取向；(5)職業選擇自主的程度；(6)做決定的獨立性。林幸台（民65）以國小五年級到高中二年級學生為對象進行信效度考驗，得內部一致係數為70；原量表根據職業發展論之觀點選取量表的項目，構成其結構效度。夏林清和李黛蒂（民72，引自劉德生，民77）修訂的結果，此問卷各年級組內的內部一致性相關係數在.57到.77之間，全部學生的則為.71；重測信度國中為.42，大學為.72；在內容效度方面，經由專家學者判斷的結果，其一致性達.73。

(四) 題目修改與確定

　　調查表與量表內容的討論與修改：此份問卷草案於研擬完成後，先行由相關特性對象協助先行試答，提請相關專家學者及輔導老師指導賜正建議，將部分不合適及語意艱深不清楚、不明確、及遣詞用字不符合犯罪少年程度地方的題目加以刪除或修改後定稿。經過以上的步驟，形成職業自我觀念十六題、職業價值十四題、職業選擇能度十九題共四十九題的「國中學生生活與就業態度量表」預試問卷。

（五）調查表與量表的前測及項目分析

1. 本調查表與量表係將預試的結果進行項目分析（item
analysis），作爲正式量表刪題的依據。刪題的標準爲：
    (1)刪除鑑別度低於3題目。
    (2)高低分組在每一題項上的「t-test」結果未達到05以上顯
      著水準的題目。
    (3)高低分組在每一題項上的卡方考驗未達到05以上顯著水
      準的題目。
    (4)每一題項與分量表之間的積差相關未達到01以上顯著水
      準的題目。
    (5)求出各分量表的 α 係數及去除該題後分量表的 α 係數
      （ α ’），比較兩者後，刪除 α ’ 值大於 α 係數的題目（因
      爲刪除此題後，分量表的 α 值升高，表示此題與其他題
      目的性質較不一致）。

2. 信度（ α 值）考驗：本調查表與量表的前測信度以 α 係數
來求得各分量表的內部一致性。
    (1)個人基本調查表部分：師生互動爲.67，教學環境爲
      .76，父母教育態度爲.75，早年生活經驗爲.65，成就動
      機爲.70，大眾傳播媒體爲.85，鄰居及親友就業情形
      爲.55，同儕互動爲.33，詳如表9-2。
    (2)國中學生生活與就業態度量表部分：職業自我觀念
      爲.67，職業價值爲.51，職業選擇態度爲.66，詳如表9-
      2。

3. 效度考驗：以內部相關考驗其內部一致性，將「個人基本
調查表」總分與「師生互動」、「教學環境」、「同儕互
動」、「父母教育態度」、「早年生活經驗」、「成就動

表9-2 個人基本調查表及國中學生生活與就業態度量表各變項前測後之信度 α 值

各變項名稱	前測後之信度 α 值	備註
1.個人基本調查表部分		
(1)師生互動	.67	
(2)教學環境	.76	
(3)同儕互動	.33	
(4)父母教育態度	.75	
(5)早年生活經驗	.65	
(6)成就動機	.70	
(7)大眾傳播媒體	.85	
(8)鄰居及親友就業情形	.55	
2.國中學生生活與就業態度量表部分		
(1)職業自我觀念	.67	
(2)職業價值觀念	.51	
(3)職業選擇態度	.66	

機」、「大眾傳播媒體」、「鄰居及親友就業情形」各分項分數之間進行積差相關考驗，內部效度皆達 .001 顯著水準（相關係數 r 值依序為 .57、.61、.41、.65、.54、.58、.70、.50），詳如表9-3。將「生活與就業態度量表」總分與「職業自我觀念」、「職業價值觀念」、「職業選擇態度」等各分項分數之間進行積差相關考驗，內部效度皆達 .001 顯著水準（相關係數 r 值依序為 .65、.70、.71），詳如表9-3。

經由上述二量表之信度考驗再經由因素分析與相關係數之考驗後，決定保留同儕互動變項中信度較高之三題題目，併入父母教育態度變項中。綜合上述的標準進行刪題，最後保留的題目為：

(1)個人基本調查表部分：師生互動7題、教學環境8題、父母

表9-3 個人基本調查表及國中學生生活與就業態度量表各變項前測後之效度

各變項名稱	前測後之信度r值	備註
1.個人基本調查表部分		
(1)師生互動	.57	
(2)教學環境	.61	
(3)同儕互動	.41	
(4)父母教育態度	.65	
(5)早年生活經驗	.54	
(6)成就動機	.70	
(7)大眾傳播媒體	.58	
(8)鄰居及親友就業情形	.70	
2.國中學生生活與就業態度量表部分		
(1)職業自我觀念	.65	
(2)職業價值觀念	.70	
(3)職業選擇態度	.71	

教育態度10題、早年生活經驗為7題、成就動機為6題、大眾傳播媒體8題、鄰居及親友就業情形6題,等共52題,合為正式施測「個人基本調查表」。

(2)國中學生生活與就業態度量表部分:職業自我觀念13題、職業價值觀念9題、職業選擇態度10題、積極創造性5題等共37題,合為正式施測「國中學生生活與就業態度量表」的題目。

(六) 正式施測調查表與量表的信、效度考驗

1. 信度 (α值) 考驗:本正式施測調查表與量表的信度以α係數來求得各分量表的內部一致性。

(1)個人基本調查表部分:師生互動為.69,教學環境為

.76，父母教育態度為.80，早年生活經驗為.65，成就動機為.71，大眾傳播媒體為.85，鄰居及親友就業情形為.61，詳如表9-4。

(2)國中學生生活與就業態度量表部分：職業自我觀念為.71，職業價值為.55，職業選擇態度為.69，詳如表9-4。

表9-4　正式施測之個人基本調查表及國中學生生活與就業態度量表各變項之信度 α 值

各變項名稱	正式施測信度 α 值	備註
1.個人基本調查表部分		
(1)師生互動	.69	
(2)教學環境	.76	
(3)父母教育態度	.80	
(4)早年生活經驗	.65	
(5)成就動機	.71	
(6)大眾傳播媒體	.85	
(7)鄰居及親友就業情形	.61	
2.國中學生生活與就業態度量表部分		
(1)職業自我觀念	.71	
(2)職業價值觀念	.55	
(3)職業選擇態度	.69	

2. 效度考驗：以內部相關考驗其內部一致性，將「個人基本調查表」總分與「師生互動」、「教學環境」、「父母教育態度」、「早年生活經驗」、「成就動機」、「大眾傳播媒體」、「鄰居及親友就業情形」各分項分數之間進行積差相關考驗，內部效度皆達.001顯著水準（相關係數 r 值依序為.61、.69、.61、.65、.55、.71、.51），詳如表9-5。將

「國中學生生活與就業態度量表」總分與「職業自我觀
念」、「職業價值觀念」、「職業選擇態度」、「積極創造性」
等各分項分數之間進行積差相關考驗，內部效度皆達.001顯
著水準（相關係數r值依序為.65、.70、.71、.69），詳如表
9-5。

表9-5　正式施測之個人基本調查表及國中學生生活與就業態度量
　　　　表各變項之效度

各變項名稱	正式施測效度r值	備註
1.個人基本調查表部分		
(1)師生互動	.61	
(2)教學環境	.69	
(3)父母教育態度	.61	
(4)早年生活經驗	.65	
(5)成就動機	.55	
(6)大眾傳播媒體	.71	
(7)鄰居及親友就業情形	.51	
2.國中學生生活與就業態度量表部分		
(1)職業自我觀念	.65	
(2)職業價值觀念	.70	
(3)職業選擇態度	.71	
(4)積極創造性	.69	

四、台灣地區犯罪少年人力運用與職業輔導策略
　　之規劃評估研究問卷

　　本問卷係研究者參考相關文獻資料與研究目的而自編的題
目。總共包括「問題導向性」、「急切性」、「可行性」、「方案替
代性」、「策略優先性」及「其他方面」等六大類問項之專家學者

評估意見研究問卷，以進行DELPHI統計分析。經過法律學及政治學（三位）、經濟學及人力資源管理學（四位）、社會學社會工作及心理學（五位）、教育學（四位）、犯罪防治學（六位）等五類職業專長屬性之二十二位專家學者直接在各問項上之以0-10分為評分範圍，0分表示該問項重要性之最低分，10分表示該問項重要性之最高分，分數愈低表示該問項的重要性愈低，分數愈高表示該問項的重要性愈高之二次的填答修正後，完成本項問卷的調查，其內容如下：

（一）第一次問卷各問項之主要屬性分類概況

1. 問題導向性方面，計有2大題7小題。
2. 急切性方面，計有3大題12小題。
3. 可行性方面，計有2大題10小題。
4. 方案替代性方面，計有1大題6小題。
5. 策略優先性方面，計有10大題105小題。
6. 其他方面，計1大題。

總計有6大題有140小題。

（二）第二次問卷各問項之主要屬性分類概況

1. 問題導向性方面，計有2大題7小題。
2. 急切性方面，計有3大題12小題。
3. 可行性方面，計有2大題11小題。
4. 方案替代性方面，計有1大題8小題。
5. 策略優先性方面，計有10大題114小題。
6. 其他方面，計有1大題8小題。

總計有6大題有160小題。

第三節　犯罪少年職業輔導實證研究的樣本及統計方法

一、犯罪少年職業輔導實證研究的樣本

(一) 預試樣本

以作者之「行為偏差國中生就業態度相關因素探討研究」為例，該研究之「少年生活及職業需求態度問卷」的預試樣本係以台北市「朝陽專案」的全體學生為對象，以隨機抽樣方式，將辦理朝陽專案的國民中學一一編號，從中抽取行為異常國中生為受試對象，取得預試樣本進行預試。

(二) 正式樣本

再以「犯罪少年職業態度及人力運用與職策略之評估研究」為例，該研究以法務部現有所屬「台灣新竹少年監獄」、「台灣桃園少年輔育院」、「台灣彰化少年輔育院」、「台灣高雄少年輔育院」、「台灣新竹少年監獄」、「台灣台南少年觀護所」、「台灣台南監獄（少年犯部分）」等六所矯治處遇機構的全體接受感化矯治教育少年為母群體，總人數約為三千個。依與預試過程相同的抽樣方式進行施測機構的抽取，共計抽取六所機構，取得正式樣本380名，樣本人數的分佈情形則見表9-6。

表9-6　正式樣本人數分配表　　　　　　　　　　　　　　單位：人

施測機構	人數	施測機構	人數
1.台灣新竹少年監獄	100	2.台灣桃園少年輔育院	60
3.台灣彰化少年輔育院	90	4.台灣高雄少年輔育院	58
5.台灣台南監獄	31	6.台灣台南少年觀護所	41
總計：6所機構380人；正式施測380人；有效問卷數380份			

二、犯罪少年職業輔導實證研究資料處理與統計方法

　　一般做法係將研究的資料全部以SPSS PC+（statistical package for the social science by personal computer）套裝軟體程式進行各項統計方法的處理。各項資料經編碼整理後，輸入電腦以下列方法進行各項假設的考驗：

（一）次數分配（frequencies）

　　求出全部受試者基本資料的分佈情形。

（二）t考驗（t-test）

　　求性別變項與各依變項間的差異性分析。

（三）單因子變異數分析（one way ANOVA）

　　分別求出受試者的年級、智力、家庭社經地位與其職業態度中各變項之差異性，以此方法考驗研究假設1至8（請參閱本書150頁之研究假設）。若差異達到顯著水準，再選擇薛費事後考驗法（Scheffe method）進行各組間差異的比較。

（四）皮爾遜積差相關（Pearson correlation）

1. 求出犯罪少年的父母教育態度、學校生活、社會環境與其職業態度中各分項間的相關。以此種方法考驗研究假設5至10。

2. 求出犯罪少年在家人及親友、學校人員、學校場所、大眾傳播媒體、學校以外場所、提供輔導協助的時間、提供輔導協助的方式、提供輔導協助的方法、提供職訓的職類及提供輔導協助的教具與教材等方面與職業輔導及職業訓練間的相關。以此種方法考驗研究假設12。

（五）多元逐步迴歸（stepwise multiple regression analysis）

分析各背景變項與教育變項，對犯罪少年職業態度中各分量表的預測力，以此方法考驗研究假設11。

（六）DELPHI專家效度技術

透過專家學者對犯罪少年人力運用與職業輔導策略的觀點和犯罪少年本身對職業輔導與職業訓練的需求問項的差異比較，以此方法考驗研究假設13。

本研究之各項考驗結果，皆以.05為統計顯著水準之依據。

第四節　犯罪少年職業輔導實證研究結果的分析與討論

本節係根據前述以「犯罪少年職業態度及人力運用與職業輔導策略之評估研究」為主題，進行質化與量化實證研究案例實際調查所得到的資料，摘述透過統計結果進行分析和討論，以瞭解

犯罪少年的職業態度情況，暨其主要的影響因素，及透過專家學者對犯罪少年人力運用與職業輔導策略的問題導向性、急切性、可行性、方案替代性、策略優先性及其他方面等問項之評估研究結果，和犯罪少年對職業輔導與職業訓練的需求結果（包括家人及親友、學校人員、學校場所、大眾傳播媒體、學校以外場所、提供輔導協助的時間、提供輔導協助的方式、提供輔導協助的方法、提供職訓的職類及提供輔導協助的教具與教材等方面）相互比較其間關係或差異性。共分四個部分，第一部分為研究樣本基本資料的分佈情形；第二部分為不同變項犯罪少年在職業態度各層面的差異性分析與討論；第三部分為不同變項犯罪少年在職業態度各層面間的相關與預測分析；第四部分為專家學者對職業輔導策略之評估與比較分析。

一、研究樣本基本資料的分佈情形摘述

可以研究問卷調查所取得之有效樣本，進行有關受試者之個人變項（包括性別、年級、地區、智力商數、早年生活經驗、成就動機）、家庭變項（包括父母教育態度、家庭社經地位）、社會環境變項（包括大眾傳播媒體、鄰居及親友就業情形）、學校生活變項（包括師生互動、教學環境與同儕互動）等四大類自變項之實際分佈情形，及職業態度三大依變項和職業輔導與職業訓練需求等變項各問項之實際情形，以家庭社經地位為例說明如下。

本研究受試者的家庭社經地位，是以父母中教育程度及職業水準較高的一方為代表合併計算而得，共分為五個層次，將Ⅰ及Ⅱ等級列為低社經地位；Ⅲ等級列為中社經地位；Ⅳ及Ⅴ等級列為高社經地位。由表9-7可知，本研究的樣本以低社經地位者佔最多數（66.6％），其次為中社經地位（25.0％），人數分佈最少為高

表9-7　受試者家庭社經地位的分佈情形

項目　　家庭社經地位	低社經地位	中社經地位	高社經地位	合　計
人數	253	95	32	380
百分比	66.6	25.0	8.4	100

社經地位（8.4％）。此種結果也顯示犯罪少年易分佈於社會、文化、經濟階層不利的家庭中。此與作者八十二年以「朝陽專案」之行為異常國中生為對象之研究抽樣樣本之情況結果大致相同。

二、不同變項犯罪少年在職業態度及職業輔導與職業訓練需求各層面的差異性分析與討論摘述

　　本部分以個人變項（包括性別、年級、地區、智力商數、早年生活經驗、成就動機）、家庭變項（包括父母教育態度、家庭社經地位）、社會環境變項（包括大眾傳播媒體、鄰居及親友就業情形）、學校生活變項（包括師生互動、教學環境與同儕互動）等四大類變項為自變項，職業態度（包括職業自我觀念、職業價值觀念、職業選擇態度、積極創造性）中的各層面為依變項，及以性別變項為自變項，職業輔導與職業訓練需求為依變項，分別以「t」考驗及單因子變異數分析法考驗其間的差異性，以考驗前述之研究假設1至8以及12，若F值達到顯著水準，則再以薛費事後考驗法（Scheffe method）進行各組間的差異比較，依其結果進行討論分析，以不同家庭社經地位在職業態度各變項上的差異性分析為例如表9-8說明如下。

　　不同家庭社經地位的犯罪少年與職業自我觀念、職業價值觀

表9-8　不同家庭社經地位在職業態度各變項上的差異性分析表

就業態度	變異來源	自由度 (df)	離均差平方和 (SS)	均方 (MS)	F 值
職業自我觀念	組間 組內 全體	2 377 379	0.15 65.29 65.43	0.73 0.17	0.42
職業價值觀念	組間 組內 全體	2 377 379	0.03 24.19 24.22	0.02 0.06	0.25
職業選擇態度	組間 組內 全體	2 377 379	0.31 77.00 77.31	0.15 0.20	0.76
積極創造性	組間 組內 全體	2 377 379	0.15 74.47 74.62	0.07 0.19	0.37
總分	組間 組內 全體	2 377 379	0.10 37.26 37.36	0.49 0.10	0.49

念、職業選擇態度、積極創造性及職業態度總分間未達顯著水
準。此項結果在職業自我觀念方面，與林淑玫（民78）的不同家
庭社經地位的肢障者之研究無顯著差異相同；與袁志晃（民71）
國中學生的價值觀與其家庭社經地位間的關係未達顯著水準相
同；但卻和Damin與Hodinko（1987）、林幸台（民65）、陳麗娟
（民72a，72b）的研究，以家長職業水準與教育程度的綜合指數，
來探討個人職業選擇態度間的關係達顯著的發現相異。因此，研
究假設5至8的假設則未獲支持。

　　家庭的社經狀況往往影響著個體價值判斷的取向，而影響的
程度又和社經地位的層次有密切的關係。但本研究的受試者在此
項上的差異卻未達顯著水準，究其原因，可能和社會開放及教育

普及有關，故社經背景的差異對正在成長中的學生而言，其影響就不顯著（徐麗敏，80）。

因此，高家庭社經地位的學生可能接受著父母親較多的指導與關愛，及感受到週遭較多的訊息刺激，而表現出積極的職業態度。

三、不同變項犯罪少年在職業態度各層面間的相關與預測分析

本部分係以皮爾遜積差相關法來探討家庭變項中之父母教育態度、社會環境變項（包括大眾傳播媒體、鄰居及親友就業情形）、學校生活變項（包括師生互動、教學環境、同儕互動）等三個變項與職業態度（包括職業自我觀念、職業價值觀念、職業選擇態度、積極創造性）中各個變項間的關係，以考驗研究假設5至10。另亦可進行職業輔導與職業訓練需求量表之各變項與總分間關係的探討，以考驗研究假設12；以逐步迴歸法進行各變項間之預測分析，以考驗研究假設11。謹以父母教育態度與職業態度中各個變項的相關情形，及以「父母教育態度與職業態度中各個變項的相關情形」（如表9-9）與「不同變項的犯罪少年職業態度之預測分析結果」（如表9-10）為例說明。

（一）以父母教育態度與職業態度中各個變項的相關情形

由表9-9的結果顯示，父母教育態度與職業態度各分項的的態度間，僅職業自我觀念呈顯著的相關，其餘則均未呈顯著的相關，也就是說父母教育態度的積極或關心與否，與犯罪少年的職業自我觀念、職業的價值觀念、職業選擇態度及積極創造性間未有顯著的關係。因此，本研究的假設5至8都未能獲得支持。究其

表9-9　父母教育態度與職業態度各變項的積差相關分析

變項名稱	職業自我概念	職業價值觀念	職業選擇態度	積極創造性	職業態度總分
父母教育態度	0.13*	0.09	-0.02	-0.02	0.06

*p<.05

原因，可能是現代父母之教育態度大都採取民主式為多，及社會環境變遷，各種資訊的獲得較為容易且多與快速有關。因此，父母大多數不會強迫子女依其意願選擇子女本身所不喜歡的工作。

（二）不同變項的犯罪少年職業態度之預測分析結果

在探討過個人變項、家庭變項、社會變項、學校變項、分別對職業態度間的差異性與相關後，可進一步瞭解那些變項最能對職業態度的各個變項做有效的預測。因此，可以多元逐步迴歸進行分析，以考驗研究假設11，以表9-10摘述說明。

1. 以職業自我觀念為效標變項時，有同儕互動、性別與鄰居及親友就業態度三個自變項進入迴歸方程式中，其多元相關係數為.24，達到了.001與.001的顯著水準，三者計可預測職業自我觀念的總變異量為6％，也就是說尚有94％的變異量由其他因素來影響，由於Beta係數僅同儕互動為正值，其餘二項均為負值，表示同儕互動正向且次數愈多、性別差異不大、鄰居及親友就業態度不會不良，則其職業自我觀念就愈具體、明確。

2. 以職業價值觀念為效標變項時，有同儕互動與年級二個自變項進入迴歸方程式中，其多元相關係數為0.42，達到了.001與.01的顯著水準。質言之，利用同儕互動境與年級

表9-10　各變項預測職業態度的逐步迴歸分析摘要表

效標變項	投入變項順序	複相關係數 R	決定係數 R^2	增加量 $\triangle R^2$	F 值	β 係數	t 值
職業自我觀念	同儕互動	.16	.03	.02	10.33***	.16	3.21***
	性別	.21	.05	.04	8.65**	-.14	-2.61**
	鄰居及親友就業態度	.24	.06	.05	7.50***	-.12	-2.24*
職業價值觀念	同儕互動	.24	.06	.05	22.62***	.24	4.76***
	年級	.28	.08	.07	16.28***	.15	3.07***
職業選擇態度	年級	.17	.03	.02	10.65**	.17	3.26***
	同儕互動	.23	.05	.05	10.29***	.16	3.28***
	地區	.25	.06	.05	8.33***	-.10	-2.06*
積極創造性	學校變項總分	.19	.03	.03	13.48***	.19	3.67***
	教學環境	.22	.05	.04	9.36***	-.09	-2.26*
	大眾傳播媒體	.24	.06	.05	7.98***	.12	2.24*
職業態度總分	同儕互動	.24	.06	.06	23.98***	.24	4.90***
	年級	.29	.08	.77	16.86***	.15	3.04***

*p<.05　　**p<.01　　***p<.001

　　等二者，來預測職業價值時，計可預測職業價值觀念的總變異量為8，也就是說尚有92％的變異量由其他因素來影響，由於Beta係數皆為正值，表示年級的差異愈大，成就

動機強烈，與對教學環境愈滿意，適應愈好，其職業價值觀念就愈正向。

3. 以職業選擇態度為效標變項時，有年級與同儕互動及地區三個自變項進入迴歸方程式中，其多元相關係數為.25，達到了.001、.01、.05 的顯著水準，利用此二個變項來預測學生職業選擇態度時，共可解釋的總變異量為6％，也就是說尚有94％的變異量由其他因素來影響，如果分別探討此二個變項對職業選擇態度的預測量時，則以地區的預測變異量，也由於Beta 係數皆為負值，表示地區與年級的差異愈小，則其職業選擇態度就愈成熟。

4. 以積極創造性為效標變項時，有學校總分、大眾傳播媒體，與教學環境三個自變項進入迴歸方程式中，其多元相關係數為.26，達到.001 的顯著水準，二者計可預測職業自我觀念的總變異量為6％，也就是說尚有94％的變異量由其他因素來影響，由於Beta 係數大都皆為正值，表示學校教學環境愈滿意，適應愈好，其積極創造能力就愈強。

5. 以職業態度總分為效標變項時，則依序有同儕互動與年級二個自變項進入迴歸方程式中，其多元相關係數為.42，達到了.001 的顯著水準，二個預測變項合起來共可解釋職業態度總變異量為8％，也就是說尚有92％的變異量由其他因素來影響，而Beta 係數均為正值，表示同儕互動正向且年級差異愈大，整體的職業態度就愈積極、愈正向。

綜合上述的結果，性別、年級、同儕互動、地區、學校變項總分、大眾傳播媒體、鄰居及親友就業情形、教學環境等自變項中F值達於顯著水準的變項，可以共同解釋及預測職業自我觀念、職業價值觀念、職業選擇態度、積極創造性與職業態度總分的總

變異量，依序爲6％、8％、6％、6％、8％。而在五組效標變項中，以職業價值觀念與職業態度項的解釋力最高。究其原因，可能是因爲職業價值觀念的變異幅度較大，在影響因素上較易掌握所致。從上述多元迴歸的分析中，可以得到下列的結論：

1. 在五組效標變項中，最具預測力的變項爲同儕互動，可以進入四組效標變項的迴歸方程式中（積極創造性一項除外），此與前述單因子變異數分析的結果頗爲一致；其次爲年級自變項能預測三項；性別、地區、教學環境、學校變項總分、大眾傳播媒體與鄰居及親友就業情形與等自變項僅能預測一項，但在積差相關分析發現，鄰居及親友就業情形與就業態度間並無顯著相關，而在迴歸分析的過程中加入性別的變項後，突顯了其在相關中被抑制的現象；另外早年生活經驗、成就動機、父母教育態度、家庭社經地位與師生互動等變項，則無任何預測力。

2. 各預測變項可預測的百分比都不高，而以職業態度的總分言之，共同解釋的變異量爲8％，可見尚有一些未知的影響因素有待進一步探討研究分析。

　　總之，由上述多元逐步迴歸分析的方式，可以看出各個自變項對依變項的預測結果，除了成就動機、父母教育態度、家庭社經地位、早年生活經驗與師生互動等變項，都未能進入迴歸方程式中外其他變項則或多或少具有其預測力。因此，本研究的假設11獲得部分的支持。

　　所以，犯罪少年職業態度的相關因素之排名，依序應爲同儕互動年級、性別、地區、教學環境、大眾傳播媒體、學校變項總分與鄰居及親友就業情形；而早年生活經驗、成就動機、父母教育態度、家庭社經地位與師生互動等變項在本研究結果中，則未

具有影響力。

四、專家學者對職業輔導策略之評估與比較分析

本部分以「台灣地區犯罪少年人力運用與職業輔導策略規劃評估研究」問卷之「問題導向性」、「急切性」、「可行性」、「方案替代性」、「策略優先性」及「其他方面」等六大類問項，進行專家學者評估意見調查，以進行DELPHI統計分析。經過法律學及政治學、經濟學及人力資源管理學、社會學及心理學、教育學、犯罪防治學等五類職業專長屬性之專家學者直接在各問項上以0-10分為評分範圍，0分表示該問項重要性之最低分，10分表示該問項重要性之最高分，分數愈低表示該問項的重要性愈低，分數愈高表示該問項的重要性愈高。二次的填答修正後，完成本項問卷的調查，其內容如下。

(一) 第一次問卷六項主要問項之屬性分類與題數概況

1. 問題導向性方面，計有2大題7小題。
2. 急切性方面，計有3大題12小題。
3. 可行性方面，計有2大題10小題。
4. 方案替代性方面，計有1大題6小題。
5. 策略優先性方面，計有10大題105小題。
6. 其他方面，計有1大題。

總計有6大題有140小題。經二十二位專家學者直接在各問項上以0-10分為評分範圍，進行第一次；經修正後再評分，以二次之評分結果進行與犯罪少年本身對職業輔導與職業訓練的需求間進行差異性比較分析。例如在第一大題「您認為當前台灣地區犯

罪少年人力運用與職業業輔導策略規劃有問題嗎？」之結果顯示，認為有問題者，，第一次認為「有」者有十五人，並以問項「3.未有有效的矯治課程規劃制度，造成人力資源的浪費」得票數最高，達十五票之多，平均數為5.7；問項「4.未有充足的經費辦理本項工作」與「5.未有充足的專業人力辦理本項工作」二者居次，達十四票之多，平均數為5.4與6.4；居第三者為問項「1.未有專責機關統籌本項工作」，平均數為5.7。而在第二次認為「有」者有二十人，並以問項得票數觀之，「1.未有專責機關統籌本項工作」（平均數為7.5）、「3.未有效的矯治課程規劃制度，造成人力資源的浪費」（平均數為7.0）、「5.未有充足的專業人力辦理本項工作」（平均數為6.7）等三項得票數有二十票最高；其次為「2.各機關事權重疊，造成相互推諉不負責任之弊病」（平均數為6.3）、「5.未有充足的經費辦理本項工作」（平均數為6.7），等二項得票數有十六票居第二。而在認為「無急切性」部分之問題中，第一次與第二次調查結果則無人填答（詳如表9-11）。

　　由此可知，專家學者參考其他專家學者們第一次問卷的意見後，於填答第二次問卷調查結果顯示，各題目之得票數與增平均數均較原來有數加，咸認為當前政府對於台灣地區犯罪少年人力運用與職業輔導策略之規劃，有其問題存在。

　　總而言之，專家學者之規範性與比較性之需求觀點和犯罪少年之感覺性與表達性需求認知需求間，僅在一小部分項目間有些微差距，但是，整體而言大都相符合，亦即僅在運用與認知上有些微的差異而已。因此，研究假設13未獲得支持，亦即專家學者對犯罪少年人力運用與職業輔導策略的觀點，與犯罪少年本身對職業輔導與職業訓練需求間沒有顯著的差異。

表9-11

一、您認為當前台灣地區犯罪少年人力運用與職業輔導策略規劃有問題嗎？
　　如有，有那些問題？請先就下述二大項擇一勾選，如選有，則請繼續說
　　明理由之「□」中以0-10分範圍內給分。

意見	第一次得票數	平均數	第二次得票數	平均數
（一）□有，因為				
理由分數				
□1.未有專責機關統籌本項工作	12	5.7	20	7.5
□2.各機關事權重疊，造成相互推諉不負責任之弊病	10	5.5	16	6.3
□3.未有有效的矯治課程規劃制度，造成人力資源的浪費	15	5.7	20	7.0
□4.未有充足的經費辦理本項工作	14	5.4	16	6.1
□5.未有充足的專業人力辦理本項工作	14	6.4	20	6.7
□6.其他	0	0.0	0	0.0
（二）□無。	0	0.0	0	0.0

第十章

犯罪少年職業輔導的展望

第一節　犯罪少年職業輔導策略的檢討與結論

　　經作者綜合有關「犯罪少年職業輔導策略」之研究為例（民
82，86），以職業發展論學者舒伯的重要理論觀點（包括職業自我
觀念、職業價值觀念、職業選擇態度）與積極創造性，及相關學
者之論點為經緯，對犯罪少年職業態度相關因素做一探索性的研
究，並探討相關因素與職業態度間之影響。另透過專家學者對犯
罪少年人力運用與職業輔導策略的問題導向性、急切性、可行
性、方案替代性、策略優先性及其他方面等問項之評估研究結
果，和犯罪少年對職業輔導與職業訓練的需求結果（包括家人及
親友、學校人員、學校場所、大眾傳播媒體、學校以外場所、提
供輔導協助的時間、提供輔導協助的方式、提供輔導協助的方
法、提供職訓的職類及提供輔導協助的教具與教材等方面）相互
比較其間關係或差異性。期冀針對研究結果，提出對渠等少年職
業輔導的目標結構，以協助其建立適切的職業生涯規劃之目標，
而能適性就業。個人變項可分為性別、年級、地區、早年生活經
驗、成就動機等五項；家庭變項分為父母教育態度、家庭社經地
位二項；社會環境變項可分為大眾傳播媒體、鄰居及親友就業情
形二項；學校生活變項則可分為師生互動、教學環境與同儕互動
等三項。至於測量工具是研究者參考有關文獻與相關研究後，所
自編的「個人基本資料調查表」、「少年職業輔導與職業訓練需求
調查表」與「少年職業態度量表」等三種，以簡單隨機抽樣的方
式，對法務部所屬台灣地區辦理矯治處遇機構的全體接受感化教
育少年，於北中南三區共抽取六所少年輔育院、監獄與觀護所
中，為國中一、二、三年級的380名有效樣本，以個別與小團體方

式之施測方法進行調查表與量表的施測研究，所得資料經編碼整理後，以「t」考驗、單因子變異數分析、積差相關、多元逐步迴歸等方法進行各項統計結果的分析，歸納出各項的結論，並據以提出若干的建議，期冀對教育、司法與法務、勞工、社會等單位，在處理犯罪青少年有關身心與就業問題之策略時能有所裨益。

綜合研究發現歸納出下述十二項結論：

1. 研究結果顯示，犯罪少年的職業態度亦有隨著年級的增加而漸趨積極的趨勢。二、三年級學生的職業態度較一年級學生積極，其職業發展歷程尚稱符合職業發展理論的原則，而其生計發展的輔導，自有其系統與原則可循。

2. 不同性別的犯罪少年在職業態度各層面，並未造成差異。

3. 犯罪少年太早制式化的工作信條之經驗，可能會對其職業態度造成某些程度的妨礙。

4. 北部與中部地區犯罪少年的職業態度較南部地區犯罪少年積極。

5. 犯罪少年的成就動機係趨於物質（生理）需求層面，而其職業態度應是尚稱趨向於積極正向的需求。

6. 性別、早年生活經驗與家庭社經地位三項變項與職業態度間雖未達顯著差異，但在平均數方面看出其間變化之端倪，只是差異未達顯著罷了。

7. 父母教育態度的積極或關心與否，除了職業自我觀念外，其他變項則未有顯著相關。

8. 犯罪少年的積極創造性則可由其與大眾傳播媒體間呈顯著相關窺知端倪。另外鄰居及親友之就業情形與學生之就業態度間則無顯著相關。

9. 師生互動與教學環境與積極創造性有相關，與其餘變項則無相關，究其原因應與上述第七項父母是否積極關心相同。

10. 由多元逐步迴歸分析可以看出各個自變項對依變項的預測結果，犯罪少年職業態度的相關因素之排名，依序應為同儕互動、年級、性別、地區、教學環境、大眾傳播媒體、學校變項總分與鄰居及親友就業情形；而早年生活經驗、成就動機、父母教育態度、家庭社經地位與師生互動等變項在本研究結果中，則未具有影響力。

11. 不同變項的犯罪少年在職業輔導及職業訓練需求各變項間，均未呈現.001之顯著的相關。

12. 職業輔導與職業訓練量表之自變項與依變項間的預測結果，大部分自變項均能進入迴歸方程式中，並有效預測依變項達.001顯著水準之100％預測力。

總之，歸納前述研究發現，與研究假設相對照的結論如下：

1. 犯罪少年不因性別、年級、地區、早年生活經驗及成就動機等個人變項的不同，而在職業自我觀念上有顯著差異。因此，研究假設1被否定，應修正為「犯罪少年的個人變項不同，其職業自我觀念無顯著差異」，詳見**表 10-1**。

2. 犯罪少年不因性別、年級、地區及早年生活經驗等個人變項的不同，而在職業價值觀念上有顯著差異。因此，研究假設2須部分修正為，「犯罪少年的個人變項不同，其職業價值觀念除成就動機外，其餘均無顯著差異」詳見表 10-1。

3. 犯罪少年不因性別、早年生活經驗及成就動機等個人變項的不同，而在職業選擇態度上有顯著差異。因此，研究假

設3須部分修正為，「犯罪少年的個人變項不同，其職業選擇態度除年級、地區外，其餘均無顯著差異」詳見表10-1。

4. 犯罪少年不因性別、年級、早年生活經驗及成就動機等個人變項的不同，而在積極創造性上有顯著差異。因此，研究假設4須部分修正為，「犯罪少年的個人變項不同，其積極創造性除地區外，其餘均無顯著差異」，詳見表10-1。

5. 犯罪少年不因家庭社經地位的，而在職業自我觀念上有顯著差異；但卻會因父母教育態度的不同，而有顯著相關。

表10-1　犯罪少年個人變項在職業態度各變項上的差異性假設考驗分析簡表

個人變項	職業自我觀念	職業價值觀念	職業選擇態度	積極創造性	職業態度總分	研究假設考驗項次
性別	✕	✕	✕	✕	✕	1至4
年級	✕	✕	*	✕	**	1至4
地區	✕	✕	**	*	✕	1至4
早年生活經驗	✕	✕	✕	✕	✕	1至4
成就動機	✕	***	✕	✕	✕	1至4

*p<.05　　**p<.01　　***p<.001

因此，研究假設5須部分修正為，「犯罪少年的家庭變項不與職業自我觀念間有顯著的相關，而無顯著的差異」，詳見表10-2。

6. 犯罪少年不會因家庭社經地位的與父母教育態度的不同，

表10-2 犯罪少年家庭變項在職業態度各變項上的差異性與相關假設考驗分析簡表

家庭變項	職業自我觀念	職業價值觀念	職業選擇態度	積極創造性	職業態度總分	研究假設考驗項次
社經地位	×	×	×	×	×	1-1、2-1 3-1、4-1
父母教育態度	*	×	×	×	×	1-2、2-2 3-2、4-2

*p<.05

而在職業價值觀念上有顯著差異和相關。因此，研究假設6被否定，應修正為「犯罪少年的家庭變項與其職業價值觀念間無顯著的相關及無顯著的差異」，詳見表10-2。

7. 犯罪少年不會因家庭社經地位與父母教育態度的不同，而在職業選擇態度上有顯著差異和相關。因此，研究假設7被否定，應修正為「犯罪少年的家庭變項與其職業選擇態度間無顯著的相關及無顯著的差異」，詳見表10-2。

8. 犯罪少年不會因家庭社經地位的與父母教育態度的不同，而在積極創造性上有顯著差異和相關。因此，研究假設8被否定，應修正為「犯罪少年的家庭變項與其積極創造性間無顯著的相關及無顯著的差異」，詳見表10-2。

9. 犯罪少年不會因大眾傳播媒體與鄰居及親友就業態度的不同，而在職業自我觀念、職業價值觀念、職業選擇態度及積極創造性上有差異；而再進一步分析發現，僅大眾傳播媒體與積極創造性有相關。因此，研究假設9須部分修正為，「犯罪少年的社會環境變項與職業自我觀念、職業價值觀念、職業選擇態度及積極創造性間，除大眾傳播媒體與積極創造性有顯著相關外，其餘均無顯著差異與相關」，

詳見表10-3。

表 10-3　犯罪少年社會變項在職業態度各變項上的差異性與相關
　　　　假設考驗分析簡表

社會 變項	職業自我 觀念	職業價值 觀念	職業選擇 態度	積極創造 性	職業態度 總分	研究假設 考驗項次
大眾傳播 媒體	✕	✕	✕	**	✕	9
鄰居及親友 就業態度	✕	✕	✕	✕	✕	5至8

註：1. *p<.05
　　2. 每一變項表格中如同時有二欄"*"記號者，表示上一個欄位為有顯
　　　著差異，而下一個欄位為有顯著相關。

10. 犯罪少年不會因對師生互動、教學環境與同儕互動之喜歡
　　程度的差異，而在職業自我觀念、職業價值觀念、職業
　　選擇態度及積極創造性上有差異；而再進一步分析發現，
　　僅大眾傳播媒體與積極創造性有相關。因此，研究假設10
　　須部分修正為，「犯罪少年的學校生活變項與職業態度各
　　變項間，除大眾傳播媒體與積極創造性有顯著相關外，其
　　餘均無顯著差異與相關」詳見表10-4。

11. 由多元逐步迴歸分析可以看出各個自變項對依變項的預測
　　結果，犯罪少年職業態度的相關因素之排名，依序應為同
　　儕互動、年級、性別、地區、教學環境、大眾傳播媒體、
　　學校變項總分與鄰居及親友就業情形；而早年生活經驗、
　　成就動機、父母教育態度、家庭社經地位與師生互動等變
　　項在本研究結果中則未具有影響力。因此，研究假設11須
　　部分修正為，「各自變項中僅同儕互動、年級、性別、地
　　區、教學環境、大眾傳播媒體、學校變項總分與鄰居及親

表10-4 犯罪少年學校變項在職業態度各變項上的差異性與相關
假設考驗分析簡表

學校變項	職業自我觀念	職業價值觀念	職業選擇態度	積極創造性	職業態度總分	研究假設考驗項次
師生地位	✕	✕	✕	****	✕	10
師生互動	✕	✕	✕	**	*	10
同儕互動	✕	✕	✕	✕	**	10

註：1. *p<.05 **p<.01 "✕" 表示未達顯著差異。

2. 每一變項表格中如同時有二欄 "*" 記號者，表示上一個欄位為有顯著差異，而下一個欄位為有顯著相關。

友就業情形等變項能有效預測職業態度量表的變項」，而職業輔導與職業訓練量表之自變項與依變項間的預測結果，大部分自變項均能進入迴歸方程式中，並有效預測依變項，且達顯著水準之100％預測力。因此，研究假設11獲得肯定與支持。

第二節　犯罪少年職業輔導策略的展望

根據上述的研究發現與結論及參考相關專家學者論見，提出如下的建議以供教育、司法與法務、警政、勞工、社會等單位，在處理犯罪少年有關身心與就業問題之策略時能有所裨益，及未來研究的參考。

1. 針對研究假設1之修正結果，犯罪矯治之相關機關不需刻意的針對不同性別、年級（齡）、地區、早年生活經驗及成就

動機之不同，而設計培養其清晰、具體與明確之職業自我觀念的相關輔導策略。

2. 針對研究假設2之修正結果，犯罪矯治之相關機關除成就動機外，其餘則不需刻意的針對不同性別、年級（齡）、地區、早年生活經驗之不同，而設計培養其正向、適當與肯定之職業價值觀念的相關輔導策略。

3. 針對研究假設3之修正結果，犯罪矯治之相關機關除年級（齡）、地區外，其餘則不需刻意的針對不同性別、早年生活經驗與成就動機之不同，而設計培養其成熟之職業選擇態度的相關輔導策略。

4. 針對研究假設4之修正結果，犯罪矯治之相關機關除地區外，其餘則不需刻意的針對不同性別、早年生活經驗 年級（齡）與成就動機之不同，而設計培養其積極創造性能力的相關輔導策略。

5. 針對研究假設5之修正結果，犯罪矯治之相關機關除父母教育態度外，其餘則不需刻意的針對不同家庭社經地位之不同，而設計培養其清晰、具體與明確之職業自我觀念的相關輔導策略。

6. 針對研究假設6之修正結果，犯罪矯治之相關機關不需刻意的針對不同父母教育態度與家庭社經地位之不同，而設計培養其正向、適當與肯定之職業價值觀念的相關輔導策略。

7. 針對研究假設7之修正結果，犯罪矯治之相關機關不需刻意的針對不同父母教育態度與家庭社經地位之不同，而設計培養其成熟之職業選擇態度的相關輔導策略。

8. 針對研究假設8之修正結果，犯罪矯治之相關機關不需刻意的針對不同父母教育態度與家庭社經地位之不同，而設計

培養其積極創造性能力的相關輔導策略。

9. 針對研究假設9之修正結果，犯罪矯治之相關機關除需針對大眾傳播媒體的多元化而設計培養其積極創造性能力之相關輔導策略外，其餘則不需刻意的針對社會變項之不同，而設計培養其積極、正向、成熟與創造性能力的職業態度之相關輔導策略。

10. 針對研究假設10之修正結果，犯罪矯治之相關機關除需針對大眾傳播媒體的多元化而設計培養其積極創造性能力之相關輔導策略外，其餘則不需刻意的針對學校生活變項之不同，而設計培養其積極、正向、成熟與創造性能力的職業態度之相關輔導策略。

11. 針對研究假設11之修正結果，犯罪矯治之相關機關除需針對性別、年級、地區、教學環境、同儕互動、大眾傳播媒體，與鄰居及親友就業態度，而設計培養其積極創造性能力之相關輔導策略外，則不需刻意的針對其餘變項之不同，而設計培養其積極、正向、成熟與創造性能力的職業輔導與職業訓練之相關輔導策略。

12. 針對研究假設12之修正結果，犯罪矯治之相關機關除需因性別的不同而針對大眾傳播媒體、提供職訓職類與提供輔助教具與教材之設計提供有所不同，以有效的推動職業輔導與職業訓練外，則不需再刻意的針對其餘變項之不同，而設計不同形式的職業輔導與職業訓練內涵，以符合犯罪少年之實際需求。

13. 針對研究假設13之修正結果，犯罪矯治之相關機關需參考研析專家學者對犯罪少年人力運用與職業輔導策略之規範性與比較性之需求觀點和犯罪少年之感覺性與表達性需求認知需求間的差異原因，以擬定有效的職業輔導與職業訓

練策略，方能有效的輔導渠等人員適性就業。

另外，各相關行政單位對犯罪少年之福利服務方面，茲述如下列各點：

（一）在教育方面

1. 個案掌握方面：教育行政單位與各級學校應確實掌握行爲異常個案的來源與其人數，並定義與建立各類行爲異常學生名冊，以掌握其基本資料，俾利於各級相關行政單位與學校，進行輔導與諮商業務之規劃，進而減少犯罪少年人數的增加。

2. 學校輔導老師應與行爲有異之個案學生家長取得聯繫和共識，以利於輔導工作之推展，以免因教育與輔導施行上之盲點，變爲是造成犯罪少年增加之原因。

3. 教育行政單位與各級學校應加強「輔導與諮商」業務之宣導，以建立國人、家長、學校老師、各級行政人員等人員之正確輔導與諮商觀念，進而協助行爲偏差學生改正其行爲，建立正確的人生觀，以走入歧途。

4. 各級學校之輔導室應作系統化與人性化之規劃設計，並依據學生與家長之特質，設計多樣化的輔導與親職教育等活動方案，定期與不定期或隨時的展開活動，期以藉由教育行政單位－學校－家庭－社區－社會福利服務機構等網絡，建立一個健全的支持網絡體系，以協助個案與家長渡過危機時期，得以展開另一個人生的新生活。

5. 教育部應儘速擴大辦理「國中技藝教育與高職實用技能班」，以消除所謂「放牛班」之詬病，引導國中、高中職教學正常化，以協助在低學業成就陰影下的少年，能夠依其

性向與能力在一般教育或技職教育管道方面，開創一片屬於其適性的天空。

6. 教育部應儘速建立完整技職教育體系，統合教育資源，前瞻性規劃兼顧提升充實心靈精神生活之人文與社會科學課程，以提升品質、品德、品味的周延性、完整性之「全方位」技職教育體系，並落實職業道德與敬業樂群之精神教育，以培養術德兼備的技職人才。

（二）在司法警政與法務方面

1. 應建立犯罪青少年輔導與諮商之專業制度，培育具有熱誠與愛心、耐心之專業輔導與諮商人才，屏除傳統軍事化教育之方式，採取「社區化與人性化」及「家庭式與學校式」之管理方式，以協助渠等青少年與家庭走過這一段失落的歲月，重新再出發。

2. 擺脫過去自我封閉的官僚體系，而能夠進用或商調學有相關專長之人員，使進用的管道與職系能夠互通，而不再死守著唯有「司法行政職系與觀護人考試或警察特考者」，方能進入司法警政與法務部門貢獻心力之「自設門檻、故步自封」之不合時宜作風。

3. 青少年心性未定，有時因一時糊塗而失足，站在輔導行政立場，對於渠等青少年應予以適當的輔導，以協助其改正不良習性，而不應僅一味的給予標籤而不與輔導諮商，造成其一錯再錯，自暴自棄一再累犯，鑄下悔恨終身與社會嚴重烙痕之悲劇。

4. 司法警政單位應隨時與教育、社政、勞政等單位聯繫，以建立渠等人員之輔導諮商網絡，為國家社會培訓更多勞動人力資源，減少社會問題的發生，進而使社會更祥和、更

安康。

5. 藉助宗教正信理念，以協助青少年建立適己的精神信仰與處事哲學，相信必能發揮及時斷絕不良言行的發生。

6. 正視監所與少輔院中受感化教育少年之「知」與「行」及正當休閒活動與職業態度和技能訓練之教育，以培養其自動自發之精神，而能改過遷善，屏除過去的不良習性。

（三）在勞工行政方面

1. 強化就業諮詢制度，建立就業諮詢專業人員證照制度，以便提供渠等人員專業的就業諮詢服務，協助其瞭解自我性向、興趣與能力，並予支持與支援，使其能夠建立信心，進而做好個人的適性職業生涯規劃。

2. 建立各項就業、職訓與技能檢定的輔導、諮商、諮詢之長期性宣導管道，和專業性文宣資料之編製與各種大傳媒體廣告的定時定點發送，以提供渠等人員應有的認知與適當抉擇。

3. 開設彈性與合時宜的適當職業訓練職類，以爭取青少年樂意參加職業訓練，培養其具備一技之長，而能順利就業，並可減少社會問題的產生。

4. 強化各公立就業服務機構之就業服務人員，有關輔導渠等青少年就業之專業知能與資訊，俾能提供適宜的專業性服務，以紓緩人力不足與犯罪青少年遽增之壓力。

5. 建立促進渠等青少年就業之服務與支持網絡，定期會報，以解決執行時所發生的困難，進而做好各相關單位業務職掌的協調、溝通，以避免各自為政、閉門造車，及職權重疊所造成的推、拖、拉之不良情況，而傷害了其就業之權益。

6. 定期辦理渠等青少年與其家長及雇主、相關機構座談會，以使雇主對其特質能夠進一步瞭解，進而爭取更多的就業機會，並協助其做好就業前準備與就業後適應之工作，以避免其工作沒有多久便離職，造成雇主與工作伙伴的不良印象，影響了其他人的就業機會。

7. 發展適合渠等人員工作之職業能力評估量表與工具，使其能夠在專業人員、老師之輔導下，瞭解自我，發展自我，擬定生涯與直涯目標。

8. 積極推動監所與少年輔育院之適性職業輔導，與能和產業暨就業市場所需之職業訓練課程，並立法建立證照制度於企業僱用比例制度，以提升技術服務水準，並為受刑人培養再生之一技之長，回饋社會與家人。

9. 中央勞工行政主管機關應以鉅視觀視野與態度，依據就業服務法第二十四條第一項第六款賦予中央主管機關認定之職權規定，針對更生受保護人發布認定其為第二十四條所規定之「特定對象」，享有相關之津貼或補助之權益，以協助其儘速就業。

10. 針對未成年檳榔西施、從事援助交際及陪酒等工作之少年，研擬職訓輔導措施，並督導所開辦之職業訓練課程，及輔導就業。

（四）在社會行政方面

1. 各地區的公私立社會福利服務機構應建立社會資源網絡，以結合醫衛、宗教、輔導諮商、勞工行政、司法警政、教育等單位之豐富資源與設備設施，為渠等青少年辦理成長活動，給與人格身心發展方面必要之協助，使其得以安然平順的渡過此時期之危機，而減少不幸與行為異常之青少

年人數。

2. 社會行政單位應廣籌經費籌設青少年中途之家，以協助渠等青少年在事發之後，能夠在專業輔導機構與人員的協助下，接受矯治與心理建設，使其有改過自新的機會，健全身心與習得一技之長，對國家、社會、家庭回饋一己之力。

3. 社會行政單位應廣籌經費加強社會公益與正確生活習慣及職業態度等相關事項之宣導短片的錄製，以建立渠等青少年正常生活習性與觀念，杜絕不良廣告與違法言行之引誘，而能順利的渡過此時期之危機，進而減少社會問題的發生。

4. 社會行政單位應竭力督導所屬社會工作與社會行政人員，密切注意與極力輔導所屬區域之低收入家庭子女，以避免發生如同許多專家學者之研究報告中所呼籲的，低收入戶家庭子女常常是與犯罪行為事件相關之虞的循環漩渦裡，而增加其家庭成員與社會成本之負擔。

總之，協助青少年快樂平安的渡過此時期的危機，是社會大眾與其自身的責任。需要教育、司法警政與法務、勞工行政、社會行政等單位結各個社會福利服務機構通力合作，為其提供正確的知能與職業生涯規劃之資訊，使其得以建立正確的人生觀，並做好個人的適性職業生涯規劃，平安快樂的奉獻一己之心力於國家、社會、家庭，以及得以享受應有的福利服務。謹參酌各專家學者之意見與相關文獻，提供犯罪少年建立正確職業態度之職業輔導與職業訓練時之生涯規劃進程目標結構如圖 10-1 供參考。

圖 10-1 乃是以犯罪少年為職業輔導之主體，透過學校老師、輔導人員、父母的輔導諮商與協助下，對鄰居及朋友就業情形瞭

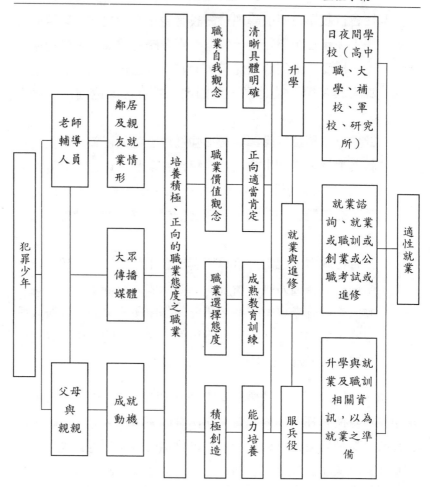

個案背景　　　　　進程目標　　　　　生涯事業

圖10-1　犯罪少年人力運用與職業輔導之生涯規劃進程目標結構圖

解與利用大眾傳播媒體，並引導其培養成長需的成就動機，使男女犯罪少年能夠培養積極、正向的就業態度，依據進程目標使他們的職業自我觀念更清晰、具體、明確，職業價值觀念更正向、適當與肯定，職業選擇態度更成熟、以及積極創造能力之培養，

進而透過終生教育與訓練，及技能的強化和提升，以期望達成適性就業之成功的生涯事業規劃目標。

參考文獻

一、中文部分

毛高文（民81）。〈加強教育輔導措施，有效預防青少年犯罪專題報告〉。台北市：教育部。

內政部警政署刑事警察局（民81）。〈台灣刑案統計〉，台北市。

內政部統計處（民92）。〈內政統計月報〉。6月份。台北市。

王慧君（民81）。〈生涯規劃：圓一個人生的夢座談會紀錄〉。《聯合報》，20版。

台南少年觀護所（民85）。《台南少年觀護所簡介》。

台灣台北少年觀護所（民92）。《台灣台北少年觀護所簡介》。

台灣省政府教育廳（民74）。《高級職業學校輔導工作手冊》。

台灣省政府勞工處（民80）。《台灣省政府勞工處八十年減刑出獄人就業計畫》。

台灣台南監獄（民86）。《台灣台南監獄簡介》。

台灣更生保護會（民92）。《台灣更生保護會簡介》。

白秀雄（民72）。《現代社會學》。台北市：五南圖書公司。

白秀雄（民73）。《社會行政》。台北市：華視出版社。

台灣省政府勞工處（民81）。〈第二期加強就業服務方案第一次執行會報會議紀錄〉。

布萊恩‧魏斯著，黃漢耀譯（民83）。《生命輪迴——超越時空的前世療法》。張老師文化事業股份有限公司。

布萊恩‧魏斯著，譚智華譯（民84）。《前世今生——生命輪迴的

前世療法》。張老師文化事業股份有限公司。

行政院主計處（民83）。〈八十二年人力資源統計調查年報〉。

行政院主計處（民85）。〈八十四年人力資源統計調查年報〉。

行政院主計處（民91）。〈九十一年人力資源統計調查年報。〉

行政院主計處（民92）。〈九十二年六月人力資源統計調查月報〉。

行政院青年輔導委員會編印（民85）。《青少年白皮書》，頁125-176，225-226，230-244。

行政院勞工委員會職訓局（民84）。〈我國外勞管理政策理性取向分析模型之建構評估〉。《就業與訓練雙月刊》，13卷，2，頁33-37。

行政院勞工委員會職訓局（民84）。〈外籍勞工作業中心的角色與功能分析〉。《就業與訓練雙月刊》，13卷，5，頁58-64。

行政院勞委會職訓局編印（民79）。〈推展我國殘障者職業訓練及就業輔導之研究〉。

行政院勞委會職訓局編印（民81）。《中華民國職業標準分類》。

行政院勞委會職訓局編印（民81）。《就業服務工作手冊》。

行政院勞委會職訓局編印（民92）。《公共職業訓練機構簡介》。

行政院勞委會職訓局編印（民92）。《公共職業訓練機構八十五年度招生簡章》。

行政院勞委會職訓局編印（民85）。《就業服務與就業促進相關法規彙編》。

行政院勞委會職訓局編印（民92）。《台灣地區公立就業服務機構簡介》。

朱言明（民83）。《中共改革開放與民生主義》。黎明文化事業股份有限公司，頁1-32。

江南發（民71）。〈青少年自我統整與形式運思能力關係之研

究〉。高雄師範學院教育研究所教育碩士論文。

江順裕（民74）。《國民教育輔導論叢——青少年的價值觀》。台
　　北市：教育部國教司。

江亮演（民84）。《社會工作概論》。台北市：國立空中大學。

羊曉東。《中國時報》，民國85年9月6日，2版。《中國時報》，
　　民國85年9月10日，2版。

吳天元（民77）。〈二十一世紀的工作世界〉。《就業與訓練雙月
　　刊》，6卷，頁34-39。

吳老德（民75）。〈民生主義人力發展中職業教育制度之研究〉。
　　國立台灣大學三民主義研究所論文。

李如霞，（民75）。《新編經濟學》。台中市：士明出版社。

吳武典（民74）。《青少年問題與對策》。台北市：張老師出版
　　社。

吳京（民85）。〈當前技職教育改革的理念與方向〉。《技職雙月
　　刊》。台北市，頁36。

吳惠林（民80）。《台灣地區的勞力短缺與外籍勞工問題》。台北
　　市：中華經濟研究院，經濟叢書，頁24。

吳裕益（民70）。〈我國兒童及青少年認知的發展及其影響因素之
　　研究〉。高雄師範學院教育研究所教育碩士論文。

吳就君（民74）：《人在家庭》。台北市：張老師出版社。

吳就君編譯（民76）。《家族治療——入門》。台北市：大洋出版
　　社。

吳就君譯（民78）。《家庭如何塑造人》。台北市：時報文化公
　　司。

吳錦才（民81）。《就業服務理論與實務》。台北市：中華書局。

吳靜吉（民75）。《國民教育輔導論叢——青少年發展的歷程自我
　　肯定與角色混淆》。台北市：教育部國教司。

吳聰賢（民72）。〈農村青年職業興趣、工作價值與職業選擇之關係研究〉。台北市：行政院青輔會。

吳寄萍（民76）。《三民主義學習手冊》。台北市：正中書局，頁2-23。

李如霞（民74）。《社會行政》。台中市：士明出版社。

李增祿（民76）。《社會工作概論》。台北市：巨流圖書公司。

李德高（民76）。《特殊兒童學習評量》。《特殊教育季刊》，20，頁6-11。

李宗派（民79）。〈在跨文化中青少年之身心發展及其適應問題〉。台北市：《社區發展季刊》，50，頁123-128。

李華璋（民79）。〈大學生工價值觀之評量研究〉。國立彰化師大輔導研究所碩士論文。

李旻陽（民81）。〈國中學生學業成績、師生互動與偏差行為關係之探討〉。中國文化大學兒童福利研究所碩士論文。

李庚霈（民82）。〈行為異常國中生就業態度相關因素之探討研究〉。中國文化大學兒童福利研究所碩士論文。

李庚霈（民85）。〈由當代經濟體系主義論證建構我國外勞管理政策理性取向分析模型之研究（一）〉。《勞工之友月刊》，543，頁12-17。

李庚霈（民85）。〈由當代經濟體系主義論證建構我國外勞管理政策理性取向分析模型之研究（二）〉。《勞工之友月刊》，543，頁12-15。

李庚霈（民85）。〈當前新新人類的就業服務策略與趨向的探討研究〉。《就業與訓練雙月刊》，14卷，6，頁42-48。

李庚霈（民86）。〈原住民失業問題與因應對策之探討及評估〉。《就業與訓練雙月刊》，15卷，1，頁24-31。

李庚霈（民86）。〈犯罪少年職業態度及人力運用與職業輔導策略

之評估研究〉。中國文化大學中山學術研究所博士論文。

李建榮（民85）。《少年矯正學校設置及教育實施通則專論》。

李欽湧（民83）。《社會政策分析》。台北市：巨流圖書公司。

李欽湧（民85）。〈少監少輔院將改設學校〉。《中國時報》，民國85年10月4日，7版。

李清泉（民86）。〈台灣新竹少年監獄簡介〉。

沈健華（民81）。〈從生涯發展的觀點談企業員工輔導的有效作法〉。《就業與訓練雙月刊》，10卷，3，頁87-91。

呂麗絲（民81）。〈談工作與工作教育〉。《青年輔導月刊》，7，4版。

余煥模（民80）。《就業安全辭典》。台北市：行政院勞委會職訓局。

何華國（民80）。〈個人能力與工作要求對照量表編製研究〉。

沙依仁（民71）。〈自我功能不健全的孩子〉。台北市：《青少年兒童福利學刊》，5，頁25-34。

周世輔（民67）。《國父思想要義》。三民書局，頁158-164。

周珪棟（民80）。〈技術合作訓練成效之分析——職訓局與荷蘭飛利浦暨西門子公司合作計畫之效益研究〉。台北市：經建會。

周添城（民81）。〈青年就業市場趨勢分析〉。台北市：《青年輔導月刊》，4，1版。

周震歐（民58）。《少年犯罪與觀護制度》。台北市：商務出版社。

周震歐（民72）。〈少年犯罪行為問題之探討及對策〉。收錄於陳英豪主編，《青少年行為與輔導——對學校道德教育與訓導工作的檢討》。台北市，幼獅文化事業公司。

周震歐（民74）。〈服刑期滿青少年職業需求及輔導狀況之研究〉。行政院青年輔導委員會青年輔導委託研究報告。

周震歐（民75）。〈我國青年福利服務工作之綜合規劃研究〉。行政院青年輔導委員會青年輔導研究報告。

周震歐（民76）。《犯罪心理學》。自印。

法務部（民75）。《心理病態性格與犯罪行為研究》。台北市：法務部。

法務部（民77）。《假釋出獄人再犯之研究》。台北市：法務部。

法務部（民80）。《犯罪狀況及其分析》。台北市：法務部犯罪問題研究中心。

法務部（民81）。《八十年青少年犯罪狀況及其分析》。台北市，法務部犯罪問題研究中心。

法務部（民92）。《法務部簡介》。

林幸台（民65）。〈影響國中學生職業選擇態度的家庭因素：職業發展歷程研究〉。《教育學院學報》，1，頁79-107。

林幸台（民76）。《生計輔導的理論與實施》。台北，五南圖書公司。

林幸台（民81）。《國中導師生計輔導手冊——生計輔導基本概念》。台北市：行政院勞委會職訓局。

林松齡（民73）。〈貧窮問題〉。見楊國樞、葉啟政主編《台灣的社會問題》。台北市，巨流圖書公司。

林桂鳳（民80）。〈生涯探索期男女學生職業興趣結構及其適配性、一致性、分化性、與職業認定之研究〉。台灣師範大學教育心理與輔導研究所碩士論文。

林邦傑（民79）。〈大專在學青年工作價值觀與工作環境需求之調查研究〉。台北市：行政院青輔會。

林淑玟（民78）。〈職訓機構內肢體障礙者自我觀念系統與生涯成熟的關聯及其影響因素之研究〉。台灣師範大學特研所碩士論文。

林萬億（民71）。《當代社會工作》。台北市，五南圖書公司。

林萬億等譯（民71）。《社會福利計畫論》。台北市，黎明文化事業公司。

林寶貴譯（民78）。《特殊教育新論》。台北市，幼獅文化事業公司。

林清江（民69）。〈國中畢業生升學與就業意願之影響因素〉。《師大教育研究所集刊》，22，頁129-188。

林聯章（民79）。〈少年的身心發展〉。台北市：《就業與訓練雙月刊》，8卷，1。

林義男（民75）。〈理想員工特質調查研究報告〉。台北市：內政部職訓局。

林顯宗（民74）。《家庭社會學》。台北市，五南圖書公司。

林顯宗（民84）《日本式勞資關係》。台北市：中國生產力中心。

法務部犯罪研究中心（民85）。《中華民國八十四年少年兒童犯罪概況及其分析》，頁8，35。

易永誠（民77）。〈正常少年與偏差行為少年家庭特徵之研究〉。《警學叢刊》，24卷，1。

金樹人（民79）。《生計發展與輔導》。台北市：天馬文化公司。

馬英九（民85）。《少年犯罪防制的回顧與前瞻》，頁10。

馬道容，《聯合晚報》，民國85年9月5日，1版。

馬傳鎮（民71）。〈少年犯的親子關係，家長社經地位，家庭背景及學校背景之調查研究〉。《教育與心理研究》。輔導學報，5。

馬傳鎮（民80）。《法務部犯罪問題研究中心研究委員會議記錄》。台北市，法務部編印。

馬振華（民81）。〈青春少年犯罪激增，漸成社會大隱憂〉。《聯合報》，7版。

洪榮昭，（民75）。《人力資源發展》。台北市：遠流出版事業股份有限公司。

洪榮昭（民77）。《技術教育訓練的需求分析方式》。就業與訓練雙月刊，14卷，4，頁40-45。

洪榮昭（民85）。〈技術教育訓練的需求分析方式〉。《就業與訓練雙月刊》，14卷，4，頁40-45。

胡秉正（民75）。《國民教育輔導論叢——青年的發展任務》。台北市：教育部國教司。

施建矗（民81）。〈青年就業市場的趨勢分析〉。《青年輔導月刊》，4, 3版。

施貞仰譯（民81）。〈員工異動因素之探討〉。《就業與訓練雙月刊》，10卷，頁70-73。

柯樹（民68）。〈台灣地區高工學生就業意願之研究〉。《人與社會》，7卷，5，頁31-40。

侯月瑞（民75，76）。〈生計發展課程對高中（職）學生生計成熟與職業自我概念之輔導效果研究〉。台灣師大輔導研究所碩士論文。《就業與訓練雙月刊》，5卷，4，頁63-71。

范珍輝（民75）。〈現行社會救助措施之檢討與改進〉。台北市，內政部主編，七十五年全國社會救助工作研討會專輯。

荊知仁（民81）。《憲政論衡》。台北市：國立編譯館。

徐麗敏（民80）。〈國中啓智班學生的就業態度及其就業福利服務需求之研究〉。中國文化大學兒童福利研究所碩士論文。

徐正光（民86）。〈台灣高雄少年輔育院業務簡報〉。

袁志晃（民71）。〈國中學生工作價值之研究——性別、家庭社經地位、學業成就、地區之比較〉。《輔導學報》，5，頁163-183。

袁志晃（民72）。〈台灣地區接受感化處遇的男性少年犯之工作價

值分析——地區、學業成就、家庭社經地位之比較研究〉。
《輔導學報》，頁53-89。

袁智麗（民76）。〈西德職業輔導與諮商跨向就業的橋樑〉。《就
業與訓練雙月刊》，5卷，4，頁56-59。

教育部訓委會（民79）。《教育部輔導工作六年計畫》。

財團法人中華商情研究基金會（民74）。〈國民就業輔導機構與企
業界應如何相互配合——有效辦理應屆畢業生之就業輔導工作
專題研究〉。台北市：內政部職訓局。

財團法人更生保護會（民83）。財團法人更生保護會服務人員手
冊。

財團法人更生保護會彰化分會（民85）。〈更生保護會彰化分會八
十五年度工作計畫〉。

桃園少年輔育院（民85）。《桃園少年輔育院簡介》。

夏林清（民76）。《現代人的前程規劃（生涯規劃）》。台北市：行
政院勞委會職訓局，頁6。

夏林清、林黛蒂（民72）。《生涯成熟態度問卷指導手冊》。台北
市：輔大出版社。

高雄少年輔育院（民85）。《高雄少年輔育院簡介》。

高雄區國民就業輔導中心（民81）。〈第廿一屆國民中學畢業生就
業輔導工作報告〉。

高橋憲行（民78）。《立竿見影的生涯企畫》。台北市：卓越文化
公司，Know-How系列。

陸明仁（民72）。《經濟學》。台北市：三民書局。

國父全集（民78）。《社會主義之派別及方法》，第三冊，中央文
物供應社，頁97-136。

張金福（民86）。〈台灣台南少年觀護所簡報〉。

張波鋒（民74）。《職業訓練與輔導工作》。中壢市。

張啓楷、呂置祐。《中國時報》，民國85年9月10日，1版。

張春興（民72）。《心理學概要》。台北市，東華書局。

張春興（民75）。《張氏心理學辭典》。台北市，東華書局。

張植珊（民75）。《國民教育輔導論叢──現代化過程中的青年問題》。台北市：教育部國教司。

張華葆（民78）。《少年犯罪預防及矯治》。台北市，三民出版社。

張黎駒。《中國時報》民國85年9月6日，6版。

張慶凱（民73）。《職業輔導理論與實際運作》。台北市：行政院青輔會。

張鏡予（民79）。《社會工作辭典》。台北市：社區研究發展中心。

馮燕（民82）。《社會福利計畫評估，行政績效評估專論選輯》。行政院研究發展考核委員會編印，頁31-40。

陳金泉（民75）。《英國人力運用政策暨措施》。台北市：行政院青輔會。

陳皎眉（民81）。〈我國國民中學問題學生家庭之調查研究〉。台北市：教育部訓育委員會。

陳淑英（民72）。 突破貧窮的惡性循環──致貧因素的因徑分析〉。《社區發展季刊》，24，頁63-70。

陳英豪等（民78）。〈工作價值觀量表指導手冊〉。台北市：行政院青輔會。

陳秉章（民77）。《社會學理論》。台北市：三民書局。

陳金瑞（民85）。〈台灣桃園少年輔育院工作報告〉。

陳金瑞（民85）。〈台灣桃園少年輔育院學校化之實施現況與展望座談會資料〉。

陳怡安（民79）。〈新人類的工作價值觀〉。《就業與訓練雙月

刊》，8卷，4，頁71-73。

陳惠次（民83）。計畫績效評估理論之回顧與展望，行政績效評估專論選輯》。行政院研究發展考核委員會編印，頁1-16。

陳榮華（民78）。〈建立國中啓智班畢業生職業輔導網絡之研究〉。《特殊教育研究學刊》，5，頁31-80。

陳榮裕。《中國時報》，民國85年9月29日，14版。

陳勝英（民92）。《生命不死——精神科醫師的前世治療報告》。張老師文化事業股份有限公司，頁143-172。

陳麗欣（民80）。〈法務部犯罪問題研究中心研究委員會議紀錄〉。

陳麗娟（民70）。〈職業成熟發展與自我觀的關係〉。《輔導月刊》，17卷，9、10期合刊，頁16-20。

陳麗娟（民71）。〈中學生職業成熟發展之研究〉。台灣教育學院輔導研究所碩士論文。

陳麗娟（民72a）。〈影響學生職業成熟的父母因素之預測研究〉。《輔導學報》，6，頁195-224。

陳麗娟（民72b）。〈家庭社經地位、排行、家庭大小與國中學生職業成熟的關係〉。《教育學院學報》，8，頁93-112。

陳憲生（民69）。《工廠青年生活調適問題與輔導》。新竹：台灣省新竹社會教育館。

黃昆輝（民74）。《當前青少年問題與輔導——青年就業問題與輔導策略》。台北市：中央文物供應社。

黃炳煌（民73）。〈國中未升學畢業生去向之調查〉。台北市：行政院青輔會，《青年人力研究報告》，33。

黃俊傑、吳素倩（民77）。《都市青少年的價值觀》，台北市：巨流圖書公司。

黃國樑、謝蕙蓮。〈少監少輔院將改設學校〉。《聯合晚報》，民

國85年10月3日，4版。

黃維憲譯（民72）。〈偏差行為研究：脫序理論和指稱理論〉。《思與言》，17卷，2。

黃貴美（民84）。〈台灣農漁村兒童福利需求及相關研究〉。台北市：行政院農業委員會八十五年度補助研究。

黃貴美（民85）。〈建立農漁村青少年就業服務及職業訓練需求資訊管道之研究〉。台北市：行政院農業委員會八十五年度補助研究。

黃貴美（民85）。〈農漁家對社會保險認知與需求之研究〉。台北市：行政院農業委員會八十五年度補助研究。

黃貴美（民85）。〈農漁家青少年休閒活動之需求研究〉。台北市：行政院農業委員會八十五年度補助研究。

黃富源（民85）。〈中華民國八十四年全國青年輔導會議專輯（跨世紀的青少年問題與對策——青少年身心適應與犯罪〔偏差〕行為）〉。台北市：行政院青輔會，頁123-132。

許春金（民80）。《犯罪學》。台北市：三民書局。第三次再修訂版。

許春金（民85）。〈收容少年犯罪成因及其防治對策之調查研究〉。台北市：法務部八十六年度委託研究。

許澤銘譯（民76）。《從特殊兒童的特性談優良教師的形象-特殊兒童診斷與輔導》。台北市：心理出版社。

馮燕（民82）。〈行政績效評估專論選輯（二）——社會福利計畫評估〉。台北市：行政院研究發展考核委員會。

郭為藩（民75）。《國民教育輔導論叢——青年工作與青年問題》。台北市：教育部國教司。

郭振昌（民84）。〈台灣地區勞工失業補償制度類型規劃抉擇之得爾法（DELPHI）分析〉。《就業與訓練雙月刊》，13卷，1，

頁48-52。

郭靜晃等（民83）。《心理學》。台北市：揚智文化事業股份有限
　　公司，頁238-240。

郭靜晃等（民82）。《心理學》。台北市：揚智文化事業股份有限
　　公司。

彭台臨（民72）。人力發展理論與實施。台北市：三民書局。

彭台臨（民78）。《人力發展理論與實施》，台北市：三民書局。

彭駕騂（民72）。國民教育輔導論叢——青少年家庭關係之研究。
　　台北市：教育部國教司。

曾昭旭。〈生涯規劃：圓一個人生的夢座談會紀錄〉。《聯合
　　報》，民國81年8月19日，20版 。

葉重新（民75）。《心理測驗》。台北市：大洋出版社。

楊孝（民72）。〈青年適應職業〉。《就業與訓練雙月刊》，1卷，
　　5，頁1-12。

楊極東、鄭崇趁（民81）。《朝陽方案實施手冊》。輔導計畫報
　　導，創刊號，第3版，教育訓育委員會。

楊國樞（民75）。　《國民教育輔導論叢——青少年的心路歷程》。
　　台北市：教育部國教司。

楊國樞（民78）。《未升學未就業青少年學習適應與職業成熟之系
　　統研究》。台北市：行政院勞委會職訓局，就業輔導叢書，
　　24。

楊國樞（民79）。〈未升學未就業青少年學習適應與職業成熟問題
　　之探討〉。台北市：《就業與訓練雙月刊》，8卷，1，頁23-
　　28。

楊國樞（民80）。〈少年問題與少年福利法制〉。台北：行政院經
　　建會。健全經社法規工作組。

楊朝祥（民75）。〈大專生的生計發展安置服務——以賓州大學作

法為例〉。《就業與訓練雙月刊》，4卷，6，頁39-45。

楊朝祥（民77）。〈學生與工作世界的橋樑——美國大專院校生計輔導工作簡介〉。《就業與訓練雙月刊》，6卷，6，頁36-42。

楊朝祥（民80）。《生計輔導——終生的輔導歷程》。台北：行政院青輔會。

楊瑩（民78）。〈建立就業服務績優獎勵評量標準之研究〉。台北市：行政院勞委會職訓局八十六年度委託研究計畫。

詹火生（民77）。《社會學》。台北市：空中大學。

詹火生（民80）。《社會福利工作方案評估方法概論》。台北市：中華民國社區發展研究中心。

誠正中學及陽明中學（民92）。《誠正中學及陽明中學簡介》。

彰化少年輔育院（民86）。《台灣彰化少年輔育院簡介》。

趙守博（民79）。《社會問題與社會福利》。台北市：中華日報出版社。

蔡文輝（民76）。《社會學》。台北市：三民書局。

蔡文輝（民76）。《社會學理論》。台北市：三民書局。

蔡文輝（民78）。《比較社會學》。台北市：東大圖書股份有限公司。

蔡德輝（民73）。《少年犯罪——現代社會變遷中防治少年犯罪之新對策》。台北市：五南圖書出版公司。

遇港萍（民75）。《國民教育輔導論叢-青少年問題與輔導》。台北市：教育部國教司。

廖為仁（民79）。〈日本促進生計抉擇與生計適應的作法〉。《就業與訓練雙月刊》，8卷，3，頁80-85。

熊鈍生（民68）。《辭海》，台北市：台灣中華書局。

鄭李足（民67）。《東方國語辭典》，台北市：東方出版社。

劉開元，《聯合晚報》，民國85年9月12日，7版。

劉焜輝（民74）。〈國中畢業生職業流動與工作環境及工作興趣關聯性之究〉。台北市：行政院青輔會，青年人力研究報告。

劉焜輝（民75）。〈國民教育輔導論叢——青年期的重要性〉。台北市：教育部國教司。

劉脩如（民66）。《社會政策與社會立法——上冊》。台北市：國立編譯館。

劉秀娟（民84）。〈幼兒玩性與社會性之研究〉。中國文化大學兒童福利研究所碩士論文。

劉德生（民77）。〈中等學校學生職業觀念與職業態度發展之研究〉。台灣師範大學教育研究所博士論文。

劉振強（民74）。《大辭典》。台北市：三民書局。

謝玉新（民80）。〈低收入家庭人力資源運用之研究〉。台灣大學社學研究所碩士論文。

謝高橋（民71）。《社會學》。台北市：巨流圖書公司。

謝瑞智（民74）。《當前青少年問題與輔導——青少年犯罪之原因論》。台北市：中央文物供應社。

謝錦芳（民85）。〈十年來犯罪率創新高〉。《中國時報》，民國85年12月7日，4版。

鍾思嘉（民80）。〈青少年竊盜行為個人心理特質之分析研究〉。台北市：教育部訓育委員會。

鍾儀倩（民79）。〈影響大專院校畢業生的行職業選擇因素與工作滿足之研究〉。台大社會學研究所碩士論文。

鍾源德（民75）。《青少年犯罪問題之研究》。台北：文景出版社。

藍三印（民81）。《心理學的奧秘》。台北市：正中書局，頁84-87。

羅超華（民79）。《社會工作辭典》。台北市：社區研究發展中心。

蘇萍（民73）。〈台北市中學生職業發展狀況及其影響因素之研究〉。台灣師大輔導研究所碩士論文。

蘇薌雨（民75）。《國民教育輔導論叢——青年的心理特徵》。台北市：教育部國教司。

蘇靜芬（民75）。〈台北市國民中學畢業後就業學生職業輔導、工作滿足、職業調適及離職傾向、職業流動之關聯性研究〉。台北市：私立東吳大學社會研究所社會工作組碩士論文。

二、西文部分

Achebe, C (1982). "Assessing the Vocational maturity of students in the East Center state of Nigeria." *Journal of Vocational Behavior*, 20(2), 153-161.

Au, C. P., & Chung, C. M. (1988). "A Study of Career Decision Making Rocess of Hong Kong Secondary School Students Using Harren's Model." *Chinese University Education Journal*, 16 (2), 165-176.

Barrett, T. C.,& Howard E. A. Tinsley (1977a). "Measuring Vocational Self-concept Crystallization." *Journal of Vocational Behavior*, 11(3), 305-312.

Barrett, T. C., & Howard E. A. Tinsley (1977b). "Vocational & Self-concept Crystallization & Vocational Indecision." *Journal of Counseling Psychology*, 24(4), 301-306.

Blustein, D. L, (1988). "A Canonical Analysis of Career Choice Crystallization & Vocational Maturity." *Journal of Counseling*

Psychology, 35(3), 294-297.

Bradshaw, J. (1972) "The Concept of Social Need." In Gilbert, N. and Harry, S. (eds.), *Planning for Social Welfare*. N. J.: Prentice-Hall.

Brandt, R. B. (1976) "The Concept of Welfare." In N. Timms and D.Watson (eds.), *Talking about Welfare: Reading in Philosophy and Social Policy*, 64-87. London: Henley & Boston: RKP.

Burkhead. E. J., & Cope, C. S. (1984). "Career Maturity and Physically Disabled College Students." *Rehabilitation Counseling Bulletin*, 27(3), 142-150.

Crites, J. O (1969). *Vocational Psychology*. N.Y.: McGraw-Hill, 569-586.

Crites, J. O (1973). *The Career Maturity Inventory Monterey*, Calif: CTB/McGraw-Hill.

Damin, M. H., & Hodinko, S. A. (1987). "Career Choice Attitudes of Jordanian Adolescents Related to Educational Level of Parents," ERIC Documnent Reproduction Service, No. ED 308, 367.

Daniels, L. K., & Stewart, J. A. (1972). "The Use of Verbal Self Reports with the Educable Mentally Retarded." *Training School Bulletin*, 68(4), 212-216.

Dillard, J. M., & Perin, D. W. (1980). "Puerto Rican, Black, & Auglo Adolescents' Career Aspirations, Expectations, & Maturity." *Vocational Guidance Queterly*, 28, 4, 312-321.

Dolgoff, Ralph., Feldstein, Donald, & Skolnik, Louise (1993). *Understanding Social Welfare*. New York: Harper Row.

Emanuel, Ellen Jane. (1989). *A Dissertation of Abstracts International*, Volume 51/01, 292.

Everitt, Angela, & Hardiker, Pauline (1996). *Evaluating For Good Practice*, London: British Association of Social Workers.

Fouad, N.A. (1988). "The Construct of Career maturity in the United States & Israel." *Journal of Vocational Behavior.* 32(1), 49-59.

Ginzberg, E., et al. (1951). *Occupational Choice.* N.Y.: Columbia Uni. Press.

Handley, H. M. (1975). "Vocational Readiness Attitude of Rural Disadvantaged Adolescents from Exemplary Vocational and Nonvocational Educational Backgrounds" Mississippi State Dept. of Education, Jackson, Div. of Vocational and Technical Education. (ERIC Document Reproduction Service No.ED 142 341)

Harbison, F., & Myers, C. A. (1964): *Education, Manpawer, and Economic Growth*, New York: McGraw-hill.

Harrington, T. F., & O'shea, A. (1983). *Vocational Self Concepts — A Stratified U.S. Sample. Grades 7-13.* U.S.: Massachusetts.

Holland, J. L., & Holland. J. E. (1977). "Vcoational Indecision: More Evidence and Speculation." *Journal of Counseling Psychology*, 24(5), 404-413.

Johnson, L. C., & Schwartz, C. L. (1988). *Social Welfare: A Response to Human Need*, New York:Allyn and Bacon, Inc.

Kapes, J. T., & Baker, G. E. (1983). "Exploring the Effects of Industrial Arts on Career Maturity in Grades Seven Through Twelve: A Synthesis of Cross-sectional & Longitudical Method." *Journal of Industrial Teacher Education*, 20(2), 18-35.

Krau, E (1987). "The Crystallization of Work Values in Adolescence: A Sociocultural Approach." *Journal of Vocational Behavior.*

30(2), 103-123.

Maslow, A. H. (1954). *Motivation & Personality*. New York: Harper & Row.

Maslow, A. H. (1954). *Motivation & personality*. New York: Harper & Row.

Maslow, A. H. (1962). *Toward a Psychology of Being*. New Jersey: Van Nostrnd.

Matheson, Wayne, Dyk, Cornelius Van, & Millar, Kenneth (1995), *Performance Evaluation in the Human Services*. New York & London: Haworth.

McNair, D., Brown, D. (1983). "Predicting the Occupational Aspirations, Occupational Expectations, and Career Maturity of Black and White Male and Female 10th Graders." *Vocational Guidance Quarterly*, 32(1), 29-36.

Miller, M. F. (1974). "Relationship of Vacational Maturity to Work Values." *Journal of Vocational Behavior*, 5，367-371.

Moracco, J. C. (1976). "Vocational Maturity of Arab & American High School Students." *Journal of Vocational Behavior*, 8, 367-373.

Murphy, G. (1974). *Personality: A Biosocial Approach to Origins & Structure*. New York: Harper & Row.

Nevill and Super (1988): "Career Maturity & Conmmitment to Work in University Students." *Journal of Vocational Behavior*, 32, 2, 139-151.

Niles, S., & Herr, E. L. (1989). "Using Secondary School Behaviors to Predict Career Behaviors in Young Adulthood: Does "Success" Breed 'Success'?" *Career Development Quarterly*, 37(4),

345-354.

Palmo, A. J., & Lutz, J. G. (1983). The Relationship of Performance on the CMI to Intelligence with Disadvantaged Youngsters.

Parlow, Simmie. (1988). "Measurement and Evaluation in Guidance," 16 (3), 139-148. A of Dissertration ABSSTRACTS International, 50/05, 256.

Post-Kammer, P. (1987). "Intrinsic and Extrinsic Work Values and Career Maturity of 9th-and 11th-grade Boys and Girls." *Journal of Counseling & Development*, 65(8), 420-423.

Pound, R. E. (1978). "Using Self-concept Subscales in Predicting Career Maturity for Race & Sex Subgroups". *Vocational Guidance Quarterly*, 27(1), 61-70.

Pratt, P. A. (1989). *The Stability of Occupational Aspirations of Young Adults*.U.S.: Maine.

Putnam, B. A. (1978). "Sex differences in Self-concept Variables & Vocational Attitude Maturity of Adolescents." *Journal of Experimental Education*, 47(1), 23-27.

Putnam, B. A., & Hansen, J. C. (1972). "Relationship of Self-concept & Feminine Role Concepts to Vocational Maturity in Young Women." *Journal of Counseling Psychology*,19, 436-440.

Remer, P. (1984). "Multiple Outcome Evaluation of a Life-career Development Course." *Journal of Counseling Psychology*, 31(4), 532-540.

Roe, A. (1957). "Early Determinats of Vocational Choice." *Journal of Counseling Psychology*, 4, 212-217.

Romanyshyn, John M. (1971). *Social Welfare: Charity to Justice*. New York: Random House, Inc.

Savickas, M. L. (1984). "Interpreting the Career Maturity Inventory Attitude Scale's Relationship to Measures of Mental Ability." U.S.; Ohio. (ERIC Document Reproduction Service No. ED 246 051)

Savickas, M. L. (1990). "Developing Career Choice Readiness." Paper presented at the annual meeting of the American Association for Counseling and Development . (ERIC Document Reproduction Service No. ED 316 781)

Schultze, Edward Walton (1988). A dissertation of ABSTRACTS International, 49/09, 272.

Shertzer, B., & Stone, B. C. (1981). *Fundamentals of Guidance*. (4th ed.)Boston: Houghton Mifflin.

Small, J. A. (1980). "Sex Differences in Personality Characteristics of Workers in Selected Occupations." Southwestern Psychological Association, Oklahoma City, (ERIC Document Reproduction Service No.ED200 857)

Super D. E. (1957). *The Psychology of Career*, N.Y.: Harper & Row.

Super, D. E., & Overstreet, P. L. (1960). *The Vocational Maturity of Ninth Grade Boys*. N.Y.: Teachers College Bureau of Publications.

Super, D. E., Nevill, D. D. (1984). "Work Role Salience as a Determinant of Career Maturity in High School Students." *Journal of Vocational Behavior*, 25(1)，34-44.

Super, D. E., Starishevsky, R., Matlin, N, and Jordaan, J. P. (1963). *Career Development: Self-Concept Theory*. New York: College Entrance Examination Board.

Taylor, M. S. (1985). "The Roles of Occupational Knowledge and Vocational Self-concept Crystallization in Students, School to

Work Transition." *Journal of Counseling Psychology*, 32(4), 539-550.

Tittle, C. K. (1981). "Sex Differences in Occupational Values: Implications for Reducing Sex Bias." American Psychological Association. (ERIC Document Reproduction Service No. ED209 625)

Ward, Doris Elizabeth (1990). A Dissertation of ABSTRACTS International, Volume 49/09, 189.

Westbrook, B. W., Others (1988a). "Career Maturity in Grade 9: Can Students Who Make Appropriate Career Choices for Others Also Make Aporopriate Career Choices for Themselves?" *Measurement & Evaluation in Counseling & Development*, 21(2), 64-71.

Westbrook, B.W., Others (1988b). "Career Maturity in Grade 9: The Relationship Between Accurary of Self Appraisal & Ability to Appraise the Career-relevant Capabilites of Others," *Journal of Vocational Behavior*, 32(3), 269-283.

Whitman, R. L. (1972). The Vocational Attitude Maturity of Disadvantaged Eighth and Twelfth Grade Students in Rural Eastern Kentucky. Ph. D. Dissertation, Pennsylvania State University. (ERIC Document Reproduction Service No.ED073 271)

William, RM., & Curtis, A. M. (1982), "Relations of Socioe-economic Status & Sex Variables to the Complexity of Worker Functions in the Occupational Choices of Elementary School Children." *Journal of Vocational Behavior*, 20. 31-39.

附　錄

附錄一
就業服務法

中華民國八十一年五月八日總統（81）華總（一）字第二三五九號令公布

中華民國八十六年五月二十一日總統（86）華總（一）義字第八六〇〇一一八八九〇號令修正
第四十九條

中華民國八十九年一月二十六日總統（89）華總一義字第八九〇〇〇二一一九〇號令茲修正就
業服務法第四十三條及第五十一條條文

中華民國九十一年一月二十一日華總（一）義字第〇九一〇〇〇一〇一三〇號令修正公布

中華民國九十二年五月十三日華總（一）義字第〇九二〇〇〇八七八九〇號令修正公布

中華民國九十二年五月十六日華總（一）義字第〇九二〇〇〇九二五五〇號令修正公布

第一章　總則

第1條　為促進國民就業，以增進社會及經濟發展，特制定本法；本法未規
定者，適用其他法律之規定。

第2條　本法用詞定義如下：

一、就業服務：指協助國民就業及雇主徵求員工所提供之服務。

二、就業服務機構：指提供就業服務之機構；其由政府機關設置
者，為公立就業服務機構；其由政府以外之私人或團體所設置
者，為私立就業服務機構。

三、雇主：指聘、僱用員工從事工作者。

四、中高齡者：指年滿四十五歲至六十五歲之國民。

第3條　國民有選擇職業之自由。但為法律所禁止或限制者，不在此限。

第4條　國民具有工作能力者，接受就業服務一律平等。

第5條　為保障國民就業機會平等，雇主對求職人或所僱用員工，不得以種
族、階級、語言、思想、宗教、黨派、籍貫、性別、婚姻、容貌、
五官、身心障礙或以往工會會員身分為由，予以歧視。

雇主招募或僱用員工，不得有下列情事：

一、為不實之廣告或揭示。

二、違反求職人意思，留置其國民身分證、工作憑證或其他證明文
件。

三、扣留求職人財物或收取保證金。

四、指派求職人從事違背公共秩序或善良風俗之工作。

五、辦理聘僱外國人之申請許可、招募、引進或管理事項，提供不
實資料或健康檢查檢體。

第6條　本法所稱主管機關：在中央為行政院勞工委員會；在直轄市為直轄
市政府；在縣（市）為縣（市）政府。

中央主管機關應會同行政院原住民委員會辦理相關原住民就業服務事項。

中央主管機關掌理事項如下：

一、全國性國民就業政策、法令、計畫及方案之訂定。

二、全國性就業市場資訊之提供。

三、就業服務作業基準之訂定。

四、全國就業服務業務之督導、協調及考核。

五、雇主申請聘僱外國人之許可及管理。

六、辦理下列仲介業務之私立就業服務機構之許可、停業及廢止許可：

　　　（一）仲介外國人至中華民國境內工作。

　　　（二）仲介香港或澳門居民、大陸地區人民至台灣地區工作。

　　　（三）仲介本國人至台灣地區以外之地區工作。

七、其他有關全國性之國民就業服務及促進就業事項。

直轄市、縣（市）主管機關掌理事項如下：

一、就業歧視之認定。

二、外國人在中華民國境內工作之管理及檢查。

三、仲介本國人在國內工作之私立就業服務機構之許可、停業及廢止許可。

四、前項第六款及前款以外私立就業服務機構之管理。

五、其他有關國民就業服務之配合事項。

第7條　主管機關得聘請勞工、雇主、政府之代表及學者專家組成就業服務策進委員會，研議有關就業服務及促進就業等事項。

第8條　主管機關為增進就業服務工作人員之專業知識及工作效能，應定期舉辦在職訓練。

第9條　就業服務機構及其人員，對雇主與求職人之資料，除推介就業之必要外，不得對外公開。

第10條　在依法罷工期間，或因終止勞動契約涉及勞方多數人權利之勞資爭議在調解期間，就業服務機構不得推介求職人至該罷工或有勞資爭議之場所工作。

前項所稱勞方多數人，係指事業單位勞工涉及勞資爭議達十人以上，或雖未達十人而占該勞資爭議場所員工人數三分之一以上者。

第11條　主管機關對推動國民就業有卓越貢獻者，應予獎勵及表揚。

前項獎勵及表揚之資格條件、項目、方式及其他應遵行事項之辦法，由中央主管機關定之。

第二章　政府就業服務

第12條　主管機關得視業務需要，在各地設置公立就業服務機構。

直轄市、縣（市）轄區內原住民人口達二萬人以上者，得設立因應

原住民族特殊文化之原住民公立就業服務機構。

前兩項公立就業服務機構設置準則，由中央主管機關定之。

第13條 公立就業服務機構辦理就業服務，以免費為原則。但接受雇主委託招考人才所需之費用，得向雇主收取之。

第14條 公立就業服務機構對於求職人及雇主申請求職、求才登記，不得拒絕。但其申請有違反法令或拒絕提供為推介就業所需之資料者，不在此限。

第15條 公立就業服務機構推介之求職人為生活扶助戶者，其為應徵所需旅費，得酌予補助。

第16條 公立就業服務機構應蒐集、整理、分析其業務區域內之薪資變動、人力供需及未來展望等資料，提供就業市場資訊。

第17條 公立就業服務機構為協助國民選擇職業或職業適應，應提供就業諮詢。

第18條 公立就業服務機構與其業務區域內之學校應密切聯繫，協助學校辦理學生職業輔導工作，並協同推介畢業學生就業或參加職業訓練及就業後輔導工作。

第19條 公立就業服務機構為輔導缺乏工作知能之求職人就業，得推介其參加職業訓練；對職業訓練結訓者，應協助推介其就業。

第20條 公立就業服務機構對申請勞工保險失業給付者，應推介其就業或參加職業訓練。

第三章 促進就業

第21條 政府應依就業與失業狀況相關調查資料，策訂人力供需調節措施，促進人力資源有效運用及國民就業。

第22條 中央主管機關為促進地區間人力供需平衡並配合勞工保險失業給付之實施，應建立全國性之就業資訊網。

第23條 中央主管機關於經濟不景氣致大量失業時，得鼓勵雇主協商工會或勞工，循縮減工作時間、調整薪資、辦理教育訓練等方式，以避免裁減員工；並得視實際需要，加強實施職業訓練或採取創造臨時就業機會、辦理創業貸款利息補貼等輔導措施；必要時，應發給相關津貼或補助金，促進就業。

前項利息補貼、津貼與補助金之申請資格條件、項目、方式、期間、經費來源及其他應遵行事項之辦法，由中央主管機關定之。

第24條 主管機關對下列自願就業人員，應訂定計畫，致力促進其就業，必要時，得發給相關津貼或補助金：

一、負擔家計婦女。

二、中高齡者。

三、身心障礙者。

四、原住民。

五、生活扶助戶中有工作能力者。

六、其他經中央主管機關認為有必要者。

前項計畫應定期檢討,落實其成效。

第一項津貼或補助金之申請資格、金額、期間、經費來源及其他相關事項之辦法,由主管機關定之。

第25條　公立就業服務機構應主動爭取適合身心障礙者及中高齡者之就業機會,並定期公告。

第26條　主管機關為輔導因妊娠、分娩或育兒而離職之婦女再就業,應視實際需要,辦理職業訓練。

第27條　主管機關為協助身心障礙者及原住民適應工作環境,應視實際需要,實施適應訓練。

第28條　公立就業服務機構推介身心障礙者及原住民就業後,應辦理追蹤訪問,協助其工作適應。

第29條　直轄市及縣(市)主管機關應將轄區內生活扶助戶中具工作能力者,列冊送當地公立就業服務機構,推介就業或參加職業訓練。

第30條　公立就業服務機構應與當地役政機關密切聯繫,協助推介退伍者就業或參加職業訓練。

第31條　公立就業服務機構應與更生保護會密切聯繫,協助推介受保護人就業或參加職業訓練。

第32條　主管機關為促進國民就業,應按年編列預算,依權責執行本法規定措施。

中央主管機關得視直轄市、縣(市)主管機關實際財務狀況,予以補助。

第33條　雇主資遣員工時,應於員工離職之十日前,將被資遣員工之姓名、性別、年齡、住址、電話、擔任工作、資遣事由及需否就業輔導等事項,列冊通報當地主管機關及公立就業服務機構。但其資遣係因天災、事變或其他不可抗力之情事所致者,應自被資遣員工離職之日起三日內為之。

公立就業服務機構接獲前項通報資料後,應依被資遣人員之志願、工作能力,協助其再就業。

第三十三條之一中央主管機關得將其於本法所定之就業服務及促進就業掌理事項,委任所屬就業服務機構或職業訓練機構、委辦直轄市、縣(市)主管機關或委託相關機關(構)、團體辦理之。

第四章　民間就業服務

第34條　私立就業服務機構及其分支機構,應向主管機關申請設立許可,經發給許可證後,始得從事就業服務業務;其許可證並應定期更新之。

未經許可,不得從事就業服務業務。但依法設立之學校、職業訓練

機構或接受政府機關委託辦理訓練、就業服務之機關（構），為其畢業生、結訓學員或求職人免費辦理就業服務者，不在此限。

第一項私立就業服務機構及其分支機構之設立許可條件、期間、廢止許可、許可證更新及其他管理事項之辦法，由中央主管機關定之。

第35條 私立就業服務機構得經營下列就業服務業務：

一、職業介紹或人力仲介業務。

二、接受委任招募員工。

三、協助國民釐定生涯發展計畫之就業諮詢或職業心理測驗。

四、其他經中央主管機關指定之就業服務事項。

私立就業服務機構經營前項就業服務業務得收取費用；其收費項目及金額，由中央主管機關定之。

第36條 私立就業服務機構應置符合規定資格及數額之就業服務專業人員。

前項就業服務專業人員之資格及數額，於私立就業服務機構許可及管理辦法中規定之。

第37條 就業服務專業人員不得有下列情事：

一、允許他人假藉本人名義從事就業服務業務。

二、違反法令執行業務。

第38條 辦理下列仲介業務之私立就業服務機構，應以公司型態組織之。但由中央主管機關設立，或經中央主管機關許可設立、指定或委任之非營利性機構或團體，不在此限：

一、仲介外國人至中華民國境內工作。

二、仲介香港或澳門居民、大陸地區人民至台灣地區工作。

三、仲介本國人至台灣地區以外之地區工作。

第39條 私立就業服務機構應依規定備置及保存各項文件資料，於主管機關檢查時，不得規避、妨礙或拒絕。

第40條 私立就業服務機構及其從業人員從事就業服務業務，不得有下列情事：

一、辦理仲介業務，未依規定與雇主或求職人簽訂書面契約。

二、為不實之廣告或揭示。

三、違反求職人意思，留置其國民身分證、工作憑證或其他證明文件。

四、扣留求職人財物或收取推介就業保證金。

五、要求、期約或收受規定標準以外之費用，或其他不正利益。

六、行求、期約或交付不正利益。

七、仲介求職人從事違背公共秩序或善良風俗之工作。

八、接受委任辦理聘僱外國人之申請許可、招募、引進或管理事項，提供不實資料或健康檢查檢體。

九、辦理就業服務業務有恐嚇、詐欺、侵占或背信情事。

十、違反雇主之意思，留置許可文件或其他相關文件。

十一、對主管機關規定之報表，未依規定填寫或填寫不實。

十二、未依規定辦理變更登記、停業申報或換發、補發證照。

十三、未依規定揭示私立就業服務機構許可證、收費項目及金額明
　　　細表、就業服務專業人員證書。

十四、經主管機關處分停止營業，其期限尚未屆滿即自行繼續營
　　　業。

十五、辦理就業服務業務，未善盡受任事務，致雇主違反本法或依
　　　本法所發布之命令。

第41條　接受委託登載或傳播求才廣告者，應自廣告之日起，保存委託者之
　　　　姓名或名稱、住所、電話、國民身分證統一編號或事業登記字號等
　　　　資料二個月，於主管機關檢查時，不得規避、妨礙或拒絕。

第五章　外國人之聘僱與管理

第42條　為保障國民工作權，聘僱外國人工作，不得妨礙本國人之就業機
　　　　會、勞動條件、國民經濟發展及社會安定。

第43條　除本法另有規定外，外國人未經雇主申請許可，不得在中華民國境
　　　　內工作。

第44條　任何人不得非法容留外國人從事工作。

第45條　任何人不得媒介外國人非法為他人工作。

第46條　雇主聘僱外國人在中華民國境內從事之工作，除本法另有規定外，
　　　　以下列各款為限：

一、專門性或技術性之工作。

二、華僑或外國人經政府核准投資或設立事業之主管。

三、下列學校教師：

　　（一）公立或經立案之私立大專以上校院或外國僑民學校之教
　　　　　師。

　　（二）公立或已立案之私立高級中等以下學校之合格外國語文
　　　　　課程教師。

　　（三）公立或已立案私立實驗高級中等學校雙語部或雙語學校
　　　　　之學科教師。

四、依補習教育法立案之短期補習班之專任外國語文教師。

五、運動教練及運動員。

六、宗教、藝術及演藝工作。

七、商船、工作船及其他經交通部特許船舶之船員。

八、海洋漁撈工作。

九、家庭幫傭。

十、為因應國家重要建設工程或經濟社會發展需要，經中央主管機
　　關指定之工作。

十一、其他因工作性質特殊，國內缺乏該項人才，在業務上確有聘

催外國人從事工作之必要，經中央主管機關專案核定者。

從事前項工作之外國人，其工作資格及審查標準，由中央主管機關會商中央目的事業主管機關定之。

雇主依第一項第八款至第十款規定聘催外國人，須訂立書面勞動契約，並以定期契約為限；其未定期限者，以聘催許可之期限為勞動契約之期限。續約時，亦同。

第47條 雇主聘催外國人從事前條第一項第八款至第十一款規定之工作，應先以合理勞動條件在國內辦理招募，經招募無法滿足其需要時，始得就該不足人數提出申請，並應於招募時，將招募全部內容通知其事業單位之工會或勞工，並於外國人預定工作之場所公告之。

雇主依前項規定在國內辦理招募時，對於公立就業服務機構所推介之求職人，非有正當理由，不得拒絕。

第48條 雇主聘催外國人工作，應檢具有關文件，向中央主管機關申請許可。但各級政府及其所屬學術研究機構聘請擔任顧問、研究工作者或與在中華民國境內設有戶籍之國民結婚，且獲准居留者，不須申請許可。

前項申請許可、廢止許可及其他有關聘催管理之辦法，由中央主管機關會商中央目的事業主管機關定之。

第一項受聘催外國人入境前後之健康檢查管理辦法，由中央衛生主管機關會商中央主管機關定之。

前項受聘催外國人入境後之健康檢查，由中央衛生主管機關指定醫院辦理之；其受指定之資格條件、指定、廢止指定及其他管理事項之辦法，由中央衛生主管機關定之。

受聘催之外國人健康檢查不合格經限令出國者，雇主應即督促其出國。

中央主管機關對從事第四十六條第一項第八款至第十一款規定工作之外國人，得規定其國別及數額。

第49條 各國駐華使領館、駐華外國機構、駐華各國際組織及其人員聘催外國人工作，應向外交部申請許可；其申請許可、廢止許可及其他有關聘催管理之辦法，由外交部會商中央主管機關定之。

第50條 雇主聘催下列學生從事工作，得不受第四十六條第一項規定之限制；其工作時間除寒暑假外，每星期最長為十六小時：

一、就讀於公立或已立案私立大專校院之外國留學生。

二、就讀於公立或已立案私立高級中等以上學校之僑生及其他華裔學生。

第51條 雇主聘催下列外國人從事工作，得不受第四十六條第一項、第三項、第四十七條、第五十二條、第五十三條第三項、第四項、第五十七條第五款、第七十二條第四款及第七十四條規定之限制，並免依第五十五條規定繳納就業安定費：

一、獲准居留之難民。

二、獲准在中華民國境內連續受聘僱從事工作，連續居留滿五年，品行端正，且有住所者。

三、經獲准與其在中華民國境內設有戶籍之直系血親共同生活者。

四、經取得永久居留者。

前項第一款、第三款及第四款之外國人得不經雇主申請，逕向中央主管機關申請許可。

外國法人為履行承攬、買賣、技術合作等契約之需要，須指派外國人在中華民國境內從事第四十六條第一項第一款或第二款契約範圍內之工作，於中華民國境內未設立分公司或代表人辦事處者，應由訂約之事業機構或授權之代理人，依第四十八條第二項及第三項所發布之命令規定申請許可。

第52條 聘僱外國人從事第四十六條第一項第一款至第七款及第十一款規定之工作，許可期間最長為三年，期滿有繼續聘僱之需要者，雇主得申請展延。

聘僱外國人從事第四十六條第一項第八款至第十款規定之工作，許可期間最長為二年；期滿後，雇主得申請展延一次，其展延期間不得超過一年。如有重大特殊情形者，得申請再展延，其期間由行政院以命令定之。但屬重大工程者，其再展延期間，最長以六個月為限。

前項每年得引進總人數，依外籍勞工聘僱警戒指標，由中央主管機關邀集相關機關、勞工、雇主、學者代表協商之。

受聘僱之外國人於聘僱許可期間無違反法令規定情事而因聘僱關係終止、聘僱許可期間屆滿出國或因健康檢查不合格經返國治癒再檢查合格者，得再入國工作。但從事第四十六條第一項第八款至第十款規定工作之外國人，應出國一日後始得再入國工作，且其在中華民國境內工作期間，累計不得逾六年。

第53條 雇主聘僱之外國人於聘僱許可有效期間內，如需轉換雇主或受聘僱於二以上之雇主者，應由新雇主申請許可。申請轉換雇主時，新雇主應檢附受聘僱外國人之離職證明文件。

第五十一條第一項第一款、第三款及第四款規定之外國人已取得中央主管機關許可者，不適用前項之規定。

受聘僱從事第四十六條第一項第一款至第七款規定工作之外國人轉換雇主或工作者，不得從事同條項第八款至第十一款規定之工作。

受聘僱從事第四十六條第一項第八款至第十一款規定工作之外國人，不得轉換雇主或工作。但有第五十九條第一項各款規定之情事，經中央主管機關核准者，不在此限。

前項受聘僱之外國人經許可轉換雇主或工作者，其受聘僱期間應合併計算之，並受第五十二條規定之限制。

第54條　雇主聘僱外國人從事第四十六條第一項第八款至第十一款規定之工作，有下列情事之一者，中央主管機關應不予核發招募許可、聘僱許可或展延聘僱許可；其已核發招募許可者，得中止引進：

一、於外國人預定工作之場所有第十條規定之罷工或勞資爭議情事。

二、於國內招募時，無正當理由拒絕聘僱公立就業服務機構所推介之人員或自行前往求職者。

三、聘僱之外國人行蹤不明或藏匿外國人達一定人數或比例。

四、曾非法僱用外國人工作。

五、曾非法解僱本國勞工。

六、因聘僱外國人而降低本國勞工勞動條件，經當地主管機關查證屬實。

七、聘僱之外國人妨害社區安寧秩序，經依社會秩序維護法裁處。

八、曾非法扣留或侵占所聘僱外國人之護照、居留證件或財物。

九、所聘僱外國人遣送出國所需旅費及收容期間之必要費用，經限期繳納屆期不繳納。

十、於委任招募外國人時，向私立就業服務機構要求、期約或收受不正利益。

十一、於辦理聘僱外國人之申請許可、招募、引進或管理事項，提供不實資料。

十二、刊登不實之求才廣告。

十三、不符申請規定經限期補正，屆期未補正。

十四、違反本法或依第四十八條第二項、第三項、第四十九條所發布之命令。

十五、其他違反保護勞工之法令情節重大者。

前項第三款至第十五款規定情事，以申請之日前二年內發生者為限。

第一項第三款之人數、比例，由中央主管機關公告之。

第55條　雇主聘僱外國人從事第四十六條第一項第八款至第十款規定之工作，應向中央主管機關設置之就業安定基金專戶繳納就業安定費，作為加強辦理有關促進國民就業、提升勞工福祉及處理有關外國人聘僱管理事務之用。

前項受聘僱之外國人有連續曠職三日失去聯繫或聘僱關係終止之情事，經雇主依法陳報而廢止聘僱許可者，雇主無須再繳納就業安定費。

雇主未依規定期限繳納就業安定費者，得寬限三十日；於寬限期滿仍未繳納者，自寬限期滿之翌日起至完納前一日止，每逾一日加徵其未繳就業安定費百分之一滯納金。但以其未繳之就業安定費一倍為限。

加徵前項滯納金三十日後，雇主仍未繳納者，由中央主管機關就其未繳納之就業安定費及滯納金移送強制執行，並廢止其聘僱許可之一部或全部。

第一項就業安定費之數額及就業安定基金之收支、保管及運用辦法，由中央主管機關會同相關機關定之。

第56條　受聘僱之外國人有連續曠職三日失去聯繫或聘僱關係終止之情事，雇主應於三日內以書面通知當地主管機關及警察機關。

第57條　雇主聘僱外國人不得有下列情事：

一、聘僱未經許可、許可失效或他人所申請聘僱之外國人。

二、以本人名義聘僱外國人為他人工作。

三、指派所聘僱之外國人從事許可以外之工作。

四、未經許可，指派所聘僱從事第四十六條第一項第八款至第十款規定工作之外國人變更工作場所。

五、未依規定安排所聘僱之外國人接受健康檢查或未依規定將健康檢查結果函報衛生主管機關。

六、因聘僱外國人致生解僱或資遣本國勞工之結果。

七、對所聘僱之外國人以強暴脅迫或其他非法之方法，強制其從事勞動。

八、非法扣留或侵占所聘僱外國人之護照、居留證件或財物。

九、其他違反本法或依本法所發布之命令。

第58條　外國人於聘僱許可有效期間內因不可歸責於雇主之原因離境或死亡者，雇主得向中央主管機關申請遞補。

前項遞補之聘僱許可期間，以補足原聘僱許可期間為限；原聘僱許可期間餘期不足六個月者，不予遞補。

第59條　外國人受聘僱從事第四十六條第一項第八款至第十一款規定之工作，有下列情事之一者，經中央主管機關核准，得轉換雇主或工作：

一、雇主或被看護者死亡或移民者。

二、船舶被扣押、沈沒或修繕而無法繼續作業者。

三、雇主關廠、歇業或不依勞動契約給付工作報酬經終止勞動契約者。

四、其他不可歸責於受聘僱外國人之事由者。

前項轉換雇主或工作之程序，由中央主管機關另定之。

第60條　雇主所聘僱之外國人，經警察機關依規定遣送出國者，其遣送所需之旅費及收容期間之必要費用，應由雇主負擔。

前項費用由就業安定基金先行墊付，並於墊付後，由該基金主管機關通知雇主限期繳納，屆期不繳納者，移送強制執行。

雇主依本法修正前第五十五條第三項規定繳納之保證金，於本法修正施行後，所聘僱之外國人聘僱許可期限屆滿或經廢止，並已離境

或由新雇主承接後，檢具相關證明文件向中央主管機關申請返還。

第61條　外國人在受聘僱期間死亡，應由雇主代為處理其有關喪葬事務。

第62條　主管機關、警察機關或海岸巡防機關得指派人員攜帶證明文件，至外國人工作之場所或可疑有外國人違法工作之場所，實施檢查。

對於前項之檢查，雇主不得規避、妨礙或拒絕。

第六章　罰則

第63條　違反第四十四條或第五十七條第一款、第二款規定者，處新台幣十五萬元以上七十五萬元以下罰鍰。五年內再違反者，處三年以下有期徒刑、拘役或科或併科新台幣一百二十萬元以下罰金。

法人之代表人、法人或自然人之代理人、受僱人或其他從業人員，因執行業務違反第四十四條或第五十七條第一款、第二款規定者，除依前項規定處罰其行為人外，對該法人或自然人亦科處前項之罰鍰或罰金。

第64條　違反第四十五條規定者，處新台幣十萬元以上五十萬元以下罰鍰。五年內再違反者，處一年以下有期徒刑、拘役或科或併科新台幣六十萬元以下罰金。

意圖營利而違反第四十五條規定者，處三年以下有期徒刑、拘役或科或併科新台幣一百二十萬元以下罰金。

以違反第四十五條規定為常業者，處五年以下有期徒刑，得併科新台幣一百五十萬元以下罰金。

法人之代表人、法人或自然人之代理人、受僱人或其他從業人員，因執行業務違反第四十五條規定者，除依前三項規定處罰其行為人外，對該法人或自然人亦科處各該項之罰鍰或罰金。

第65條　違反第五條第一項、第二項第一款、第四款、第五款、第三十四條第二項、第四十條第二款、第七款至第九款規定者，處新台幣三十萬元以上一百五十萬元以下罰鍰。

未經許可從事就業服務業務違反第四十條第二款、第七款至第九款規定者，依前項規定處罰之。

第66條　違反第四十條第五款規定者，按其要求、期約或收受超過規定標準之費用或其他不正利益相當之金額，處十倍至二十倍罰鍰。

未經許可從事就業服務業務違反第四十條第五款規定者，依前項規定處罰之。

第67條　違反第五條第二項第二款、第三款、第十條、第三十六條第一項、第三十七條、第三十九條、第四十條第一款、第三款、第四款、第六款、第十款至第十五款、第五十七條第五款、第八款、第九款或第六十二條第二項規定，處新台幣六萬元以上三十萬元以下罰鍰。

未經許可從事就業服務業務違反第四十條第一款、第三款、第四款、第六款或第十款規定者，依前項規定處罰之。

第68條　違反第九條、第三十三條第一項、第四十一條、第四十三條、第五十六條、第五十七條第三款、第四款或第六十一條規定者，處新台幣三萬元以上十五萬元以下罰鍰。

違反第五十七條第六款規定者，按被解僱或資遣之人數，每人處新台幣二萬元以上十萬元以下罰鍰。

違反第四十三條規定之外國人，應即令其出國，不得再於中華民國境內工作。

違反第四十三條規定或有第七十四條第一項、第二項規定情事之外國人，經限期令其出國，屆期不出國者，警察機關得強制出國，於未出國前，警察機關得收容之。

第69條　私立就業服務機構有下列情事之一者，由主管機關處一年以下停業處分：

一、違反第四十條第四款至第六款、第八款或第四十五條規定。

二、同一事由，受罰鍰處分三次，仍未改善。

三、一年內受罰鍰處分四次以上。

第70條　私立就業服務機構有下列情事之一者，主管機關得廢止其設立許可：

一、違反第三十八條、第四十條第二款、第七款、第九款或第十四款規定。

二、一年內受停業處分二次以上。

私立就業服務機構經廢止設立許可者，其負責人或代表人於二年內再行申請設立私立就業服務機構，主管機關應不予受理。

第71條　就業服務專業人員違反第三十七條規定者，中央主管機關得廢止其就業服務專業人員證書。

第72條　雇主有下列情事之一者，應廢止其招募許可及聘僱許可之一部或全部：

一、有第五十四條第一項各款所定情事之一。

二、有第五十七條第一款、第二款、第六款至第九款規定情事之一。

三、有第五十七條第三款、第四款規定情事之一，經限期改善，屆期未改善。

四、有第五十七條第五款規定情事，經衛生主管機關通知辦理仍未辦理。

五、違反第六十條規定。

第73條　雇主聘僱之外國人，有下列情事之一者，廢止其聘僱許可：

一、為申請許可以外之雇主工作。

二、非依雇主指派即自行從事許可以外之工作。

三、連續曠職三日失去聯繫或聘僱關係終止。

四、拒絕接受健康檢查、提供不實檢體、檢查不合格、身心狀況無

法勝任所指派之工作或罹患經中央衛生主管機關指定之傳染病。

五、違反依第四十八條第二項、第三項、第四十九條所發布之命令，情節重大。

六、違反其他中華民國法令，情節重大。

七、依規定應提供資料，拒絕提供或提供不實。

第74條　聘僱許可期間屆滿或經依前條規定廢止聘僱許可之外國人，除本法另有規定者外，應即令其出國，不得再於中華民國境內工作。

受聘僱之外國人有連續曠職三日失去聯繫情事者，於廢止聘僱許可前，入出國業務之主管機關得即令其出國。

有下列情事之一者，不適用第一項關於即令出國之規定：

一、依本法規定受聘僱從事工作之外國留學生、僑生或華裔學生，聘僱許可期間屆滿或有前條第一款至第五款規定情事之一。

二、受聘僱之外國人於受聘僱期間，未依規定接受定期健康檢查或健康檢查不合格，經衛生主管機關同意其再檢查，而再檢查合格。

第75條　本法所定罰鍰，由直轄市及縣（市）主管機關處罰之。

第76條　依本法所處之罰鍰，經限期繳納，屆期未繳納者，移送強制執行。

第七章　附則

第77條　本法修正施行前，已依有關法令申請核准受聘僱在中華民國境內從事工作之外國人，本法修正施行後，其原核准工作期間尚未屆滿者，在屆滿前，得免依本法之規定申請許可。

第78條　各國駐華使領館、駐華外國機構及駐華各國際組織人員之眷屬或其他經外交部專案彙報中央主管機關之外國人，其在中華民國境內有從事工作之必要者，由該外國人向外交部申請許可。

前項外國人在中華民國境內從事工作，不適用第四十六條至第四十八條、第五十條、第五十二條至第五十六條、第五十八條至第六十一條及第七十四條規定。

第一項之申請許可、廢止許可及其他應遵行事項之辦法，由外交部會同中央主管機關定之。

第79條　無國籍人、中華民國國民兼具外國國籍而未在國內設籍者，其受聘僱從事工作，依本法有關外國人之規定辦理。

第80條　大陸地區人民受聘僱於台灣地區從事工作，其聘僱及管理，除法律另有規定外，準用第五章相關之規定。

第81條　主管機關依本法規定受理申請許可及核發證照，應收取審查費及證照費；其費額，由中央主管機關定之。

第82條　本法施行細則，由中央主管機關定之。

第83條　本法施行日期，除第四十八條第一項至第三項規定由行政院以命令
　　　　定之外，自公布日施行。

附錄二
職業訓練法

中華民國七十二年十二月五日總統七十二台統（一）義字第六六七號令公布

中華民國八十九年七月十九日總統令修正公布第二條條文

中華民國九十一年五月二十九日華總（一）義字第〇九一〇〇一〇八四〇〇號總統令修正第三十三條

第一章　總則

第1條　為實施職業訓練，以培養國家建設技術人力，提高工作技能，促進
　　　　國民就業，特制定本法。

第2條　職業訓練主管機關：在中央為行政院勞工委員會；在直轄市為直轄
　　　　市政府；在縣（市）為縣（市）政府。

第3條　本法所稱職業訓練，係指對未就業國民所實施之職前訓練及對已就
　　　　業國民所實施之在職訓練；實施方式分養成訓練、技術生訓練、進
　　　　修訓練、轉業訓練及殘障者職業訓練。

第4條　職業訓練應與職業教育、補習教育及就業服務，配合實施。

第二章　職業訓練機構

第5條　職業訓練機構包括左列三類：

　　　　一、政府機關設立者。

　　　　二、事業機構、學校或社團法人等團體附設者。

　　　　三、以財團法人設立者。

第6條　職業訓練機構之設立，應經中央主管機關登記或許可；停辦或解散
　　　　時，應報中央主管機關核備。

　　　　職業訓練機構，依其設立目的，辦理訓練；並得接受委託，辦理訓
　　　　練。

　　　　職業訓練機構之設立及管理辦法，由中央主管機關定之。

第三章　職業訓練之實施

第一節　養成訓練

第7條　養成訓練，係對十五歲以上或國民中學畢業之國民，所實施有系統
　　　　之職前訓練。

第8條　養成訓練，由職業訓練機構辦理。

第9條　經中央主管機關公告職類之養成訓練，應依中央主管機關規定之訓
　　　　練課程、時數及應具設備辦理。

第 10 條　養成訓練期滿，經測驗成績及格者，由職業訓練機構發給結訓證書。

第二節　技術生訓練

第 11 條　技術生訓練，係事業機構為培養其基層技術人力，招收十五歲以上或國民中學畢業之國民，所實施之訓練。
　　　　技術生訓練之職類及標準，由中央主管機關訂定公告之。

第 12 條　事業機構辦理技術生訓練，應先擬訂訓練計畫，並依有關法令規定，與技術生簽訂書面訓練契約。

第 13 條　技術生訓練期間不得少於二年。
　　　　主管機關對事業機構辦理技術生訓練，應予輔導及提供技術協助。

第 14 條　技術生訓練期滿，經測驗成績及格者，由事業機構發給結訓證書。

第三節　進修訓練

第 15 條　進修訓練；係為增進在職技術員工專業技能與知識，以提高勞動生產力所實施之訓練。

第 16 條　進修訓練，由事業機構自行辦理，委託辦理或指派其參加國內外相關之專業訓練。

第 17 條　事業機構辦理進修訓練，應於年度終了後二個月內將辦理情形，報主管機關備查。

第四節　轉業訓練

第 18 條　轉業訓練，係為職業轉換者獲得轉業所需之工作技能與知識，所實施之訓練。

第 19 條　主管機關為因應社會經濟變遷，得辦理轉業訓練需要之調查及受理登記，配合社會福利措施，訂定訓練計畫。
　　　　主管機關擬定前項訓練計畫時，關於農民志願轉業訓練，應會商農業主管機關訂定。

第 20 條　轉業訓練，由職業訓練機構辦理。

第五節　殘障者職業訓練

第 21 條　殘障者職業訓練，係為身體殘障者獲得就業所需之工作技能與知識，所實施之訓練。

第 22 條　殘障者職業訓練，由職業訓練機構、社會福利機構或醫療機構辦理。

第 23 條　殘障者職業訓練設施，應符合殘障者之體能及安全需要。

第四章　職業訓練師

第 24 條　職業訓練師，係指直接擔任職業技能與相關知識教學之人員。
　　　　職業訓練師之名稱、等級、資格、甄審及遴聘辦法，由中央主管機關定之。

第 25 條　職業訓練師經甄審合格者，其在職業訓練機構之教學年資，得與同等學校教師年資相互採計。其待遇並得比照同等學校教師。

前項採計及比照辦法，由中央主管機關會同教育主管機關定之。

第26條　中央主管機關，得指定職業訓練機構，辦理職業訓練師之養成訓練、補充訓練及進修訓練。

前項職業訓練師培訓辦法，由中央主管機關定之。

第五章　事業機構辦理訓練之費用

第27條　應辦職業訓練之事業機構，其每年實支之職業訓練費用，不得低於當年度營業額之規定比率。其低於規定比率者，應於規定期限內，將差額繳交中央主管機關設置之職業訓練基金，以供統籌辦理職業訓練之用。

前項事業機構之業別、規模、職業訓練費用比率、差額繳納期限及職業訓練基金之設置、管理、運用辦法，由行政院定之。

第28條　前條事業機構，支付職業訓練費用之項目如左：

一、自行辦理或聯合辦理訓練費用。

二、委託辦理訓練費用。

三、指派參加訓練費用。

前項費用之審核辦法，由中央主管機關定之。

第29條　依第二十七條規定，提列之職業訓練費用，應有獨立之會計科目，專款專用，並以業務費用列支。

第30條　應辦職業訓練之事業機構，須於年度終了後二個月內將職業訓練費用動支情形，報主管機關審核。

第六章　技能檢定及發證

第31條　為提高技能水準，建立證照制度，應由主管機關辦理技能檢定。

前項技能檢定，必要時中央主管機關得委託有關機關、團體辦理。

第33條　辦理技能檢定之職類，依其技能範圍及專精程度，分甲、乙、丙三級；不宜為三級者，由中央主管機關定之。

第33條　技能檢定合格者稱技術士，由中央主管機關統一發給技術士證。

技能檢定題庫之設置與管理、監評人員之甄審訓練與考核、申請檢定資格、學、術科測試委託辦理、術科測試場地機具、設備評鑑與補助、技術士證發證、管理及對推動技術士證照制度獎勵等事項，由中央主管機關另以辦法定之。

技能檢定之職類開發、規範制訂、試題命製與閱卷、測試作業程序、學科監場、術科監評及試場須知等事項，由中央主管機關另以規則定之。

第34條　進用技術性職位人員，取得乙級技術士證者，得比照職業學校畢業程度遴用；取得甲級技術士證者，得比照專科學校畢業程度遴用。

第35條　技術上與公共安全有關業別之事業機構，應僱用一定比率之技術

士；其業別及比率由行政院定之。

第七章　輔導及獎勵

第36條　主管機關得隨時派員查察職業訓練機構及事業機構辦理職業訓練情形。

職業訓練機構或事業機構，對前項之查察不得拒絕，並應提供相關資料。

第37條　主管機關對職業訓練機構或事業機構辦理職業訓練情形，得就考核結果依左列規定辦理：

一、著有成效者，予以獎勵。

二、技術不足者，予以指導。

三、經費困難者，酌予補助。

第38條　私人、團體或事業機構，捐贈財產辦理職業訓練，或對職業訓練有其他特殊貢獻者，應予獎勵。

第八章　罰則

第39條　職業訓練機構辦理不善或有違反法令或設立許可條件者，主管機關得視其情節，分別為左列處理：

一、警告。

二、限期改善。

三、停訓整頓。

四、撤銷許可。

第40條　依第二十七條規定，應繳交職業訓練費用差額而未依規定繳交者，自規定期限屆滿之次日起，至差額繳清日止，每逾一日加繳欠繳差額百分之零點二滯納金。但以不超過欠繳差額一倍為限。

第41條　本法所定應繳交之職業訓練費用差額及滯納金，經通知限期繳納而逾期仍未繳納者，得移送法院強制執行。

第九章　附則

第42條　本法施行前已設立之職業訓練機構，應於中央主管機關指定期限內，依本法規定重行辦理設立程序；逾期未辦者，撤銷其許可，並註銷登記。

第43條　本法施行細則，由行政院定之。

第44條　本法自公布日施行。

附錄三
兒童及少年福利法

中華民國九十二年五月二十八日公布華總（一）義字第〇九二〇〇〇九六七〇〇號

第一章　總則

第1條　為促進兒童及少年身心健全發展，保障其權益，增進其福利，特制
　　　　定本法。
　　　　兒童及少年福利依本法之規定，本法未規定者，適用其他法律之規
　　　　定。

第2條　本法所稱兒童及少年，指未滿十八歲之人；所稱兒童，指未滿十二
　　　　歲之人；所稱少年，指十二歲以上未滿十八歲之人。

第3條　父母或監護人對兒童及少年應負保護、教養之責任。對於主管機
　　　　關、目的事業主管機關或兒童及少年福利機構依本法所為之各項措
　　　　施，應配合及協助。

第4條　政府及公私立機構、團體應協助兒童及少年之父母或監護人，維護
　　　　兒童及少年健康，促進其身心健全發展，對於需要保護、救助、輔
　　　　導、治療、早期療育、身心障礙重建及其他特殊協助之兒童及少
　　　　年，應提供所需服務及措施。

第5條　政府及公私立機構、團體處理兒童及少年相關事務時，應以兒童及
　　　　少年之最佳利益為優先考量；有關其保護及救助，並應優先處理。
　　　　兒童及少年之權益受到不法侵害時，政府應予適當之協助及保護。

第6條　本法所稱主管機關：在中央為內政部；在直轄市為直轄市政府；在
　　　　縣（市）為縣（市）政府。
　　　　前項主管機關在中央應設兒童及少年局；在直轄市及縣（市）政府
　　　　應設兒童及少年福利專責單位。

第7條　下列事項，由中央主管機關掌理。但涉及各中央目的事業主管機關
　　　　職掌，依法應由各中央目的事業主管機關掌理者，從其規定：
　　　　一、全國性兒童及少年福利政策、法規與方案之規劃、釐定及宣導
　　　　　　事項。
　　　　二、對直轄市、縣（市）政府執行兒童及少年福利之監督及協調事
　　　　　　項。
　　　　三、中央兒童及少年福利經費之分配及補助事項。
　　　　四、兒童及少年福利事業之策劃、獎助及評鑑之規劃事項。
　　　　五、兒童及少年福利專業人員訓練之規劃事項。
　　　　六、國際兒童及少年福利業務之聯繫、交流及合作事項。
　　　　七、兒童及少年保護業務之規劃事項。

八、中央或全國性兒童及少年福利機構之設立、監督及輔導事項。

九、其他全國性兒童及少年福利之策劃及督導事項。

第8條　下列事項，由直轄市、縣（市）主管機關掌理。但涉及各地方目的事業主管機關職掌，依法應由各地方目的事業主管機關掌理者，從其規定：

一、直轄市、縣（市）兒童及少年福利政策、自治法規與方案之規劃、釐定、宣導及執行事項。

二、中央兒童及少年福利政策、法規及方案之執行事項。

三、兒童及少年福利專業人員訓練之執行事項。

四、兒童及少年保護業務之執行事項。

五、直轄市、縣（市）兒童及少年福利機構之設立、監督及輔導事項。

六、其他直轄市、縣（市）兒童及少年福利之策劃及督導事項。

第9條　本法所定事項，主管機關及各目的事業主管機關應就其權責範圍，針對兒童及少年之需要，尊重多元文化差異，主動規劃所需福利，對涉及相關機關之兒童及少年福利業務，應全力配合之。

主管機關及各目的事業主管機關權責劃分如下：

一、主管機關：主管兒童及少年福利法規、政策、福利工作、福利事業、專業人員訓練、兒童及少年保護、親職教育、福利機構設置等相關事宜。

二、衛生主管機關：主管婦幼衛生、優生保健、發展遲緩兒童早期醫療、兒童及少年心理保健、醫療、復健及健康保險等相關事宜。

三、教育主管機關：主管兒童及少年教育及其經費之補助、特殊教育、幼稚教育、兒童及少年就學、家庭教育、社會教育、兒童課後照顧服務等相關事宜。

四、勞工主管機關：主管年滿十五歲少年之職業訓練、就業服務、勞動條件之維護等相關事宜。

五、建設、工務、消防主管機關：主管兒童及少年福利機構建築物管理、公共設施、公共安全、建築物環境、消防安全管理、遊樂設施等相關事宜。

六、警政主管機關：主管兒童及少年保護個案人身安全之維護、失蹤兒童及少年之協尋等相關事宜。

七、交通主管機關：主管兒童及少年交通安全、幼童專用車檢驗等相關事宜。

八、新聞主管機關：主管兒童及少年閱聽權益之維護、媒體分級等相關事宜之規劃與辦理。

九、戶政主管機關：主管兒童及少年身分資料及戶籍相關事宜。

十、財政主管機關：主管兒童及少年福利機構稅捐之減免等相關事

宜。

　　　十一、其他兒童及少年福利措施由各相關目的事業主管機關依職權
　　　　　　辦理。

第10條　主管機關為協調、研究、審議、諮詢及推動兒童及少年福利政策，
　　　　應設諮詢性質之委員會。
　　　　前項委員會以行政首長為主任委員，學者、專家及民間團體代表之
　　　　比例不得低於委員人數之二分之一。委員會每年至少應開會四次。

第11條　政府及公私立機構、團體應培養兒童及少年福利專業人員，並應定
　　　　期舉辦職前訓練及在職訓練。

第12條　兒童及少年福利經費之來源如下：
　　　　一、各級政府年度預算及社會福利基金。
　　　　二、私人或團體捐贈。
　　　　三、依本法所處之罰鍰。
　　　　四、其他相關收入。

第二章　身分權益

第13條　胎兒出生後七日內，接生人應將其出生之相關資料通報戶政及衛生
　　　　主管機關備查。
　　　　接生人無法取得完整資料以填報出生通報者，仍應為前項之通報。
　　　　戶政主管機關應於接獲通報後，依相關規定辦理；必要時，得請求
　　　　主管機關、警政及其他目的事業主管機關協助。
　　　　出生通報表由中央衛生主管機關定之。

第14條　法院認可兒童及少年收養事件，應基於兒童及少年之最佳利益，斟
　　　　酌收養人之人格、經濟能力、家庭狀況及以往照顧或監護其他兒童
　　　　及少年之紀錄決定之。
　　　　滿七歲之兒童及少年被收養時，兒童及少年之意願應受尊重。兒童
　　　　及少年不同意時，非確信認可被收養，乃符合其最佳利益，法院應
　　　　不予認可。
　　　　法院認可兒童及少年之收養前，得准收養人與兒童及少年先行共同
　　　　生活一段期間，供法院決定認可之參考；共同生活期間，對於兒童
　　　　及少年權利義務之行使或負擔，由收養人為之。
　　　　法院認可兒童及少年之收養前，應命主管機關或兒童及少年福利機
　　　　構進行訪視，提出調查報告及建議。收養人或收養事件之利害關係
　　　　人亦得提出相關資料或證據，供法院斟酌。
　　　　前項主管機關或兒童及少年福利機構進行前項訪視，應調查出養之
　　　　必要性，並給予必要之協助。其無出養之必要者，應建議法院不為
　　　　收養之認可。
　　　　法院對被遺棄兒童及少年為收養認可前，應命主管機關調查其身分
　　　　資料。

父母對於兒童及少年出養之意見不一致，或一方所在不明時，父母之一方仍可向法院聲請認可。經法院調查認為收養乃符合兒童及少年之最佳利益時，應予認可。

法院認可或駁回兒童及少年收養之聲請時，應以書面通知主管機關，主管機關應為必要之訪視或其他處置，並作成報告。

第15條 收養兒童及少年經法院認可者，收養關係溯及於收養書面契約成立時發生效力；無書面契約者，以向法院聲請時為收養關係成立之時；有試行收養之情形者，收養關係溯及於開始共同生活時發生效力。

聲請認可收養後，法院裁定前，兒童及少年死亡者，聲請程序終結。收養人死亡者，法院應命主管機關或其委託機構為調查，並提出報告及建議，法院認收養於兒童及少年有利益時，仍得為認可收養之裁定，其效力依前項之規定。

第16條 養父母對養子女有下列之行為，養子女、利害關係人或主管機關得向法院聲請宣告終止其收養關係：

一、有第三十條各款所定行為之一。

二、違反第二十六條第二項或第二十八條第二項規定，情節重大者。

第17條 中央主管機關應自行或委託兒童及少年福利機構設立收養資訊中心，保存出養人、收養人及被收養兒童及少年之身分、健康等相關資訊之檔案。

收養資訊中心、所屬人員或其他辦理收出養業務之人員，對前項資訊，應妥善維護當事人之隱私並負專業上保密之責，未經當事人同意或依法律規定者，不得對外提供。

第一項資訊之範圍、來源、管理及使用辦法，由中央主管機關定之。

第18條 父母或監護人因故無法對其兒童及少年盡扶養義務時，於聲請法院認可收養前，得委託有收出養服務之兒童及少年福利機構，代覓適當之收養人。

前項機構應於接受委託後，先為出養必要性之訪視調查；評估有其出養必要後，始為寄養、試養或其他適當之安置、輔導與協助。

兒童及少年福利機構從事收出養服務項目之許可、管理、撤銷及收出養媒介程序等事項，由中央主管機關定之。

第三章　福利措施

第19條 直轄市、縣（市）政府，應鼓勵、輔導、委託民間或自行辦理下列兒童及少年福利措施：

一、建立發展遲緩兒童早期通報系統，並提供早期療育服務。

二、辦理兒童托育服務。

三、對兒童及少年及其家庭提供諮詢輔導服務。

四、對兒童及少年及其父母辦理親職教育。

五、對於無力撫育其未滿十二歲之子女或被監護人者，予以家庭生活扶助或醫療補助。

六、對於無謀生能力或在學之少年，無扶養義務人或扶養義務人無力維持其生活者，予以生活扶助或醫療補助。

七、早產兒、重病兒童及少年與發展遲緩兒童之扶養義務人無力支付醫療費用之補助。

八、對於不適宜在家庭內教養或逃家之兒童及少年，提供適當之安置。

九、對於無依兒童及少年，予以適當之安置。

十、對於未婚懷孕或分娩而遭遇困境之婦嬰，予以適當之安置及協助。

十一、提供兒童及少年適當之休閒、娛樂及文化活動。

十二、辦理兒童課後照顧服務。

十三、其他兒童及少年及其家庭之福利服務。

前項第九款無依兒童及少年之通報、協尋、安置方式、要件、追蹤之處理辦法，由中央主管機關定之。

第一項第十二款之兒童課後照顧服務，得由直轄市、縣（市）政府指定所屬國民小學辦理，其辦理方式、人員資格等相關事項標準，由教育部會同內政部定之。

第20條　政府應規劃實施三歲以下兒童醫療照顧措施，必要時並得補助其費用。

前項費用之補助對象、項目、金額及其程序等之辦法，由中央主管機關定之。

第21條　疑似發展遲緩兒童或身心障礙兒童及少年之父母或監護人，得申請警政主管機關建立疑似發展遲緩兒童或身心障礙兒童及少年之指紋資料。

第22條　各類兒童及少年福利、教育及醫療機構，發現有疑似發展遲緩兒童或身心障礙兒童及少年，應通報直轄市、縣（市）主管機關。直轄市、縣（市）主管機關應將接獲資料，建立檔案管理，並視其需要提供、轉介適當之服務。

第23條　政府對發展遲緩兒童，應按其需要，給予早期療育、醫療、就學方面之特殊照顧。

父母、監護人或其他實際照顧兒童之人，應配合前項政府對發展遲緩兒童所提供之各項特殊照顧。

早期療育所需之篩檢、通報、評估、治療、教育等各項服務之銜接及協調機制，由中央主管機關會同衛生、教育主管機關規劃辦理。

第24條　兒童及孕婦應優先獲得照顧。

交通及醫療等公、民營事業應提供兒童及孕婦優先照顧措施。

第25條　少年年滿十五歲有進修或就業意願者，教育、勞工主管機關應視其
性向及志願，輔導其進修、接受職業訓練或就業。

雇主對年滿十五歲之少年員工應提供教育進修機會，其辦理績效良
好者，勞工主管機關應予獎勵。

第四章　保護措施

第26條　兒童及少年不得為下列行為：

一、吸菸、飲酒、嚼檳榔。

二、施用毒品、非法施用管制藥品或其他有害身心健康之物質。

三、觀看、閱覽、收聽或使用足以妨害其身心健康之暴力、色情、
猥褻、賭博之出版品、圖畫、錄影帶、錄音帶、影片、光碟、
磁片、電子訊號、遊戲軟體、網際網路或其他物品。

四、在道路上競駛、競技或以蛇行等危險方式駕車或參與其行為。

父母、監護人或其他實際照顧兒童及少年之人，應禁止兒童及少年
為前項各款行為。

任何人均不得供應第一項之物質、物品予兒童及少年。

第27條　出版品、電腦軟體、電腦網路應予分級；其他有害兒童及少年身心
健康之物品經目的事業主管機關認定應予分級者，亦同。

前項物品列為限制級者，禁止對兒童及少年為租售、散布、播送或
公然陳列。

第一項物品之分級辦法，由目的事業主管機關定之。

第28條　兒童及少年不得出入酒家、特種咖啡茶室、限制級電子遊戲場及其
他涉及賭博、色情、暴力等經主管機關認定足以危害其身心健康之
場所。

父母、監護人或其他實際照顧兒童及少年之人，應禁止兒童及少年
出入前項場所。

第一項場所之負責人及從業人員應拒絕兒童及少年進入。

第29條　父母、監護人或其他實際照顧兒童及少年之人，應禁止兒童及少年
充當前條第一項場所之侍應或從事危險、不正當或其他足以危害或
影響其身心發展之工作。

任何人不得利用、僱用或誘迫兒童及少年從事前項之工作。

第30條　任何人對於兒童及少年不得有下列行為：

一、遺棄。

二、身心虐待。

三、利用兒童及少年從事有害健康等危害性活動或欺騙之行為。

四、利用身心障礙或特殊形體兒童及少年供人參觀。

五、利用兒童及少年行乞。

六、剝奪或妨礙兒童及少年接受國民教育之機會。

七、強迫兒童及少年婚嫁。

八、拐騙、綁架、買賣、質押兒童及少年，或以兒童及少年為擔保之行為。

九、強迫、引誘、容留或媒介兒童及少年為猥褻行為或性交。

十、供應兒童及少年刀械、槍砲、彈藥或其他危險物品。

十一、利用兒童及少年拍攝或錄製暴力、猥褻、色情或其他有害兒童及少年身心發展之出版品、圖畫、錄影帶、錄音帶、影片、光碟、磁片、電子訊號、遊戲軟體、網際網路或其他物品。

十二、違反媒體分級辦法，對兒童及少年提供或播送有害其身心發展之出版品、圖畫、錄影帶、影片、光碟、電子訊號、網際網路或其他物品。

十三、帶領或誘使兒童及少年進入有礙其身心健康之場所。

十四、其他對兒童及少年或利用兒童及少年犯罪或為不正當之行為。

第31條　孕婦不得吸菸、酗酒、嚼檳榔、施用毒品、非法施用管制藥品或為其他有害胎兒發育之行為。

任何人不得強迫、引誘或以其他方式使孕婦為有害胎兒發育之行為。

第32條　父母、監護人或其他實際照顧兒童之人不得使兒童獨處於易發生危險或傷害之環境；對於六歲以下兒童或需要特別看護之兒童及少年，不得使其獨處或由不適當之人代為照顧。

第33條　兒童及少年有下列情事之一，宜由相關機構協助、輔導者，直轄市、縣（市）主管機關得依其父母、監護人或其他實際照顧兒童及少年之人之申請或經其同意，協調適當之機構協助、輔導或安置之：

一、違反第二十六條第一項、第二十八條第一項規定或從事第二十九條第一項禁止從事之工作，經其父母、監護人或其他實際照顧兒童及少年之人盡力禁止而無效果。

二、有品行不端、暴力等偏差行為，情形嚴重，經其父母、監護人或其他實際照顧兒童及少年之人盡力矯正而無效果。

前項機構協助、輔導或安置所必要之生活費、衛生保健費、學雜各費及其他相關費用，由扶養義務人負擔。

第34條　醫事人員、社會工作人員、教育人員、保育人員、警察、司法人員及其他執行兒童及少年福利業務人員，知悉兒童及少年有下列情形之一者，應立即向直轄市、縣（市）主管機關通報，至遲不得超過二十四小時：

一、施用毒品、非法施用管制藥品或其他有害身心健康之物質。

二、充當第二十八條第一項場所之侍應。

三、遭受第三十條各款之行為。

四、有第三十六條第一項各款之情形。

五、遭受其他傷害之情形。

其他任何人知悉兒童及少年有前項各款之情形者，得通報直轄市、縣（市）主管機關。

直轄市、縣（市）主管機關於知悉或接獲通報前二項案件時，應立即處理，至遲不得超過二十四小時，其承辦人員並應於受理案件後四日內提出調查報告。

第一項及第二項通報及處理辦法，由中央主管機關定之。

第一項及第二項通報人之身分資料，應予保密。

第35條　兒童及少年罹患性病或有酒癮、藥物濫用情形者，其父母、監護人或其他實際照顧兒童及少年之人應協助就醫，或由直轄市、縣(市)主管機關會同衛生主管機關配合協助就醫；必要時，得請求警察主管機關協助。

前項治療所需之費用，由兒童及少年之父母、監護人負擔。但屬全民健康保險給付範圍或依法補助者，不在此限。

第36條　兒童及少年有下列各款情形之一，非立即給予保護、安置或為其他處置，其生命、身體或自由有立即之危險或有危險之虞者，直轄市、縣（市）主管機關應予緊急保護、安置或為其他必要之處置：

一、兒童及少年未受適當之養育或照顧。

二、兒童及少年有立即接受診治之必要，而未就醫者。

三、兒童及少年遭遺棄、身心虐待、買賣、質押，被強迫或引誘從事不正當之行為或工作者。

四、兒童及少年遭受其他迫害，非立即安置難以有效保護者。

直轄市、縣（市）主管機關為前項緊急保護、安置或為其他必要之處置時，得請求檢察官或當地警察機關協助之。

第一項兒童及少年之安置，直轄市、縣（市）主管機關得辦理家庭寄養、交付適當之兒童及少年福利機構或其他安置機構教養之。

第37條　直轄市、縣（市）主管機關依前條規定緊急安置時，應即通報當地地方法院及警察機關，並通知兒童及少年之父母、監護人。但其無父母、監護人或通知顯有困難時，得不通知之。

緊急安置不得超過七十二小時，非七十二小時以上之安置不足以保護兒童及少年者，得聲請法院裁定繼續安置。繼續安置以三個月為限；必要時，得聲請法院裁定延長之。

繼續安置之聲請，得以電訊傳真或其他科技設備為之。

第38條　直轄市、縣（市）主管機關、父母、監護人、受安置兒童及少年對於前條第二項裁定有不服者，得於裁定送達後十日內提起抗告。對於抗告法院之裁定不得再抗告。

聲請及抗告期間，原安置機關、機構或寄養家庭得繼續安置。

安置期間因情事變更或無依原裁定繼續安置之必要者，直轄市、縣（市）主管機關、父母、原監護人、受安置兒童及少年得向法院聲請變更或撤銷之。

直轄市、縣（市）主管機關對於安置期間期滿或依前項撤銷安置之兒童及少年，應續予追蹤輔導一年。

第39條　安置期間，直轄市、縣（市）主管機關或受其交付安置之機構或寄養家庭在保護安置兒童及少年之範圍內，行使、負擔父母對於未成年子女之權利義務。

法院裁定得繼續安置兒童及少年者，直轄市、縣（市）主管機關或受其交付安置之機構或寄養家庭，應選任其成員一人執行監護事務，並負與親權人相同之注意義務。直轄市、縣（市）主管機關應陳報法院執行監護事務之人，並應按個案進展作成報告備查。

安置期間，兒童及少年之父母、原監護人、親友、師長經主管機關許可，得依其指示時間、地點及方式，探視兒童及少年。不遵守指示者，直轄市、縣（市）主管機關得禁止之。

主管機關為前項許可時，應尊重兒童及少年之意願。

第40條　安置期間，非為貫徹保護兒童及少年之目的，不得使其接受訪談、偵訊、訊問或身體檢查。

兒童及少年接受訪談、偵訊、訊問或身體檢查，應由社會工作人員陪同，並保護其隱私。

第41條　兒童及少年因家庭發生重大變故，致無法正常生活於其家庭者，其父母、監護人、利害關係人或兒童及少年福利機構，得申請直轄市、縣（市）主管機關安置或輔助。

前項安置，直轄市、縣（市）主管機關得辦理家庭寄養、交付適當之兒童及少年福利機構或其他安置機構教養之。

直轄市、縣（市）主管機關、受寄養家庭或機構負責人依第一項規定，在安置兒童及少年之範圍內，行使、負擔父母對於未成年子女之權利義務。

第一項之家庭情況改善者，被安置之兒童及少年仍得返回其家庭，並由主管機關續予追蹤輔導一年。

第二項及第三十六條第三項之家庭寄養，其寄養條件、程序與受寄養家庭之資格、許可、督導、考核及獎勵之辦法，由直轄市、縣（市）主管機關定之。

第42條　直轄市、縣（市）主管機關依第三十六條第三項或前條第二項對兒童及少年為安置時，因受寄養家庭或安置機構提供兒童及少年必要服務所需之生活費、衛生保健費、學雜各費及其他與安置有關之費用，得向扶養義務人收取；其收費規定，由直轄市、縣（市）主管機關定之。

第43條　兒童及少年有第三十條或第三十六條第一項各款情事，或屬目睹家

庭暴力之兒童及少年，經直轄市、縣（市）主管機關列為保護個案者，該主管機關應提出兒童及少年家庭處遇計畫；必要時，得委託兒童及少年福利機構或團體辦理。

前項處遇計畫得包括家庭功能評估、兒童少年安全與安置評估、親職教育、心理輔導、精神治療、戒癮治療或其他與維護兒童及少年或其他家庭正常功能有關之扶助及福利服務方案。

處遇計畫之實施，兒童及少年本人、父母、監護人、實際照顧兒童及少年之人或其他有關之人應予配合。

第44條　依本法保護、安置、訪視、調查、評估、輔導、處遇兒童及少年或其家庭，應建立個案資料，並定期追蹤評估。

因職務上所知悉之秘密或隱私及所製作或持有之文書，應予保密，非有正當理由，不得洩漏或公開。

第45條　對於依少年事件處理法所轉介或交付安置輔導之兒童及少年及其家庭，當地主管機關應予以追蹤輔導，並提供必要之福利服務。

前項追蹤輔導及福利服務，得委託兒童及少年福利機構為之。

第46條　宣傳品、出版品、廣播電視、電腦網路或其他媒體不得報導或記載遭受第三十條或第三十六條第一項各款行為兒童及少年之姓名或其他足以識別身分之資訊。兒童及少年有施用毒品、非法施用管制藥品或其他有害身心健康之物質之情事者，亦同。

行政機關及司法機關所製作必須公開之文書，不得揭露足以識別前項兒童及少年身分之資訊。

除前二項以外之任何人亦不得於媒體、資訊或以其他公示方式揭示有關第一項兒童及少年之姓名及其他足以識別身分之資訊。

第47條　直轄市、縣（市）主管機關就本法規定事項，必要時，得自行或委託兒童及少年福利機構、團體進行訪視、調查及處遇。

直轄市、縣（市）主管機關或受其委託之機構或團體進行訪視、調查及處遇時，兒童及少年之父母、監護人、實際照顧兒童及少年之人、師長、雇主、醫事人員及其他有關之人應予配合並提供相關資料；必要時，該主管機關並得請求警政、戶政、財政、教育或其他相關機關或機構協助，被請求之機關或機構應予配合。

第48條　父母或監護人對兒童及少年疏於保護、照顧情節嚴重，或有第三十條、第三十六條第一項各款行為，或未禁止兒童及少年施用毒品、非法施用管制藥品者，兒童及少年或其最近尊親屬、主管機關、兒童及少年福利機構或其他利害關係人，得聲請法院宣告停止其親權或監護權之全部或一部，或另行選定或改定監護人；對於養父母，並得聲請法院宣告終止其收養關係。

法院依前項規定選定或改定監護人時，得指定主管機關、兒童及少年福利機構之負責人或其他適當之人為兒童及少年之監護人，並得指定監護方法、命其父母、原監護人或其他扶養義務人交付子女、

支付選定或改定監護人相當之扶養費用及報酬、命為其他必要處分或訂定必要事項。

前項裁定，得為執行名義。

第49條　有事實足以認定兒童及少年之財產權益有遭受侵害之虞者，主管機關得請求法院就兒童及少年財產之管理、使用、收益或處分，指定或改定社政主管機關或其他適當之人任監護人或指定監護之方法，並得指定或改定受託人管理財產之全部或一部。

前項裁定確定前，主管機關得代為保管兒童及少年之財產。

第五章　福利機構

第50條　兒童及少年福利機構分類如下：

一、托育機構。

二、早期療育機構。

三、安置及教養機構。

四、心理輔導或家庭諮詢機構。

五、其他兒童及少年福利機構。

前項兒童及少年福利機構之規模、面積、設施、人員配置及業務範圍等事項之標準，由中央主管機關定之。

第一項兒童及少年福利機構，各級主管機關應鼓勵、委託民間或自行創辦；其所屬公立兒童及少年福利機構之業務，必要時，並得委託民間辦理。

第51條　兒童及少年福利機構之業務，應遴用專業人員辦理；其專業人員之類別、資格、訓練及課程等之辦法，由中央主管機關定之。

第52條　私人或團體辦理兒童及少年福利機構，應向當地主管機關申請設立許可；其有對外勸募行為且享受租稅減免者，應於設立許可之日起六個月內辦理財團法人登記。

未於前項期間辦理財團法人登記，而有正當理由者，得申請核准延長一次，期間不得超過三個月；屆期不辦理者，原許可失其效力。

第一項申請設立之許可要件、申請程序、審核期限、撤銷與廢止許可、督導管理及其他應遵行事項之辦法，由中央主管機關定之。

第53條　兒童及少年福利機構不得利用其事業為任何不當之宣傳；其接受捐贈者，應公開徵信，並不得利用捐贈為設立目的以外之行為。

主管機關應辦理輔導、監督、檢查、評鑑及獎勵兒童及少年福利機構。

前項評鑑對象、項目、方式及獎勵方式等辦法，由主管機關定之。

第六章　罰則

第54條　接生人違反第十三條規定者，由衛生主管機關處新台幣六千元以上

三萬元以下罰鍰。

第 55 條　父母、監護人或其他實際照顧兒童及少年之人，違反第二十六條第二項規定情節嚴重者，處新台幣一萬元以上五萬元以下罰鍰。

供應菸、酒或檳榔予兒童及少年者，處新台幣三千元以上一萬五千元以下罰鍰。

供應毒品、非法供應管制藥品或其他有害身心健康之物質予兒童及少年者，處新台幣六萬元以上三十萬元以下罰鍰。

供應有關暴力、猥褻或色情之出版品、圖畫、錄影帶、影片、光碟、電子訊號、電腦網路或其他物品予兒童及少年者，處新台幣六千元以上三萬元以下罰鍰。

第 56 條　父母、監護人或其他實際照顧兒童及少年之人，違反第二十八條第二項規定者，處新台幣一萬元以上五萬元以下罰鍰。

違反第二十八條第三項規定者，處新台幣二萬元以上十萬元以下罰鍰，並公告場所負責人姓名。

第 57 條　父母、監護人或其他實際照顧兒童及少年之人，違反第二十九條第一項規定者，處新台幣二萬元以上十萬元以下罰鍰，並公告其姓名。

違反第二十九條第二項規定者，處新台幣六萬元以上三十萬元以下罰鍰，公告行為人及場所負責人之姓名，並令其限期改善；屆期仍不改善者，除情節嚴重，由主管機關移請目的事業主管機關令其歇業者外，令其停業一個月以上一年以下。

第 58 條　違反第三十條規定者，處新台幣三萬元以上十五萬元以下罰鍰，並公告其姓名。

違反第三十條第十二款規定者，處新台幣十萬元以上五十萬元以下罰鍰，並得勒令停業一個月以上一年以下。

第 59 條　違反第三十一條第二項規定者，處新台幣一萬元以上五萬元以下罰鍰。

第 60 條　違反第三十二條規定者，處新台幣三千元以上一萬五千元以下罰鍰。

第 61 條　違反第三十四條第一項規定而無正當理由者，處新台幣六千元以上三萬元以下罰鍰。

第 62 條　違反第十七條第二項、第三十四條第五項、第四十四條第二項、第四十六條第三項而無正當理由者，處新台幣六千元以上三萬元以下罰鍰。

第 63 條　違反第四十六條第一項規定者，各目的事業主管機關對其負責人及行為人，得各處新台幣三萬元以上三十萬元以下罰鍰，並得沒入第四十六條第一項規定之物品。

第 64 條　兒童及少年之父母、監護人、實際照顧兒童及少年之人、師長、雇主、醫事人員及其他有關之人違反第四十七條第二項規定而無正當

理由者，處新台幣六千元以上三萬元以下罰鍰，並得按次處罰，至其配合或提供相關資料為止。

第65條　父母、監護人或其他實際照顧兒童及少年之人有下列情事之一者，直轄市、縣（市）主管機關得令其接受八小時以上五十小時以下之親職教育輔導，並收取必要之費用；其收費規定，由直轄市、縣（市）主管機關定之：

一、對於兒童及少年所為第二十六條第一項第二款行為，未依同條第二項規定予以禁止。

二、違反第二十八條第二項、第二十九條第一項、第三十條或第三十二條規定，情節嚴重。

三、有第三十六條第一項各款情事之一者。

經直轄市、縣（市）主管機關令其接受前項親職教育輔導，有正當理由無法如期參加者，得申請延期。

拒不接受第一項親職教育輔導或時數不足者，處新台幣三千元以上一萬五千元以下罰鍰；經再通知仍不接受者，得按次連續處罰，至其參加為止。

第66條　違反第五十二條第一項規定者，由設立許可主管機關處新台幣六萬元以上三十萬元以下罰鍰並公告其姓名，並命其限期申辦設立許可，屆期仍不辦理者，得按次處罰。

經設立許可主管機關依第五十二條第一項規定令其立即停止對外勸募之行為，而不遵令者，由設立許可主管機關處新台幣六萬元以上三十萬元以下罰鍰並限期改善；屆期仍不改善者，得按次處罰並公告其名稱，並得令其停辦一日以上一個月以下。

兒童及少年福利機構有下列各款情形之一者，設立許可主管機關應通知其限期改善；屆期仍不改善者，得令其停辦一個月以上一年以下：

一、虐待或妨害兒童及少年身心健康者。

二、違反法令或捐助章程者。

三、業務經營方針與設立目的不符者。

四、財務收支未取具合法之憑證、捐款未公開徵信或會計紀錄未完備者。

五、規避、妨礙或拒絕主管機關或目的事業主管機關輔導、檢查、監督者。

六、對各項工作業務報告申報不實者。

七、擴充、遷移、停業未依規定辦理者。

八、供給不衛生之餐飲，經衛生主管機關查明屬實者。

九、提供不安全之設施設備者。

十、發現兒童及少年受虐事實未向直轄市、縣（市）主管機關通報者。

十一、依第五十二條第一項須辦理財團法人登記而未登記者，其有
　　　對外募捐行為時。

十二、有其他重大情事，足以影響兒童及少年身心健康者。

依前二項規定令其停辦而拒不遵守者，處新台幣六萬元以上三十萬
元以下罰鍰。經處罰鍰，仍拒不停辦者，設立許可主管機關應廢止
其設立許可。

兒童及少年福利機構停辦、停業、解散、撤銷許可或經廢止許可
時，設立許可主管機關對於該機構收容之兒童及少年應即予適當之
安置。兒童及少年福利機構應予配合；不予配合者，強制實施之，
並處以新台幣六萬元以上三十萬元以下罰鍰。

第67條　依本法應受處罰者，除依本法處罰外，其有犯罪嫌疑者，應移送司
　　　　法機關處理。

第68條　依本法所處之罰鍰，經限期繳納，屆期仍不繳納者，依法移送強制
　　　　執行。

第七章　附則

第69條　十八歲以上未滿二十歲之人，於緊急安置等保護措施，準用本法之
　　　　規定。

第70條　成年人教唆、幫助或利用兒童及少年犯罪或與之共同實施犯罪或故
　　　　意對其犯罪者，加重其刑至二分之一。但各該罪就被害人係兒童及
　　　　少年已定有特別處罰規定者，不在此限。

　　　　對於兒童及少年犯罪者，主管機關得獨立告訴。

第71條　以詐欺或其他不正當方法領取本法相關補助或獎勵費用者，主管機
　　　　關應撤銷原處分並以書面限期命其返還，屆期未返還者，依法移送
　　　　強制執行；其涉及刑事責任者，移送司法機關辦理。

第72條　扶養義務人不依本法規定支付相關費用者，如為保護兒童及少年之
　　　　必要，由主管機關於兒童及少年福利經費中先行支付。

第73條　本法修正施行前已許可立案之兒童福利機構及少年福利機構，於本
　　　　法修正公布施行後，其設立要件與本法及所授權辦法規定不相符合
　　　　者，應於中央主管機關公告指定之期限內改善；屆期未改善者，依
　　　　本法規定處理。

第74條　本法施行細則，由中央主管機關定之。

第75條　本法自公布日施行。

少年事件處理法

民國九十一年六月五日修正

第1條　為保障少年健全之自我成長，調整其成長環境，並矯治其性格，特制定本法。

第1-1條　少年保護事件及少年刑事案件之處理，依本法之規定；本法未規定者，適用其他法律。

第2條　本法稱少年者，謂十二歲以上十八歲未滿之人。

第3條　左列事件，由少年法院依本法處理之：

一、少年有觸犯刑罰法律之行為者。

二、少年有左列情形之一，依其性格及環境，而有觸犯刑罰法律之虞者：

（一）經常與有犯罪習性之人交往者。

（二）經常出入少年不當進入之場所者。

（三）經常逃學或逃家者。

（四）參加不良組織者。

（五）無正當理由經常攜帶刀械者。

（六）吸食或施打煙毒或麻醉藥品以外之迷幻物品者。

（七）有預備犯罪或犯罪未遂而為法所不罰之行為者。

第3-1條　警察、檢察官、少年調查官、法官於偵查、調查或審理少年事件時，應告知少年犯罪事實或虞犯事由，聽取其陳述，並應告知其有選任輔佐人之權利。

第4條　少年犯罪依法應受軍事審判者，得由少年法院依本法處理之。

第5條　直轄市設少年法院，其他縣（市）得視其地理環境及案件多寡分別設少年法院。

尚未設少年法院地區，於地方法院設少年法庭。但得視實際情形，其職務由地方法院原編制內人員兼任，依本法執行之。

高等法院及其分院設少年法庭。

第5-1條　少年法院分設刑事庭、保護庭、調查保護處、公設輔佐人室，並應配置心理測驗員、心理輔導員及佐理員。

第5-2條　少年法院之組織，除本法有特別規定者外，準用法院組織法有關地方法院之規定。

第5-3條　心理測驗員、心理輔導員及佐理員配置於調查保護處。

心理測驗員、心理輔導員，委任第五職等至薦任第八職等。佐理員委任第三職等至薦任第六職等。

第6條　　（刪除）

第7條　　少年法院院長、庭長及法官、高等法院及其分院少年法庭庭長及法官、公設輔佐人，除須具有一般之資格外，應遴選具有少年保護之學識、經驗及熱忱者充之。

前項院長、庭長及法官遴選辦法，由司法院定之。

第8條　　（刪除）

第9條　　少年調查官職務如左：

一、調查、蒐集關於少年保護事件之資料。

二、對於少年觀護所少年之調查事項。

三、法律所定之其他事務。

少年保護官職務如左：

一、掌理由少年保護官執行之保護處分。

二、法律所定之其他事務。

少年調查官及少年保護官執行職務，應服從法官之監督。

第10條　　調查保護處置處長一人，由少年調查官或少年保護官兼任，綜理及分配少年調查及保護事務；其人數合計在六人以上者，應分組辦事，各組並以一人兼任組長，襄助處長。

第11條　　心理測驗員、心理輔導員、書記官、佐理員及執達員隨同少年調查官或少年保護官執行職務者，應服從其監督。

第12條　　（刪除）

第13條　　少年法院兼任處長或組長之少年調查官、少年保護官薦任第九職等或簡任第十職等，其餘少年調查官、少年保護官薦任第七職等至第九職等。

高等法院少年法庭少年調查官薦任第八職等至第九職等或簡任第十職等。

第14條　　少年保護事件由行為地或少年之住所、居所或所在地之少年法院管轄。

第15條　　少年法院就繫屬中之事件，經調查後認為以由其他有管轄權之少年法院處理，可使少年受更適當之保護者，得以裁定移送於該管少年法院；受移送之法院，不得再行移送。

第16條　　刑事訴訟法第六條第一項、第二項，第七條及第八條前段之規定，於少年保護事件準用之。

第17條　　不論何人知有第三條第一款之事件者，得向該管少年法院報告。

第18條　　檢察官、司法警察官或法院於執行職務時，知有第三條之事件者，應移送該管少年法院。

對於少年有監督權人、少年之肄業學校或從事少年保護事業之機構，發現少年有第三條第二款之事件者，亦得請求少年法院處理之。

第19條　　少年法院接受第十五條、第十七條及前條之移送、請求或報告事件

後，應先由少年調查官調查該少年與事件有關之行為、其人之品格、經歷、身心狀況、家庭情形、社會環境、教育程度以及其他必要之事項，提出報告，並附具建議。

少年調查官調查之結果，不得採為認定事實之唯一證據。

少年法院訊問關係人時，書記官應製作筆錄。

第20條　少年法院審理少年保護事件，得以法官一人獨任行之。

第21條　少年法院法官或少年調查官對於事件之調查，必要時得傳喚少年、少年之法定代理人或現在保護少年之人到場。

前項調查，應於相當期日前將調查之日、時及處所通知少年之輔佐人。

第一項之傳喚，應用通知書，記載左列事項，由法官簽名；其由少年調查官傳喚者，由少年調查官簽名：

一、被傳喚人之姓名、性別、年齡、出生地及住居所。

二、事由。

三、應到場之日、時及處所。

四、無正當理由不到場者，得強制其同行。

傳喚通知書應送達於被傳喚人。

第22條　少年、少年之法定代理人或現在保護少年之人，經合法傳喚，無正當理由不到場者，少年法院法官得依職權或依少年調查官之請求發同行書，強制其到場。但少年有刑事訴訟法第七十六條所列各款情形之一，少年法院法官並認為必要時，得不經傳喚，逕發同行書，強制其到場。

同行書應記載左列事項，由法官簽名：

一、應同行人之姓名、性別、年齡、出生地、國民身分證字號、住居所及其他足資辨別之特徵。但年齡、出生地、國民身分證字號或住居所不明者，得免記載。

二、事由。

三、應與執行人同行到達之處所。

四、執行同行之期限。

第23條　同行書由執達員、司法警察官或司法警察執行之。

同行書應備三聯，執行同行時，應各以一聯交應同行人及其指定之親友，並應注意同行人之身體及名譽。

執行同行後，應於同行書內記載執行之處所及年、月、日；如不能執行者，記載其情形，由執行人簽名提出於少年法院。

第23-1條　少年行蹤不明者，少年法院得通知各地區少年法院、檢察官、司法警察機關協尋之。但不得公告或登載報紙或以其他方法公開之。

協尋少年，應用協尋書，記載左列事項，由法官簽名：

一、少年之姓名、性別、年齡、出生地、國民身分證字號、住居

所及其他足資辨別之特徵。但年齡、出生地、國民身分證字
　　　號或住居所不明者，得免記載。

　二、事件之內容。

　三、協尋之理由。

　四、應護送之處所。

　少年經尋獲後，少年調查官、檢察官、司法警察官或司法警察，
　得逕行護送少年至應到之處所。

　協尋於其原因消滅或顯無必要時，應即撤銷。撤銷協尋之通知，
　準用第一項之規定。

第24條　刑事訴訟法關於人證、鑑定、通譯、勘驗、搜索及扣押之規定，於
　　　少年保護事件性質不相違反者，準用之。

第25條　少年法院因執行職務，得請警察機關、自治團體、學校、醫院或其
　　　他機關、團體為必要之協助。

第26條　少年法院於必要時，對於少年得以裁定為左列之處置：

　一、責付於少年之法定代理人、家長、最近親屬、現在保護少年之
　　　人或其他適當之機關、團體或個人，並得在事件終結前，交付
　　　少年調查官為適當之輔導。

　二、命收容於少年觀護所。但以不能責付或以責付為顯不適當，而
　　　需收容者為限。

第26-1條　收容少年應用收容書。

　　　收容書應記載左列事項，由法官簽名：

　一、少年之姓名、性別、年齡、出生地、國民身分證字號、住居
　　　所及其他足資辨別之特徵。但年齡、出生地、國民身分證字
　　　號或住居所不明者，得免記載。

　二、事件之內容。

　三、收容之理由。

　四、應收容之處所。

　　　第二十三條第二項之規定，於執行收容準用之。

第26-2條　少年觀護所收容少年之期間，調查或審理中均不得逾二月。但有
　　　繼續收容之必要者，得於期間未滿前，由少年法院裁定延長之；
　　　延長收容期間不得逾一月，以一次為限。收容之原因消滅時，少
　　　年法院應將命收容之裁定撤銷之。

　　　事件經抗告者，抗告法院之收容期間，自卷宗及證物送交之日起
　　　算。

　　　事件經發回者，其收容及延長收容之期間，應更新計算。

　　　裁定後送交前之收容期間，算入原審法院之收容期間。

　　　少年觀護所之組織，以法律定之。

第27條　少年法院依調查之結果，認少年觸犯刑罰法律，且有左列情形之一
　　　者，應以裁定移送於有管轄權之法院檢察署檢察官：

一、犯最輕本刑為五年以上有期徒刑之罪者。

二、事件繫屬後已滿二十歲者。

除前項情形外，少年法院依調查之結果，認犯罪情節重大，參酌其品行、性格、經歷等情狀，以受刑事處分為適當者，得以裁定移送於有管轄權之法院檢察署檢察官。

前二項情形，於少年犯罪時未滿十四歲者，不適用之。

第28條　少年法院依調查之結果，認為無付保護處分之原因或以其他事由不應付審理者，應為不付審理之裁定。

少年因心神喪失而為前項裁定者，得令入相當處所實施治療。

第29條　少年法院依少年調查官調查之結果，認為情節輕微，以不付審理為適當者，得為不付審理之裁定，並為左列處分：

一、轉介兒童或少年福利或教養機構為適當之輔導。

二、交付兒童或少年之法定代理人或現在保護少年之人嚴加管教。

三、告誡。

前項處分，均交由少年調查官執行之。

少年法院為第一項裁定前，得斟酌情形，經被害人同意，命少年為左列各款事項：

一、向被害人道歉。

二、立悔過書。

三、向被害人支付相當數額之慰撫金。

前項第三款之慰撫金，少年之法定代理人應負連帶支付之責任，並得為民事強制執行之名義。

第30條　少年法院依調查之結果，認為應付審理者，應為開始審理之裁定。

第31條　少年或少年之法定代理人或現在保護少年之人，得隨時選任少年之輔佐人。

犯最輕本刑為三年以上有期徒刑之罪，未經選任輔佐人者，少年法院應指定適當之人輔佐少年。其他案件認有必要者亦同。

前項案件，選任輔佐人無正當理由不到庭者，少年法院亦得指定之。

前兩項指定輔佐人之案件，而該地區未設置公設輔佐人時，得由少年法院指定適當之人輔佐少年。

公設輔佐人準用公設辯護人條例有關規定。

少年保護事件中之輔佐人，於與少年保護事件性質不相違反者，準用刑事訴訟法辯護人之相關規定。

第31-1條　選任非律師為輔佐人者，應得少年法院之同意。

第31-2條　輔佐人除保障少年於程序上之權利外，應協助少年法院促成少年之健全成長。

第32條　少年法院審理事件應定審理期日。審理期日應傳喚少年、少年之法定代理人或現在保護少年之人，並通知少年之輔佐人。

少年法院指定審理期日時，應考慮少年、少年之法定代理人、現在保護少年之人或輔佐人準備審理所需之期間。但經少年及其法定代理人或現在保護少年之人之同意，得及時開始審理。

第二十一條第三項、第四項之規定，於第一項傳喚準用之。

第 33 條　審理期日，書記官應隨同法官出席，製作審理筆錄。

第 34 條　調查及審理不公開。但得許少年之親屬、學校教師、從事少年保護事業之人或其他認為相當之人在場旁聽。

第 35 條　審理應以和藹懇切之態度行之。法官參酌事件之性質與少年之身心、環境狀態，得不於法庭內進行審理。

第 36 條　審理期日訊問少年時，應予少年之法定代理人或現在保護少年之人及輔佐人陳述意見之機會。

第 37 條　審理期日，應調查必要之證據。

少年應受保護處分之原因、事實，應依證據認定之。

第 38 條　少年法院認為必要時，得為左列處置：

一、少年為陳述時，不令少年以外之人在場。

二、少年以外之人為陳述時，不令少年在場。

第 39 條　少年調查官應於審理期日出庭陳述調查及處理之意見。

少年法院不採少年調查官陳述之意見者，應於裁定中記載不採之理由。

第 40 條　少年法院依審理之結果，認為事件有第二十七條第一項之情形者，應為移送之裁定；有同條第二項之情形者，得為移送之裁定。

第 41 條　少年法院依審理之結果，認為事件不應或不宜付保護處分者，應裁定諭知不付保護處分。

第二十八條第二項、第二十九條第三項、第四項之規定，於少年法院認為事件不宜付保護處分，而依前項規定為不付保護處分裁定之情形準用之。

第 42 條　少年法院審理事件，除為前二條處置者外，應對少年以裁定諭知左列之保護處分：

一、訓誡，並得予以假日生活輔導。

二、交付保護管束並得命為勞動服務。

三、交付安置於適當之福利或教養機構輔導。

四、令入感化教育處所施以感化教育。

少年有左列情形之一者，得於為前項保護處分之前或同時諭知左列處分：

一、少年染有煙毒或吸用麻醉、迷幻物品成癮，或有酗酒習慣者，令入相當處所實施禁戒。

二、少年身體或精神狀態顯有缺陷者，令入相當處所實施治療。

第一項處分之期間，毋庸諭知。

第 43 條　刑法及其他法律有關沒收之規定，於第二十八條、第二十九條、第

四十一條及前條之裁定準用之。

少年法院認供本法第三條第二款各目行為所用或所得之物不宜發還者，得沒收之。

第44條　少年法院為決定宜否為保護處分或應為何種保護處分，認有必要時，得以裁定將少年交付少年調查官為六月以內期間之觀察。

前項觀察，少年法院得徵詢少年調查官之意見，將少年交付適當之機關、學校、團體或個人為之，並受少年調查官之指導。

少年調查官應將觀察結果，附具建議提出報告。

少年法院得依職權或少年調查官之請求，變更觀察期間或停止觀察。

第45條　受保護處分之人，另受有期徒刑以上刑之宣告確定者，為保護處分之少年法院，得以裁定將該處分撤銷之。

受保護處分之人，另受保安處分之宣告確定者，為保護處分之少年法院，應以裁定定其應執行之處分。

第46條　受保護處分之人，復受另件保護處分，分別確定者，後為處分之少年法院，得以裁定定其應執行之處分。

依前項裁定為執行之處分者，其他處分無論已否開始執行，視為撤銷。

第47條　少年法院為保護處分後，發見其無審判權者，應以裁定將該處分撤銷之，移送於有審判權之機關。

保護處分之執行機關，發見足認為有前項情形之資料者，應通知該少年法院。

第48條　少年法院所為裁定，應以正本送達於少年、少年之法定代理人或現在保護少年之人、輔佐人及被害人，並通知少年調查官。

第49條　文書之送達，適用民事訴訟法關於送達之規定。但對於少年、少年之法定代理人、現在保護少年之人或輔佐人，及被害人或其法定代理人不得為左列之送達：

一、公示送達。

二、因未陳明送達代收人，而交付郵局以為送達。

第50條　對於少年之訓誡，應由少年法院法官向少年指明其不良行為，曉諭以將來應遵守之事項，並得命立悔過書。

行訓誡時，應通知少年之法定代理人或現在保護少年之人及輔佐人到場。

少年之假日生活輔導為三次至十次，由少年法院交付少年保護官於假日為之，對少年施以個別或群體之品德教育，輔導其學業或其他作業，並得命為勞動服務，使其養成勤勉習慣及守法精神；其次數由少年保護官視其輔導成效而定。

前項假日生活輔導，少年法院得依少年保護官之意見，將少年交付適當之機關、團體或個人為之，受少年保護官之指導。

第51條　對於少年之保護管束，由少年保護官掌理之；少年保護官應告少年
　　　　以應遵守之事項，與之常保接觸，注意其行動，隨時加以指示；並
　　　　就少年之教養、醫治疾病、謀求職業及改善環境，予以相當輔導。
　　　　少年保護官因執行前項職務，應與少年之法定代理人或現在保護少
　　　　年之人為必要之洽商。
　　　　少年法院得依少年保護官之意見，將少年交付適當之福利或教養機
　　　　構、慈善團體、少年之最近親屬或其他適當之人保護管束，受少年
　　　　保護官之指導。
第52條　對於少年之交付安置輔導及施以感化教育時，由少年法院依其行為
　　　　性質、身心狀況、學業程度及其他必要事項，分類交付適當之福
　　　　利、教養機構或感化教育機構執行之，受少年法院之指導。
　　　　感化教育機構之組織及其教育之實施，以法律定之。
第53條　保護管束與感化教育之執行，其期間均不得逾三年。
第54條　少年轉介輔導處分及保護處分之執行，至多執行至滿二十一歲為
　　　　止。
　　　　執行安置輔導之福利及教養機構之設置及管理辦法，由少年福利機
　　　　構及兒童福利機構之中央主管機關定之。
第55條　保護管束之執行，已逾六月，著有成效，認無繼續之必要者，或因
　　　　事實上原因，以不繼續執行為宜者，少年保護官得檢具事證，聲請
　　　　少年法院免除其執行。
　　　　少年、少年之法定代理人、現在保護少年之人認保護管束之執行有
　　　　前項情形時，得請求少年保護官為前項之聲請，除顯無理由外，少
　　　　年保護官不得拒絕。
　　　　少年在保護管束執行期間，違反應遵守之事項，不服從勸導達二次
　　　　以上，而有觀察之必要者，少年保護官得聲請少年法院裁定留置少
　　　　年於少年觀護所中，予以五日以內之觀察。
　　　　少年在保護管束期間違反應遵守之事項，情節重大，或曾受前項觀
　　　　察處分後，再違反應遵守之事項，足認保護管束難收效果者，少年
　　　　保護官得聲請少年法院裁定撤銷保護管束，將所餘之執行期間令入
　　　　感化處所施以感化教育，其所餘之期間不滿六月者，應執行至六
　　　　月。
第55-1條　保護管束所命之勞動服務為三小時以上五十小時以下，由少年保
　　　　護官執行，其期間視輔導之成效而定。
第55-2條　第四十二條第一項第三款之安置輔導為二月以上二年以下。
　　　　前項執行已逾二月，著有成效，認無繼續執行之必要者，或有事
　　　　實上原因以不繼續執行為宜者，負責安置輔導之福利或教養機
　　　　構、少年、少年之法定代理人或現在保護少年之人得檢具事證，
　　　　聲請少年法院免除其執行。
　　　　安置輔導期滿，負責安置輔導之福利或教養機構、少年、少年之

法定代理人或現在保護少年之人認有繼續安置輔導之必要者，得聲請少年法院裁定延長，延長執行之次數以一次為限，其期間不得逾二年。

第一項執行已逾二月，認有變更安置輔導之福利或教養機構之必要者，少年、少年之法定代理人或現在保護少年之人得檢具事證或敘明理由，聲請少年法院裁定變更。

少年在安置輔導期間違反應遵守之事項，情節重大，或曾受第五十五條之三留置觀察處分後，再違反應遵守之事項，足認安置輔導難收效果者，負責安置輔導之福利或教養機構、少年之法定代理人或現在保護少年之人得檢具事證，聲請少年法院裁定撤銷安置輔導，將所餘之執行期間令入感化處所施以感化教育，其所餘之期間不滿六月者，應執行至六月。

第55-3條　少年無正當理由拒絕接受第二十九條第一項或第四十二條第一項第一款、第三款之處分，少年調查官、少年保護官、少年之法定代理人或現在保護少年之人、少年福利或教養機構，得聲請少年法院核發勸導書，經勸導無效者，各該聲請人得聲請少年法院裁定留置少年於少年觀護所中，予以五日內之觀察。

第56條　執行感化教育已逾六月，認無繼續執行之必要者，得由少年保護官或執行機關檢具事證，聲請少年法院裁定免除或停止其執行。

少年或少年之法定代理人認感化教育之執行有前項情形時，得請求少年保護官為前項之聲請，除顯無理由外，少年保護官不得拒絕。

第一項停止感化教育之執行者，所餘之執行時間，應由少年法院裁定交付保護管束。

第五十五條之規定，於前項之保護管束準用之；依該條第四項應繼續執行感化教育時，其停止期間不算入執行期間。

第57條　第二十九條第一項之處分、第四十二條第一項第一款之處分及第五十五條第三項或第五十五條之三之留置觀察，應自處分裁定之日起，二年內執行之；逾期免予執行。

第四十二條第一項第二款、第三款、第四款及同條第二項之處分，自應執行之日起，經過三年未執行者，非經少年法院裁定應執行時，不得執行之。

第58條　第四十二條第二項第一款、第二款之處分期間，以戒絕治癒或至滿二十歲為止；其處分與保護管束一併諭知者，同時執行之；與安置輔導或感化教育一併諭知者，先執行之。但其執行無礙於安置輔導或感化教育之執行者，同時執行之。

依禁戒或治療處分之執行，少年法院認為無執行保護處分之必要者，得免其保護處分之執行。

第59條　少年法院法官因執行轉介處分、保護處分或留置觀察，於必要時，得對少年發通知書、同行書或請有關機關協尋之。

少年保護官因執行保護處分，於必要時得對少年發通知書。

第二十一條第三項、第四項、第二十二條第二項、第二十三條及第二十三條之一規定，於前二項通知書、同行書及協尋書準用之。

第60條　少年法院諭知保護處分之裁定確定後，其執行保護處分所需教養費用，得斟酌少年本人或對少年負扶養義務人之資力，以裁定命其負擔全部或一部；其特殊清寒無力負擔者，豁免之。

前項裁定，得為民事強制執行名義，由少年法院囑託各該法院民事執行處強制執行，免徵執行費。

第61條　少年、少年之法定代理人、現在保護少年之人或輔佐人，對於少年法院所為左列之裁定有不服者，得提起抗告。但輔佐人提起抗告，不得與選任人明示之意思相反：

一、第二十七條第一項、第二項之裁定。

二、第二十九條第一項之裁定。

三、第四十二條之處分。

四、第五十五條第三項、第五十五條之三留置觀察之裁定及第五十五條第四項之撤銷保護管束執行感化教育之處分。

五、第五十五條之二第三項延長安置輔導期間之裁定、第五項撤銷安置輔導執行感化教育之處分。

六、第五十六條第四項命繼續執行感化教育之處分。

七、第六十條命負擔教養費用之裁定。

第62條　少年行為之被害人或其法定代理人，對於少年法院之左列裁定，得提起抗告：

一、依第二十八條第一項所為不付審理之裁定。

二、依第二十九條第一項所為不付審理，並為轉介輔導、交付嚴加管教或告誡處分之裁定。

三、依第四十一條第一項諭知不付保護處分之裁定。

四、依第四十二條第一項諭知保護處分之裁定。

被害人已死亡或有其他事實上之原因不能提起抗告者，得由其配偶、直系血親、三親等內之旁系血親、二親等內之姻親或家長家屬提起抗告。

第63條　抗告以少年法院之上級法院為管轄法院。

對於抗告法院之裁定，不得再行抗告。

第64條　抗告期間為十日，自送達裁定後起算。但裁定宣示後送達前之抗告亦有效力。

刑事訴訟法第四百零七條至第四百十四條及本章第一節有關之規定，於本節抗告準用之。

第64-1條　諭知保護處分之裁定確定後，有左列情形之一，認為應不付保護處分者，少年保護官、少年、少年之法定代理人、現在保護少年之人或輔佐人得聲請為保護處分之少年法院重新審理：

一、適用法規顯有錯誤，並足以影響裁定之結果者。

二、因發現確實之新證據，足認受保護處分之少年，應不付保護
處分者。

三、有刑事訴訟法第四百二十條第一項第一款、第二款、第四款
或第五款所定得為再審之情形者。

刑事訴訟法第四百二十三條、第四百二十九條、第四百三十條前
段、第四百三十一條至第四百三十四條、第四百三十五條第一
項、第二項、第四百三十六條之規定，於前項之重新審理程序準
用之。

為保護處分之少年法院發現有第一項各款所列情形之一者，亦得
依職權為應重新審理之裁定。

少年受保護處分之執行完畢後，因重新審理之結果，須受刑事訴
追者，其不利益不及於少年，毋庸裁定移送於有管轄權之法院檢
察署檢察官。

第64-2條　諭知不付保護處分之裁定確定後有左列情形之一，認為應諭知保
護處分者，少年行為之被害人或其法定代理人得聲請為不付保護
處分之少年法院重新審理：

一、有刑事訴訟法第四百二十二條第一款得為再審之情形者。

二、經少年自白或發現確實之新證據，足認其有第三條行為應諭
知保護處分者。

刑事訴訟法第四百二十九條、第四百三十一條至第四百三十四
條、第四百三十五條第一項、第二項及第四百三十六條之規定，
於前項之重新審理程序準用之。

為不付保護處分之少年法院發現有第一項各款所列情形之一者，
亦得依職權為應重新審理之裁定。

第一項或前項之重新審理於諭知不付保護處分之裁定確定後，經
過一年者不得為之。

第65條　對於少年犯罪之刑事追訴及處罰，以依第二十七條第一項、第二項
移送之案件為限。

刑事訴訟法關於自訴之規定，於少年刑事案件不適用之。

本章之規定，於少年犯罪後已滿十八歲者適用之。

第66條　檢察官受理少年法院移送之少年刑事案件，應即開始偵查。

第67條　檢察官依偵查之結果，對於少年犯最重本刑五年以下有期徒刑之
罪，參酌刑法第五十七條有關規定，認以不起訴處分而受保護處分
為適當者，得為不起訴處分，移送少年法院依少年保護事件審理；
認應起訴者，應向少年法院提起公訴。依第六十八條規定由少年法
院管轄之案件，應向少年法院起訴。

前項經檢察官為不起訴處分而移送少年法院依少年保護事件審理之
案件，如再經少年法院裁定移送，檢察官不得依前項規定，再為不

起訴處分而移送少年法院依少年保護事件審理。

第68條　左列刑事案件，應由少年法院管轄：

一、對兒童及少年有違反兒童福利法或少年福利法之行為，並觸犯刑罰法律之刑事案件。

二、對兒童及少年犯兒童及少年性交易防制條例刑事案件。

第69條　對於少年犯罪已依第四十二條為保護處分者，不得就同一事件再為刑事追訴或處罰。但其保護處分經依第四十五條或第四十七條之規定撤銷者，不在此限。

第70條　少年刑事案件之偵查及審判，準用第三章第一節及第三節有關之規定。

第71條　少年被告非有不得已情形，不得羈押之。

少年被告應羈押於少年觀護所。於年滿二十歲時，應移押於看守所。

少年刑事案件，於少年法院調查中之收容，視為未判決前之羈押，準用刑法第四十六條折抵刑期之規定。

第72條　少年被告於偵查審判時，應與其他被告隔離。但與一般刑事案件分別審理顯有困難或認有對質之必要時，不在此限。

第73條　審判得不公開之。

第三十四條但書之規定，於審判不公開時準用之。

少年、少年之法定代理人或現在保護少年之人請求公開審判者，除有法定不得公開之原因外，法院不得拒絕。

第74條　法院審理第二十七條之少年刑事案件，對於少年犯最重本刑十年以下有期徒刑之罪，如顯可憫恕，認為依刑法第五十九條規定減輕其刑仍嫌過重，且以受保護處分為適當者，得免除其刑，論知第四十二條第一項第二款至第四款之保護處分，並得同時論知同條第二項各款之處分。

前項處分之執行，適用第三章第二節有關之規定。

第75條　（刪除）

第76條　（刪除）

第77條　（刪除）

第78條　對於少年不得宣告褫奪公權及強制工作。

少年受刑之宣告，經執行完畢或赦免者，適用關於公權資格之法令時，視為未曾犯罪。

第79條　刑法第七十四條緩刑之規定，於少年犯罪受三年以下有期徒刑、拘役或罰金之宣告者適用之。

第80條　少年受刑人徒刑之執行，應注意監獄行刑法第三條、第八條及第三十九條第二項之規定。

第81條　少年受徒刑之執行而有悛悔實據者，無期徒刑逾七年後，有期徒刑逾執行期三分之一後，得予假釋。

少年於本法施行前，已受徒刑之執行者，或在本法施行前受徒刑宣告確定之案件於本法施行後受執行者，準用前項之規定。

第82條　少年在緩刑或假釋期中應付保護管束，由少年法院少年保護官行之。

前項保護管束之執行，準用第三章第二節保護處分之執行之規定。

第83條　任何人不得於媒體、資訊或以其他公示方式揭示有關少年保護事件或少年刑事案件之記事或照片，使閱者由該項資料足以知悉其人為該保護事件受調查、審理之少年或該刑事案件之被告。

違反前項規定者，由主管機關依法予以處分。

第83-1條　少年受第二十九條第一項之轉介處分執行完畢二年後，或受保護處分或刑之執行完畢或赦免三年後，或受不付審理或不付保護處分之裁定確定後，視為未曾受各該宣告。

少年法院於前項情形應通知保存少年前科紀錄及有關資料之機關，將少年之前科紀錄及有關資料予以塗銷。

前項紀錄及資料非為少年本人之利益或經少年本人同意，少年法院及其他任何機關不得提供。

第83-2條　違反前條規定未將少年之前科紀錄及有關資料塗銷或無故提供者，處六月以下有期徒刑、拘役或新台幣三萬元以下罰金。

第83-3條　外國少年受轉介處分、保護處分或緩刑期內交付保護管束者，得以驅逐出境代之。

前項驅逐出境，得由少年調查官或少年保護官，向少年法院聲請，由司法警察機關執行之。

第84條　少年之法定代理人或監護人，因忽視教養，致少年有觸犯刑罰法律之行為，或有第三條第二款觸犯刑罰法律之虞之行為，而受保護處分或刑之宣告，少年法院得裁定命其接受八小時以上五十小時以下之親職教育輔導。

拒不接受前項親職教育輔導或時數不足者，處新台幣三千元以上一萬元以下罰鍰；經再通知仍不接受者，得按次連續處罰，至其接受為止。其經連續處罰三次以上者，少年法院並得裁定公告法定代理人或監護人之姓名。

前項罰鍰，由少年法院裁定之。受處分人得提起抗告，並準用第六十三條及刑事訴訟法第四百零六條至第四百十四條之規定。

前項裁定，得為民事強制執行名義，由少年法院囑託各該地方法院民事執行處強制執行之，免徵執行費。

少年之法定代理人或監護人有第一項前段情形，情況嚴重者，少年法院並得裁定公告其姓名。

前項裁定不得抗告。

第85條　成年人教唆、幫助或利用未滿十八歲之人犯罪或與之共同實施犯罪者，依其所犯之罪，加重其刑至二分之一。

少年法院得裁定命前項之成年人負擔第六十條第一項教養費用全部或一部，並得公告其姓名。

第85-1條　七歲以上未滿十二歲之人，有觸犯刑罰法律之行為者，由少年法院適用少年保護事件之規定處理之。

前項保護處分之執行，應參酌兒童福利法之規定，由行政院會同司法院訂定辦法行之。

第86條　本法施行細則，由司法院會同行政院定之。

少年保護事件審理細則，由司法院定之。

少年保護事件執行辦法，由行政院會同司法院定之。

少年不良行為及虞犯之預防辦法，由內政部會同法務部、教育部定之。

第87條　本法自中華民國六十年七月一日施行。

本法修正條文自公布日施行。

附錄五
少年事件處理法施行細則

民國九十年六月二十九日修正

第1條　本細則依少年事件處理法第八十六條第一項規定訂定之。
　　　　本細則所稱本法，係指中華民國八十六年十月三十一日修正生效之少年事件處理法。

第2條　本法規定由少年法院行使之職權，於尚未設少年法院地區，由地方法院設少年法庭依本法執行之。但少年法庭得不分設刑事庭、保護庭、調查保護處及公設輔佐人室。

第3條　本法所稱少年刑事案件，係指十四歲以上，觸犯刑罰法律，經依本法第二十七條移送檢察官開始偵查之案件。其依本法第六十五條第三項經檢察官開始偵查之案件，亦同。

第3-1條　少年觸犯刑罰法律，於滿十八歲後，始經報告、移送或請求少年法院之事件，仍由少年法院依中華民國八十九年二月四日修正生效之少年事件處理法第三章之規定處理。但事件繫屬後已滿二十歲者，少年法院應以裁定移送有管轄權之法院檢察署檢察官。

第4條　本法施行前已受理之事件，除有特別規定外，其以後之調查、審理及執行程序，均應依本法之規定處理。

第5條　本法施行前僅依修正前本法第三條第二款第六目規定移送少年法庭之事件，於本法施行後，應視其進行情形，分別諭知不付審理或不付保護處分之裁定；收容中之少年，並應立即釋放。
　　　　前項事件經裁定交付管訓處分確定者，其尚未執行或未執行完畢之管訓處分，於本法施行後，免予執行或繼續執行。

第6條　本法施行後尚未裁定開始審理之事件，其未經審理前調查者，應依本法第十九條第一項之規定處理。

第7條　本法施行前已命收容之少年，其收容期間之計算，於本法施行後，仍依修正前之規定處理。

第8條　檢察官受理一般刑事案件，發現被告於犯罪時未滿十八歲者，應移送該管少年法院。但被告已滿二十歲者，不在此限。
　　　　前項但書情形，檢察官應適用本法第四章之規定進行偵查，認應起訴者，應向少年法院提起公訴。
　　　　少年刑事案件，少年法院就犯罪事實之一部移送者，其效力及於全部，檢察官應就全部犯罪事實加以偵查。

第9條　中華民國八十九年二月四日修正生效之少年事件處理法生效前，已依修正前第二十七條第一項、第二項移送檢察官或提起公訴之案

件，依修正生效後之規定處理。但案件已判決確定者，不在此限。

第10條　少年法院於調查或審理中，對於觸犯告訴乃論之罪，而其未經告訴、告訴已經撤回或已逾告訴期間之十四歲以上少年，應逕依少年保護事件處理，毋庸裁定移送檢察官。

檢察官偵查少年刑事案件，認有前項情形者，應依刑事訴訟法第二百五十二條第五款規定為不起訴處分，並於處分確定後，將案件移送少年法院依少年保護事件處理。其因未經告訴或告訴不合法而未為處分者，亦同。

少年法院審理少年刑事案件，認有第一項情形者，應依刑事訴訟法第三百零三條第三款之規定諭知不受理判決，並於判決確定後，依少年保護事件處理。其因檢察官起訴違背本法第六十五條第一項、第三項規定，經依刑事訴訟法第三百零三條第一款之規定諭知不受理判決確定，而應以少年保護事件處理者，亦同。

前三項所定應依保護事件處理之情形，於少年超過二十一歲者，不適用之。

第11條　檢察官、司法警察官或法院於執行職務時，知七歲以上未滿十二歲之兒童有觸犯刑罰法律之行為者，應依本法第八十五條之一第一項移送該管少年法院。

不論何人知兒童有前項之行為者，得向該管少年法院報告。

第12條　檢察官對少年法院依本法第二十七條第一項第一款規定移送之案件，經偵查結果，認為係犯該款規定以外之罪者，應依刑事訴訟法第二百五十五條第一項規定為不起訴處分，並於處分確定後，將案件移送少年法院。

第13條　少年受保安處分之保護管束宣告，並另受保護處分之保護管束宣告，依本法第四十五條第二項定其應執行處分者，少年法院得裁定執行其一，或併執行之。

第14條　本法第五十七條第一項有關第四十二條第一項第一款處分之執行期間規定，於本法施行後宣告之事件始有適用。

第15條　修正前本法第六十一條及第六十二條規定不得抗告之裁定，依本法規定得為抗告，其確定在本法生效前者，仍不得抗告；其確定在本法生效後者，適用本法之規定。

第16條　本法第六十四條之二之規定，於本法施行後受理之案件始有適用。

第17條　（刪除）

第18條　少年法院審理少年刑事案件認有必要時，得依本法第十九條第一項規定辦理。

第19條　本法第八十三條之一第二項、第三項關於塗銷少年前科紀錄及有關資料與不得無故提供之規定，於本法施行前之少年事件，亦有適用。

前項紀錄及有關資料塗銷之規定，於法院不適用之。

第20條　本法第八十三條之一第二項所稱之少年前科紀錄及有關資料，係指
　　　　保存機關依其主管業務就同條第一項事件或案件所建立之移送、調
　　　　查、偵查、審理、執行之紀錄，但不含保存機關因調查、偵查、審
　　　　理、執行該事件或案件所編纂之卷宗。
第21條　本細則自發布日施行。

附錄六
少年觀護所設置及實施通則

民國九十一年一月二十五日修正

第1條　本通則依少年事件處理法第二十六條之二第五項制定之。

第2條　少年觀護所隸屬於高等法院檢察署，其設置地點及管轄，由高等法院檢察署報請法務部核定之。

　　　　關於少年保護事件少年之收容及少年刑事案件審理中少年之羈押事項，並受該管法院及其檢察署之督導。

第3條　少年觀護所以協助調查依法收容少年之品性、經歷、身心狀況、教育程度、家庭情形、社會環境及其他必要之事項，供處理時之參考。

第4條　少年觀護所之組織及被收容少年之處理，依本通則之規定。

　　　　依少年事件處理法第七十一條收容之刑事被告，與依同法第二十六條收容之少年，應予分界。

　　　　女性少年與男性少年，應分別收容。

第5條　少年觀護所分設鑑別、教導及總務三組；容額在三百人以上者，並設醫務組。

第6條　鑑別組掌理事項如下：

　　　　一、少年之個案調查事項。

　　　　二、少年之心理測驗事項。

　　　　三、少年指紋、照相等事項。

　　　　四、少年處遇之建議事項。

　　　　五、少年社會環境之協助調查事項。

　　　　六、其他鑑別事項。

第7條　教導組掌理事項如下：

　　　　一、少年生活之指導事項。

　　　　二、少年之教學事項。

　　　　三、少年習藝之指導事項。

　　　　四、少年之康樂活動事項。

　　　　五、少年之同行護送及戒護事項。

　　　　六、少年接見、發受書信及送入物品之處理事項。

　　　　七、少年紀律之執行事項。

　　　　八、少年之飲食、衣類、臥具用品之分給、保管事項。

　　　　九、所內戒護勤務之分配及管理事項。

　　　　十、其他教導事項。

第8條 醫務組掌理事項如下：
一、全所衛生計畫設施事項。
二、少年之健康檢查事項。
三、傳染病之預防事項。
四、少年疾病之醫治事項。
五、病室之管理事項。
六、藥品調劑、儲備及醫療器材之管理事項。
七、藥物濫用之防治及輔導等事項。
八、少年疾病、死亡之陳報及通知事項。
九、其他醫務事項。
未設醫務組者，前項業務由教導組兼辦。

第9條 總務組掌理事項如下：
一、文件之收發、撰擬及保存事項。
二、印信之典守事項。
三、經費之出納事項。
四、建築修繕事項。
五、少年之入所、出所登記事項。
六、名籍簿、身分簿之編製及管理事項。
七、糧食之收支、保管、核算及造報事項。
八、其他不屬於各組之事項。

第10條 少年觀護所之類別及員額，依附表之規定。
各少年觀護所應適用之類別，由法務部視其容額擬訂，報請行政院核定之。

第11條 少年觀護所置所長一人，職務列薦任第九職等，承監督長官之命，綜理全所事務，並指揮監督所屬職員；置副所長一人，職務列薦任第八職等至第九職等，襄助所長處理全所事務。

第12條 少年觀護所置組長，職務列薦任第七職等至第八職等；專員、調查員、導師，職務均列薦任第六職等至第八職等；管理師，職務列薦任第七職等；組員、技士，職務均列委任第五職等或薦任第六職等至第七職等；主任管理員、操作員，職務均列委任第四職等至第五職等，其中二分之一職務得列薦任第六職等；管理員、辦事員，職務均列委任第三職等至第五職等；書記，職務列委任第一職等至第三職等。
醫務組組長，列師□醫師、藥師、醫事檢驗師、護理師均列師□藥劑生、醫事檢驗生、護士，均列士（生）級。
本通則修正施行前僱用之管理員、雇員，其未具公務人員任用資格者，得繼續僱用至其離職為止。

第13條 少年觀護所設女所者，置主任一人，職務列薦任第七職等至第八職等，管理女所事務。

女所之主任、主任管理員及管理員均以女性擔任。

第14條　少年觀護所所長、副所長、鑑別、教導組組長及女所主任，應就具有下列資格之一者遴任之：

一、經觀護人考試或觀護官考試及格者。

二、經少年調查官、少年保護官考試及格者。

三、經監獄官考試或犯罪防治人員特考及格者。

前項所稱人員，應遴選具有少年保護之學識、經驗及熱忱者充任之。

第15條　少年觀護所設人事室，置主任一人，職務列薦任第七職等至第八職等，依法辦理人事管理事項；所需工作人員應就本通則所定員額內派充之。

第16條　少年觀護所設會計室，置會計主任一人，職務列薦任第七職等至第八職等，依法辦理歲計、會計事項；所需工作人員應就本通則所定員額內派充之。

第17條　少年觀護所設統計室，置統計主任一人，職務列薦任第七職等至第八職等，依法辦理統計事項；所需工作人員應就本通則所定員額內派充之。

第18條　少年觀護所設政風室，置主任一人，職務列薦任第七職等至第八職等，依法辦理政風事項；事務較簡者，其政風業務由其上級機關之政風機構統籌辦理；所需工作人員應就本通則所定員額內派充之。

第19條　第十一條至第十三條、第十五條至第十八條所定列有官等職等人員，其所適用之職系，依公務人員任用法之規定，就有關職系選用之。

醫事人員依醫事人員人事條例規定進用之。

第20條　少年觀護所於少年入所時，應辦理下列事項：

一、查驗身分證及法官或檢察官簽署之文件。

二、製作調查表及身分單，並捺印指紋及照相。

三、檢查身體、衣物。女性少年之檢查由女管理員為之。

四、指定所房並編號。

第21條　少年觀護所非有該管法官或檢察官之通知，不得將被收容之少年釋放。

第22條　被收容之少年應釋放者，觀護所於接到釋放通知書之當日，即予釋放。釋放前，應令其按捺指紋，並與調查表詳為對照。移送法院之少年，經法院法官或檢察官當庭將其釋放者，應即通知觀護所。

第23條　被收容之少年移送感化教育機構者，應附送調查表、身分單及觀護鑑別之紀錄。

第24條　被收容之少年在所死亡者，應即陳報該管法官、檢察官，並通知其家屬。

第25條　被收容少年之飲食，由所供應，並注意其營養。衣被及日常必需品

自備，其無力負擔或自備者，由所供應。

前項經諭知保護處分，並受裁定負擔全部或一部教養費用，已先由所供應飲食、衣被或日常必需品者，應依少年事件處理法第六十條之規定辦理。

第26條　被收容之少年禁用菸、酒。

第27條　被收容之少年得閱讀書報。但私有之書報，須經檢查。

第28條　被收容之少年得接見親友、發受書信。但少年觀護所所長認為有礙於案情之調查與被收容少年之利益者，得不許其接見。

前項被收容少年之書信，觀護所所長認為必要時，得檢閱之。

第29條　接見時間，自上午九時至下午五時止，每次不得逾三十分鐘。但經少年觀護所所長許可者，不在此限。

第30條　依少年事件處理法第三條第二款收容之在校少年，應通知其所肄業之學校，在觀護期內，學校應保留其學籍。

前項被收容之少年，經依同法第二十六條之二第一項撤銷收容裁定者，其原肄業之學校，應許其返校就讀。

第31條　少年觀護所得令被收容之少年，學習適當技藝，每日以二小時至四小時為限。

前項習藝所需之工具材料費用，由觀護所供給之，其習藝成品之盈餘，得充獎勵習藝少年之用。

第32條　被收容之少年，其在學校肄業者，得減少其學習技藝時間，督導進修學校所規定之課程。

第33條　被收容之少年罹患疾病，認為在所內不能適當之醫治者，得斟酌情形，報請該管法官或檢察官許可，保外醫治或移送病院。觀護所所長認為有緊急情形時，得先為前項處分，再行報核。

第34條　被收容之少年有下列各款行為之一時，應予獎賞：
一、學習教育課程或技藝，成績優良者。
二、行為善良，足為其他收容少年之表率者。

第35條　前條之獎賞方法如下：
一、公開嘉獎。
二、給與獎金、書籍或其他獎品。

第36條　被收容之少年有違背觀護所所規之行為時，得施以下列一款或數款之處罰：
一、告誡。
二、勞動服務一日至三日，每日以二小時為限。

第37條　本通則自公布日施行。

附錄七
少年輔育院條例

民國七十年一月十二日修正

第1條　本條例依少年事件處理法第五十二條第二項制定之。

第2條　少年輔育院，依法執行感化教育處分，其目的在矯正少年不良習性，使其悔過自新；授予生活智能，俾能自謀生計；並按其實際需要，實施補習教育，得有繼續求學機會。

第3條　在院接受感化教育之少年稱為學生，男女學生分別管理。但為教學上之便利，得合班授課。

第4條　少年輔育院，由法務部或由法務部委託地方行政最高機關設置，受法務部指導、監督。

第5條　少年輔育院置院長一人，薦任或聘任；綜理全院事務。

第6條　少年輔育院院長，應就具有薦任或薦聘任用資格，並有左列資歷之一者遴任之：

一、曾任少年法庭主任觀護人，成績優良者。

二、曾任少年感化教育機構主管人員，成績優良者。

三、曾任中等以上學校校長三年以上，或國民學校校長七年以上，成績卓著者。

四、曾任司法、社會或教育行政人員五年以上，並具有關於少年管訓之學識與經驗者。

五、曾任專科以上學校副教授或教授，對於少年之管訓，具有專門研究者。

第7條　少年輔育院置秘書一人，薦任；輔助院長處理全院事務。

第8條　少年輔育院分設教務、訓導、保健、總務四組，每組置組長一人，薦任或薦派；承院長之命，掌理各該組事務。

第9條　教務組掌理事項如左：

一、關於學生之註冊、編級及課程之編排事項。

二、關於教學實施及習藝計劃之擬訂事項。

三、關於學生課業成績及習藝成績之考核事項。

四、關於學生閱讀書刊之審核事項。

五、關於院內出版書刊之設計及編印事項。

六、關於習藝場所之管理及成品獎金之核算與分配事項。

七、關於其他教務事項。

第10條　訓導組掌理事項如左：

一、關於訓育實施計劃之擬訂事項。

二、關於學生生活之指導及管理事項。

三、關於學生思想行為之指導及考查事項。

四、關於學生之指紋及照相事項。

五、關於學生個案資料之調查，蒐集及研究與分析事項。

六、關於學生體育訓練事項。

七、關於學生課外康樂活動事項。

八、關於學生紀律及獎懲事項。

九、關於學生家庭訪問及社會聯繫事項。

十、關於戒護勤務分配及執行事項。

十一、關於學生出院升學、就業指導及通訊連繫事項。

第11條　保健組掌理事項如左：

一、關於全院衛生之計劃設施及考核事項。

二、關於學生之健康診查、疾病醫療及傳染病防治事項。

三、關於學生心理健康測驗、生理檢查及智力測驗事項。

四、關於學生個案資料之研判及心理狀態之分析與鑑定事項。

五、關於學生心理衛生之指導與矯治事項。

六、關於藥品之調劑、儲備及醫療、檢驗器材之購置與管理事項。

七、關於病房管理事項。

八、關於學生疾病及死亡之呈報與通知事項。

第12條　總務組掌理事項如左：

一、關於文件收發、撰擬及保管事項。

二、關於印信典守事項。

三、關於經費出納事項。

四、關於房屋建築及修繕事項。

五、關於物品採購、分配及保管事項。

六、關於習藝器械、材料之購置及保管事項。

七、關於學生入院、出院之登記事項。

八、關於學生死亡及遺留物品處理事項。

九、其他不屬於各組之事項。

第13條　少年輔育院學生人數在一百人以下者，置導師及訓導員各四人，聘任；學生人數在一百人以上者，每編組一班，增設導師及訓導員各一人。但最多均不得超過十六人。

每班學生以三十人為原則；女生或有他特殊情形不足三十人者，亦得另編一班。

第14條　少年輔育院置技師四人至八人，薦派或聘任；技術員二人至八人，委任或委派；調查員四人至八人，心理測驗員及智力測驗員各一人或二人，均薦派或聘任；醫師二人至五人，聘任，其中一人兼任保健組組長；藥師一人，聘任；護士二人至五人，委任或委派；組員六人至十二人，委任或委派，分配各組辦事。

第15條　少年輔育院秘書、教務組組長、訓導組組長、導師、訓導員及調查員，應就有左列資歷之一，並具有各該職務任用資格者遴任之：
一、曾任少年法庭觀護人，成績優良者。
二、曾任少年輔育院導師兼教員或社會工作人員，成績優良者。
三、曾任中等以上學校教員或曾任小學教員五年以上，具有訓導工作經驗者。
四、曾任司法行政或社會行政人員，並具有關於少年管訓之學識與經驗者。

第16條　少年輔育院得用雇員十六人至三十六人，分別擔任戒護、紀錄或繕寫等工作。

第17條　少年輔育院得視實際需要，聘請兼任教師授課。

第18條　少年輔育院設主計室，置主任一人，薦任；主計佐理員二人至四人，委任；依法辦理主計事務。

第19條　少年輔育院設人事室，置主任一人，薦任；人事佐理員一人至三人，委任；依法辦理人事管理事務。

第20條　少年輔育院設院務委員會，由院長、秘書、組長及各主管人員組織之，以院長為主席。
關於學生之管理，感化教育之免除或停止執行之聲請及其他院內行政之重要事項，應經院務委員會之決議。但有急速處分之必要時，得先由院長行之，提報院務委員會。

第21條　少年輔育院為指導習藝、保健、心理衛生及就學、就業之實施，得設立左列各種委員會：
一、習藝指導委員會。
二、保健指導委員會。
三、心理衛生指導委員會。
四、就學就業指導委員會。
前項委員會之委員為無給職，由院長延聘社會熱心人士或專家擔任之。

第22條　少年輔育院於學生入院時，應查驗少年法庭之裁定及交付書，並核對其身分證件。
少年法庭交付執行感化教育處分時，應附送該少年及其家庭與事件有關之資料。

第23條　學生入院時，應製作調查表，並捺印指紋及照相。

第24條　學生入院時，應行健康檢查。其有左列情形之一者，應暫緩令其入院，並敘明理由，請由少年法庭斟酌情形送交醫院，或交其父母或監護人，或交其他適當處所：
一、心神喪失者。
二、現罹疾病，因執行而有殘廢或喪生之虞者。
三、罹急性傳染病者。

四、懷胎五月以上，或分娩未滿二月者。

發現前項第三款情事時，應先為必要之處置。

第25條　學生入院時，應檢查其身體及衣物。女生之檢查，由女訓導員或調查員為之。

第26條　學生入院時，應告以應遵守之事項，並應將院內各主管人員姓名及接見、通訊等有關章則，通知其父母或監護人。

第27條　學生出院時，應於核准命令預定出院日期或期滿之次日午前，辦畢出院手續離院。

第28條　學生出院後之保護事項，應於初入院時即行調查；將出院時，再予復查；對於出院後之升學或就業輔導，預行策劃，予以適當解決。

學生出院前，應將預定出院日期，通知其父母或監護人，或有關保護機關或團體。

第29條　停止感化教育執行交付保護管束之學生出院時，應報知該管少年法庭，並附送在院之鑑別、學業、習藝及其言行紀錄。

第30條　學生在院內死亡者，應即報知檢察官檢驗，並通知其父母、監護人或最近親屬領取屍體，經通知後滿二十四小時無人請領者，埋葬之。

前項情形，應專案報告主管機關。

第31條　死亡學生遺留之金錢、物品及其應得之獎金，應通知其父母、監護人或其他最近親屬具領。逾一年無人請領者，其所有權歸屬國庫。

第32條　在院學生逃亡者，除報知檢察官查緝外，應報告主管機關，並報知少年法庭。

第33條　逃亡學生遺留之金錢及物品，自逃亡之日起，經過一年尚未緝獲者，應通知其父母、監護人或最近親屬領回；無法通知者，應公告之，經通知或公告後逾六個月無人請領者，其所有權歸屬國庫。

第34條　少年輔育院對於新入院學生，由有關各組聯合組織接收小組，根據少年法庭移送之資料，加以調查分析，提經院務委員會決定分班、分級施教方法。

前項個案分析，應依據心理學、教育學、社會學及醫學判斷之。

第35條　前條調查分析期間，不得逾一個月，其所得資料，應設卡詳為記載，分別保存之。

第36條　少年輔育院應隨時訪問學生家庭及有關社會機關、團體，調查蒐集個案資料，分析研究，作為教育實施之參考。

第37條　對於調查分析期間內之學生，應予以表現個性之機會，其生活之管理，應在防止脫逃、自殺、暴行或其他違反紀律之原則下行之。

第38條　在院學生生活之管理，應採學校方式，兼施童子軍訓練及軍事管理；對於未滿十四歲之學生，併採家庭方式。

第39條　在院學生，為促其改悔向上，適於社會生活，應劃分班級，以積分進級方法管理之。

前項積分進級規則，由法務部定之。

第40條　少年輔育院應以品德教育為主，知識技能教育為輔。

　　　　一、品德教育之內容，應包括公民訓練、童子軍訓練、軍事訓練、
　　　　　　體育活動、康樂活動及勞動服務等項目。

　　　　二、入院前原在中等以上學校肄業，或已完成國民教育而適合升學
　　　　　　之學生，應在院內實施補習教育；尚未完成國民教育之學生，
　　　　　　應在院內補足其學業，其課程應按教育行政機關規定之課程標
　　　　　　準實施。

　　　　三、技能教育應按學生之性別、學歷、性情、體力及其志願分組實
　　　　　　施。

　　　　前項實施辦法，由法務部會同教育部定之。

第41條　在院學生之被服、飲食、日用必需品及書籍簿冊，均由少年輔育院
　　　　供給，其經少年法庭依少年事件處理法第六十條之規定，由少年本
　　　　人或對少年負扶養義務人負全部或一部教養費用者，應以市價折
　　　　算，命其繳納之。

　　　　學生私有之書籍，經檢查後，得許閱讀。

第42條　在院學生之飲食及其他保持健康所必需之物品，不因班級或教育種
　　　　類組別不同而有差異。

第43條　在院學生應斟酌情形予以分類雜居。但有違反團體生活紀律之情事
　　　　而情形嚴重者，經院長核定，得使獨居。

　　　　前項獨居之期間，每次不得逾七日。

第44條　在院學生得接見親友及發受書信。但院長認為有妨礙感化教育之執
　　　　行或學生之利益者，得禁止之。

　　　　前項接見，每週不得逾二次，每次以三十分鐘為限。但經院長特許
　　　　者，得增加或延長之。

　　　　學生發受書信，訓導組組長檢閱之，如發現第一項但書情形，得不
　　　　予發受或命刪除後再行發受。

　　　　學生接見規則，由法務部定之。

第45條　在院學生罹傳染病或其他重大疾病，認為在院內不能為適當之醫治
　　　　者，得斟酌情形，呈請主管機關許可移送醫院，或保外醫治。

　　　　院長認為有緊急情形時，得先為前項處理，再行呈報主管機關核
　　　　備。

　　　　移送醫院者，視為在院執行，保外就醫期間，不算入感化教育期
　　　　內。

　　　　為第一項處理時，應通知學生之父母、監護人或其最近親屬。

第46條　前條所定患病之學生，請求自費延醫診治者，應許其與院醫會同診
　　　　治。

第47條　在院學生有左列各款行為之一時，予以獎勵：

　　　　一、行為善良，足為其他學生之表率者。

二、學習教育課程或技能，成績優良者。

三、體育優異者。

四、有特殊貢獻，足以增進榮譽者。

第48條　前條之獎勵方法如左：

一、公開嘉獎。

二、發給獎狀或獎章。

三、發給獎金、書籍或其他獎品。

第49條　在院學生有違背紀律行為時，得施以左列一款或數款之懲罰：

一、誥誡。

二、停止發受書信。但每次不得逾七日。

三、停止接見一次至三次。

四、勞動服務一日至三日，每日以二小時為限。

第50條　學生受獎懲時，應即通知其父母、監護人或最近親屬。

第51條　本條例施行細則，由法務部會同內政部、教育部定之。

第52條　本條例施行日期，由行政院以命令定之。

附錄八
少年矯正學校設置及教育實施通則

民國九十二年一月二十二日修正

第1條 為使少年受刑人及感化教育受處分人經由學校教育矯正不良習性，促其改過自新，適應社會生活，依少年事件處理法第五十二條第二項及監獄行刑法第三條第四項規定，制定本通則。

第2條 少年矯正學校（以下簡稱矯正學校）之設置及矯正教育之實施，依本通則之規定；本通則未規定者，適用其他有關法律之規定。

第3條 本通則所稱矯正教育之實施，係指少年徒刑、拘役及感化教育處分之執行，應以學校教育方式實施之。

　　　未滿十二歲之人，受感化教育處分之執行，適用本通則之有關規定，並得視個案情節及矯正需要，交其他適當兒童教養處所及國民小學執行之。

第4條 矯正學校隸屬於法務部，有關教育實施事項，並受教育部督導。

　　　檢察官及地方法院少年法庭就有關刑罰、感化教育之執行事項，得隨時考核矯正學校。

　　　第一項督導辦法，由教育部會同法務部定之。前項考核辦法，由行政院會同司法院定之。

第5條 教育部應會同法務部設矯正教育指導委員會並遴聘學者專家參與，負責矯正學校之校長、教師遴薦，師資培育訓練，課程教材編撰、研究、選用及其他教育指導等事宜。

　　　前項委員會之設置辦法，由教育部會同法務部定之。

第6條 矯正學校分一般教學部及特別教學部實施矯正教育，除特別教學部依本通則規定外，一般教學部應依有關教育法令，辦理高級中等教育及國民中、小學教育，兼受省（市）主管教育行政機關之督導。

　　　矯正學校之學生（以下簡稱學生），除依本通則規定參與特別教學部者外，應參與一般教學部，接受教育。

　　　第一項一般教學部學生之學籍，應報請省（市）主管教育行政機關備查。

　　　其為國民教育階段者，由學生戶籍所在地學校為之；其為高級中等教育階段者，由學生學籍所屬學校為之。

　　　前項學生學籍管理辦法，由教育部定之。

第7條 學生對矯正學校所實施各項矯正教育措施，得陳述意見，矯正學校對於學生陳述之意見未予採納者，應以書面告知。

第8條 學生於其受不當侵害或不服矯正學校之懲罰或對其生活、管教之不

當處置時，其本人或法定代理人得以言詞或書面向矯正學校申訴委員會申訴。

申訴委員會對前項申訴，除依監獄行刑法第七十八條、第七十九條或保安處分執行法第六十一條規定外，認有理由者，應予撤銷或變更原懲罰或處置；認無理由者，應予駁回。

學生對申訴委員會之決定仍有不服時，得向法務部再申訴。法務部得成立再申訴委員會處理。學生並不得因其申訴或再申訴行為，受更不利之懲罰或處置。

申訴委員會由校長、副校長、秘書、教務主任、訓導主任及輔導主任組成之，並邀請社會公正人士三至五人參與，以校長為主席；法務部成立之再申訴委員會，應邀請總人數三分之一以上之社會公正人士參與。

申訴、再申訴案件處理辦法，由法務部定之。

第9條　原懲罰或處置之執行，除有前條第二項之情形外，不因申訴或再申訴而停止。但再申訴提起後，法務部於必要時得命矯正學校停止其執行。

申訴、再申訴案件經審查為有理由者，除對受不當侵害者，應予適當救濟外，對原懲罰或處置已執行完畢者，矯正學校得視情形依下列規定處理之：

一、消除或更正不利於該學生之紀錄。

二、以適當之方法回復其榮譽。

申訴、再申訴案件經審查為有理由者，對於違法之處置，應追究承辦人員之責任。

第10條　法務部應分就執行刑罰者及感化教育處分者設置矯正學校。

前項學校之設置及管轄，由法務部定之。

第11條　矯正學校應以中學方式設置，必要時並得附設職業類科、國民小學部，其校名稱某某中學。

矯正學校得視需要會同職業訓練主管機關辦理職業訓練。

第12條　矯正學校設教務、訓導、輔導、總務四處、警衛隊及醫護室；各處事務較繁者，得分組辦事。

第13條　教務處掌理事項如下：

一、教育實施計畫之擬訂事項。

二、學生之註冊、編班、編級及課程之編排事項。

三、學生實習指導及建教合作事項。

四、學生技能訓練、技能檢定之規劃及執行事項。

五、學生課業及技訓成績之考核事項。

六、圖書管理及學生閱讀書刊之審核事項。

七、校內出版書刊之設計及編印事項。

八、教學設備、教具圖書資料供應及教學研究事項。

九、與輔導處配合辦理輔導業務事項。

十、其他有關教務事項。

第14條　訓導處掌理事項如下：

一、訓育實施計畫之擬訂事項。

二、學生生活、品德之指導及管教事項。

三、學生累進處遇之審查事項。

四、學生假釋、免除或停止執行之建議、陳報等事項。

五、學生紀律及獎懲事項。

六、學生體育訓練事項。

七、學生課外康樂活動事項。

八、與輔導處配合實施生活輔導事項。

九、其他有關訓導事項。

第15條　輔導處掌理事項如下：

一、輔導實施計畫之擬訂事項。

二、建立學生輔導資料事項。

三、學生個案資料之調查、蒐集及研究事項。

四、學生智力、性向與人格等各種心理測驗之實施及解析事項。

五、學生個案資料之綜合研判與分析及鑑定事項。

六、實施輔導及諮商事項。

七、學生輔導成績之考核事項。

八、輔導性刊物之編印事項。

九、學生家庭訪問、親職教育、出校後之追蹤輔導及更生保護等社
會聯繫事項。

十、輔導工作績效報告、檢討及研究事項。

十一、其他有關學生輔導暨社會資源運用之規劃及執行事項。

第16條　總務處掌理事項如下：

一、文件收發、撰擬及保管事項。

二、印信典守事項。

三、學生指紋、照相、名籍簿、身分簿之編製及管理事項。

四、經費出納事項。

五、學生制服、書籍供應及給養事項。

六、房屋建築及修繕事項。

七、物品採購、分配及保管事項。

八、技訓器械、材料之購置及保管事項。

九、學生入校、出校之登記事項。

十、學生死亡及遺留物品處理事項。

十一、其他不屬於各處、隊、室之事項。

第17條　警衛隊掌理事項如下：

一、矯正學校之巡邏查察及安全防護事項。

二、學生戒護及校外護送事項。

三、天災事變、脫逃及其他緊急事故發生時之處置事項。

四、武器、戒具之保管及使用事項。

五、警衛勤務之分配及執行事項。

六、其他有關戒護事項。

第18條 醫護室掌理事項如下：

一、學校衛生計畫之擬訂及其設施與環境衛生清潔檢查指導事項。

二、學生之健康檢查、疾病醫療、傳染病防治及健康諮詢事項。

三、學生健康資料之管理事項。

四、學生心理衛生之指導及矯治事項。

五、藥品之調劑、儲備與醫療、檢驗器材之購置及管理事項。

六、病舍管理及看護訓練事項。

七、學生疾病與死亡之陳報及通知事項。

八、其他有關醫護事項。

第19條 矯正學校置校長一人，聘任，綜理校務，應就曾任高級中學校長或具有高級中學校長任用資格，並具有關於少年矯正之學識與經驗者遴任之。

校長之聘任，由法務部為之，並準用教育人員任用條例及其有關之規定。

第20條 矯正學校置副校長一人，職務列薦任第九職等，襄理校務，應就具有下列資格之一者遴任之：

一、曾任或現任矯正機構副首長或秘書，並具有少年矯正之學識與經驗，成績優良者。

二、曾任中等學校主任三年以上，並具有公務人員任用資格，成績優良者。

三、曾任司法行政工作薦任三年以上，並具有關於少年矯正之學識與經驗者。

第21條 矯正學校置教務主任、訓導主任、輔導主任各一人，分由教師及輔導教師中聘兼之。

第22條 矯正學校一般教學部及特別教學部置教師、輔導教師，每班二人，均依教師法及教育人員任用條例之規定聘任。但法務部得視需要增訂輔導教師資格。

每班置導師一人，由前項教師兼任之。

矯正學校得視教學及其他特殊需要，聘請兼任之教師、軍訓教官、護理教師及職業訓練師。

第23條 教導員負責學生日常生活指導、管理及課業督導業務，並協助輔導教師從事教化考核、性行輔導及社會聯繫等相關事宜。

教導員應就具備下列資格之一者，優先遴任之：

一、具有少年矯正教育專長者。

二、具有社會工作專長或相當實務經驗者。

第24條　矯正學校置秘書一人，職務列薦任第八職等至第九職等；總務主任、隊長各一人，職務均列薦任第七職等至第九職等；教導員三十人至四十五人，職務均列薦任第六職等至第八職等；組員七人至十三人、技士一人，職務均列委任第五職等或薦任第六職等至第七職等；主任管理員三人至五人，職務列委任第四職等至第五職等，其中二人，得列薦任第六職等；管理員二十一人至三十五人、辦事員四人至六人，職務均列委任第三職等至第五職等；書記三人至五人，職務列委任第一職等至第三職等。

　　　　醫護室置主任一人，職務列薦任第七職等至第九職等；醫師一人，職務列薦任第六職等至第八職等；醫事檢驗師、藥師、護理師各一人，職務均列委任第五職等或薦任第六職等至第七職等；護士一人，職務列委任第三職等至第五職等。

第25條　依第十二條規定分組辦事者，各置組長一人，由教師或薦任人員兼任，不另列等。但訓導處設有女生組者，其組長應由女性教導員兼任。

第26條　矯正學校設人事室，置主任一人，職務列薦任第七職等至第九職等；事務較簡者，置人事管理員，職務列委任第五職等至薦任第七職等，依法辦理人事管理事項；其餘所需工作人員，就本通則所定員額內派充之。

第27條　矯正學校設會計室，置會計主任一人，職務列薦任第七職等至第九職等；事務較簡者，置會計員一人，職務列委任第五職等至薦任第七職等，依法辦理歲計、會計及統計事項；其餘所需工作人員，就本通則所定員額內派充之。

第28條　矯正學校設政風室，置主任一人，職務列薦任第七職等至第九職等，依法辦理政風事項；其餘所需工作人員，就本通則所定員額內派充之。事務較簡者，其政風業務由其上級機關之政風機構統籌辦理。

第29條　聘任人員之權利義務及人事管理事項，均適用或準用教育人事法令之規定辦理。

　　　　前項從事矯正教育者，應給予特別獎勵及加給；其獎勵及加給辦法，由教育部會同法務部擬訂，報行政院核定。

第30條　第二十條、第二十四條、第二十六條至第二十八條所定列有官等、職等人員，其職務所適用之職系，依公務人員任用法第八條之規定，就有關職系選用之。

第31條　本通則施行前，少年輔育院原聘任之導師四十九人、訓導員三十人，其未具任用資格者，得占用第二十四條教導員之職缺，以原進用方式繼續留用至其離職或取得任用資格為止。

　　　　前項人員之留用，應先經法務部之專業訓練合格。訓練成績不合格

者，其聘約於原聘任之輔育院完成矯正學校之設置前到期者，得續任至其聘約屆滿為止；其聘約於該矯正學校完成設置後到期者，得續任至該矯正學校完成設置為止。

前項之專業訓練，由法務部於本法公布後三年內分次辦理之，每人以參加一次為限；其專業訓練辦法，由法務部定之。

本通則施行前，原任少年輔育院之技師十二人、技術員九人，其未具任用資格者，得占用第二十四條技士、管理員、辦事員或書記之職缺，以原進用方式繼續留用其離職或取得任用資格為止。

第一項及第四項人員於具有其他職務之任用資格者，應優先改派。

本通則施行前，原任少年輔育院之雇員九十六人，其未具公務人員任用資格者，得占用第二十四條管理員、書記之職缺，繼續其僱用至離職時為止。

第一項、第四項及前項人員之留用、改派，應依第八十三條矯正學校之分階段設置，分別處理。

第32條　矯正學校設校務會議，由校長、副校長、秘書、各處、室主管及全體專任教師、輔導教師或其代表及教導員代表組成之，以校長為主席，討論校務興革事宜。每學期至少開會一次，必要時得召開臨時會議。

第33條　矯正學校設學生處遇審查委員會，由校長、副校長、秘書、教務主任、訓導主任、輔導主任、總務主任、醫護室主任及四分之一導師代表組成之，以校長為主席。

關於學生之累進處遇、感化教育之免除或停止執行之聲請及其他重大處遇事項，應經學生處遇審查委員會之決議；必要時，得請有關之教導員列席說明。但有急速處分之必要時，得先由校長行之，提報學生處遇審查委員會備查。

學生處遇審查委員會會議規則，由法務部定之。

第33-1條　矯正學校設假釋審查委員會，置委員七人至十一人，除校長、訓導主任、輔導主任為當然委員外，其餘委員由校長報請法務部核准後，延聘心理、教育、社會、法律、犯罪、監獄學等學者專家及其他社會公正人士擔任之。

關於學生之假釋事項，應經假釋審查委員會之決議，並報請法務部核准後，假釋出校。

第34條　矯正學校設教務會議，由教務主任、訓導主任、輔導主任及專任教師、輔導教師代表組成之，以教務主任為主席，討論教務上重要事項。

第35條　矯正學校設訓導會議，由訓導主任、教務主任、輔導主任、醫護室主任、全體導師、輔導教師及教導員代表組成之，以訓導主任為主席，討論訓導上重要事項。

第36條　矯正學校設輔導會議，由輔導主任、教務主任、訓導主任、醫護室

主任、全體輔導教師、導師及教導員代表組成之，以輔導主任為主席，討論輔導上重要事項。

第37條 學生入校時，矯正學校應查驗其判決書或裁定書、執行指揮書或交付書、身分證明及其他應備文件。

執行徒刑者，指揮執行機關應將其犯罪原因、動機、性行、境遇、學歷、經歷、身心狀況及可供處遇參考之事項通知矯正學校；執行感化教育處分者，少年法庭應附送該少年與其家庭及事件有關之資料。

第38條 學生入校時，矯正學校應依規定個別製作其名籍調查表等基本資料。

第39條 學生入校時，應行健康檢查；其有下列情形之一者，應令其暫緩入校，並敘明理由，請指揮執行機關或少年法庭斟酌情形送交其父母、監護人、醫院或轉送其他適當處所：

一、心神喪失者。

二、現罹疾病，因執行而有喪生之虞者。

三、罹法定傳染病、後天免疫缺乏症候群或其他經中央衛生主管機關指定之傳染病者。

四、懷胎五月以上或分娩未滿二月者。

五、殘廢不能自理生活者。

發現前項第三款情事時，應先為必要之處置。

第40條 學生入校時，應檢查其身體及衣物。女生之檢查，由女性教導員為之。

第41條 學生入校時，應告以應遵守之事項，並應將校內各主管人員姓名及接見、通訊等有關規定，告知其父母或監護人。

第42條 學生入校後，依下列規定編班：

一、學生入校後之執行期間，得以完成一學期以上學業者，應編入一般教學部就讀。

二、學生入校後之執行期間，無法完成一學期學業者，或具有相當於高級中等教育階段之學力者，編入特別教學部就讀。但學生願編入一般教學部就讀者，應儘量依其意願。

三、學生已完成國民中學教育，不願編入一般教學部就讀，或已完成高級中等教育者，編入特別教學部就讀。

未滿十五歲國民教育階段之學生，除有第三條第二項之情形外，應儘量編入一般教學部就讀。

第43條 學生入校後，應由輔導處根據各有關處、室提供之調查資料，作成個案分析報告。但對於一年內分期執行或多次執行而入校者，得以覆查報告代之。

前項個案分析報告，應依據心理學、教育學、社會學及醫學判斷。

一般教學部者，應於一個月內完成；特別教學部者，應於十五日內

完成後，提報學生處遇審查委員會決定分班、分級施教方法。

第44條　學生出校時，應於核准命令預定出校日期或期滿之翌日午前，辦畢出校手續離校。

第45條　學生出校後之就學、就業及保護等事項，應於出校六週前完成調查並預行籌劃。但對執行期間為四個月以內者，得於行第四十三條之調查時，一併為之。

　　　　矯正學校應於學生出校前，將其預定出校日期通知其父母、監護人或最近親屬；對應付保護管束者，並應通知觀護人。

　　　　矯正學校對於出校後就學之學生，應通知地方主管教育行政機關，並應將學生人別資料由主管教育行政機關納入輔導網路，優先推介輔導；主管教育行政機關對於學生之相關資料，應予保密。

　　　　矯正學校對於出校後就業之學生，應通知地方政府或公立就業服務機構協助安排技能訓練或適當就業機會。

　　　　矯正學校對於出校後未就學、就業之學生，應通知其戶籍地或所在地之地方政府予以適當協助或輔導。

　　　　矯正學校對於出校後因經濟困難、家庭變故或其他情形需要救助之學生，應通知更生保護會或社會福利機構協助；該等機構對於出校之學生請求協助時，應本於權責盡力協助。

　　　　第二項至第六項之通知，應於學生出校一個月前為之。矯正學校對於出校後之學生，應於一年內定期追蹤，必要時，得繼續聯繫相關機關或機構協助。

第46條　矯正學校對於因假釋或停止感化教育執行而付保護管束之學生，應於其出校時，分別報知該管地方法院檢察署或少年法庭，並附送其在校之鑑別、學業及言行紀錄。

第47條　學生在校內死亡者，矯正學校應即通知其父母、監護人或最近親屬，並即報知檢察官相驗，聽候處理。

　　　　前項情形如無法通知或經通知無人請領屍體者，應冰存屍體並公告三個月招領。屆期無人請領者，埋葬之。

　　　　前二項情形，應專案報告法務部。

第48條　死亡學生遺留之金錢及物品，矯正學校應通知其父母或監護人具領；其無父母或監護人者，通知其最近親屬具領。無法通知者，應公告之。

　　　　前項遺留物，經受通知人拋棄或經通知逾六個月或公告後逾一年無人具領者，如係金錢，其所有權歸屬國庫；如係物品，得於拍賣後將其所得歸屬國庫；無價值者毀棄之。

第49條　學生脫逃者，矯正學校除應分別情形報知檢察官偵查或少年法庭調查外，並應報告法務部。

　　　　前項情形如有必要者，應函告主管教育行政機關。

第50條　脫逃學生遺留之金錢及物品，自脫逃之日起，經過一年尚未緝獲

者，矯正學校應通知其父母或監護人具領；其無父母或監護人者，通知其最近親屬具領。無法通知者，應公告之。

前項遺留物，經受通知人拋棄或經通知或公告後逾六個月無人具領者，依第四十八條第二項規定辦理。

第51條　矯正學校之教學，應以人格輔導、品德教育及知識技能傳授為目標，並應強化輔導工作，以增進其社會適應能力。

一般教學部應提供完成國民教育機會及因材適性之高級中等教育環境，提升學生學習及溝通能力。

特別教學部應以調整學生心性、適應社會環境為教學重心，並配合職業技能訓練，以增進學生生活能力。

第52條　矯正學校之一般教學部為一年兩學期；特別教學部為一年四期，每期以三個月為原則。

第53條　矯正學校每班學生人數不超過二十五人。但一班之人數過少，得行複式教學。

男女學生應分別管理。但教學時得合班授課。

第54條　矯正學校應依矯正教育指導委員會就一般教學部及特別教學部之特性所指導、設計之課程及教材，實施教學，並對教學方法保持彈性，以適合學生需要。

矯正學校就前項之實施教學效果，應定期檢討，並送請矯正教育指導委員會作調整之參考。

一般教學部之課程，參照高級中學、高級職業學校、國民中學、國民小學課程標準辦理。職業訓練課程，參照職業訓練規範辦理。

為增進學生重返社會之適應能力，得視學生需要，安排法治、倫理、人際關係、宗教與人生及生涯規劃等相關課程。

第55條　矯正學校對學生之輔導，應以個別或團體輔導之方式為之。一般教學部，每週不得少於二小時；特別教學部，每週不得少於十小時。

前項個別輔導應以會談及個別諮商方式進行；團體輔導應以透過集會、班會、聯誼活動、社團活動及團體諮商等方式進行。

輔導處為實施輔導，應定期召開會議，研討教案之編排、實施並進行專業督導。

第56條　矯正學校應儘量運用社會資源，舉辦各類教化活動，以增進學生學習機會，提升輔導功能。

第57條　矯正學校得視實際需要，辦理校外教學活動；其辦法由法務部會同教育部定之。

第58條　矯正學校之一般教學部得依實際需要辦理國中技藝教育班、實用技能班及特殊教育班等班級。

一般教學部之學生，於寒暑假期間，得依其意願參與特別教學部；必要時並得命其參與。

第59條　矯正學校各級教育階段學生之入學年齡，依下列規定：

一、國民教育階段：六歲以上十五歲未滿。

二、高級中學、高級職業教育階段：十五歲以上十八歲未滿。

前項入學年齡得針對個別學生身心發展狀況或學習、矯正需要，予以提高或降低。

前項入學年齡之提高或降低，應由矯正學校報請省（市）主管教育行政機關備查。

第60條　矯正學校對於入校前曾因特殊情形遲延入學或休學之學生，應鑑定其應編入之適當年級，向主管教育行政機關申請入學或復學，並以個別或特別班方式實施補救教學。

原主管教育行政機關或原就讀學校於矯正學校索取學生學歷證明或成績證明文件時，應即配合提供。

第61條　矯正學校對於學生於各級教育階段之修業年限，認為有延長必要者，得報請主管教育行政機關核定之。但每級之延長，不得超過二年或其執行期限。

第62條　學生於完成各級教育階段後，其賸餘在校時間尚得進入高一級教育階段者，逕行編入就讀。

矯正學校對於下列學生得輔導其轉讀職業類科、特別教學部或其他適當班級就讀：

一、已完成國民義務教育，不適於或不願接受高級中學教育者。

二、已完成高級中等教育者。

第63條　學生於各級教育階段修業期滿或修畢應修課程，成績及格者，國民教育階段，由學生戶籍所在地發給畢業證書；高級中等教育階段，由學生學籍所屬學校發給畢業證書，併同原校畢（結）業生冊報畢（結）業資格，送請各該主管教育行政機關備查。

第64條　矯正學校得依學生之興趣及需要，於正常教學課程外，辦理課業或技藝輔導。

第65條　學生符合出校條件而未完成該教育階段者，學生學籍所屬學校應許其繼續就讀；其符合出校條件時係於學期或學年終了前者，矯正學校亦得提供食、宿、書籍許其以住校方式繼續就讀至學期或學年終了為止或安排其轉至中途學校寄讀至畢業為止。

第66條　前條學生欲至學籍所屬以外之學校繼續就讀者，得於其出校前，請求矯正學校代向其學籍所屬之學校申請轉學證明書。

學生之轉學相關事宜，各該主管教育行政機關應於其權責範圍內協助辦理。

第67條　矯正學校畢（肄）業學生，依其志願，報考或經轉學編級試驗及格進入其他各級學校者，各該學校不得以過去犯行為由拒其報考、入學。

前項學生之報考、入學事宜，各該主管教育行政機關應於權責範圍內協助辦理。

第 68 條　第五十九條至第六十一條、第六十二條第一項、第六十三條及第六十五條至第六十七條規定，於特別教學部學生不適用之。

第 69 條　學生之生活及管教，應以輔導、教化方式為之，以養成良好生活習慣，增進生活適應能力。
學生生活守則之訂定或修正，得由累進處遇至第二級（等）以上之學生推派代表參與；各班級並得依該守則之規定訂定班級生活公約。

第 70 條　學生之住宿管理，以班級為範圍，分類群居為原則；對於未滿十二歲學生之住宿管理，以採家庭方式為原則。
執行拘役之學生，與執行徒刑之學生分別住宿。
十二歲以上之學生，有違反團體生活紀律之情事而情形嚴重者，得使獨居；其獨居期間，每次不得逾五日。

第 71 條　學生禁用菸、酒及檳榔。

第 72 條　矯正學校對於送入予學生或學生持有之書刊，經檢查後，認無妨害矯正教育之實施或學生之學習者，得許閱讀。

第 73 條　學生得接見親友。但有妨害矯正教育之實施或學生之學習者，得禁止或限制之；學生接見規則，由法務部定之。
學生得發、受書信。矯正學校並得檢閱之，如認有前項但書情形，學生發信者，得述明理由並經其同意刪除後再行發出；學生受信者，得述明理由並經其同意刪除再交學生收受；學生不同意刪除者，得禁止其發、受該書信。

第 74 條　對於執行徒刑、拘役或成化教育處分六個月以上之學生，為促其改悔向上，適於社會生活，應將其劃分等級，以累進方法處遇之。
學生之累進處遇，應分輔導、操行及學習三項進行考核，其考核人員及分數核給辦法，由法務部另定之。
第一項之處遇，除依前項規定辦理外，受徒刑、拘役之執行者，依監獄行刑法、行刑累進處遇條例及其相關規定辦理；受感化育之執行者，依保安處分執行法及其相關規定辦理。

第 75 條　矯正學校對於罹患疾病之學生，認為在校內不能為適當之醫治者，得斟酌情形，報請法務部許可戒送醫院或保外醫治。但有緊急情形時，得先行處理，並即報請法務部核示。
前項情形，戒送醫院就醫者，其期間計入執行期間；保外就醫者，其期間不計入執行期間。
為第一項處理時，應通知學生之父母、監護人或最近親屬。

第 76 條　前條所定患病之學生，請求自費延醫至校內診治者，應予許可。

第 77 條　學生有下列各款行為之一時，予以獎勵：
一、行為善良，足為其他學生之表率者。
二、學習成績優良者。
三、有特殊貢獻，足以增進榮譽者。

四、有具體之事實，足認其已有顯著改善者。

五、有其他足資獎勵之事由者。

第78條　前條獎勵方法如下：

一、公開嘉獎。

二、發給獎狀或獎章。

三、增給累進處遇成績分數。

四、給與書籍或其他獎品。

五、給與適當數額之獎學金。

六、其他適當之獎勵。

第79條　執行徒刑、拘役之學生，有違背紀律之行為時，得施以下列一款或數款之懲罰：

一、告誡。

二、勞動服務一日至五日，每日以二小時為限。

三、停止戶外活動一日至三日。

執行感化教育之學生，有前項之行為時，得施以下列一款或二款之懲罰：

一、告誡。

二、勞動服務一日至五日，每日以二小時為限。

前二項情形，輔導教師應立即對受懲罰之學生進行個別輔導。

第80條　學生受獎懲時，矯正學校應即通知其父母、監護人或最近親屬。

第81條　學生之教養相關費用，由法務部編列預算支應之。

第82條　矯正學校應視需要，定期舉辦親職教育或親子交流活動，導正親職觀念，強化學生與家庭溝通。

第83條　本通則施行後，法務部得於六年內就現有之少年輔育院、少年監獄分階段完成矯正學校之設置。

第84條　本通則施行後，原就讀少年監獄、少年輔育院補習學校分校者或就讀一般監獄附設補習學校之未滿二十三歲少年受刑人應配合矯正學校之分階段設置，將其原學籍轉入依第六條第三項所定之學籍所屬學校，並由矯正學校鑑定編入適當年級繼續就讀。

第85條　少年輔育院條例於法務部依本通則規定就少年輔育院完成矯正學校之設置後，不再適用。

第86條　本通則施行日期，由行政院以命令定之。

附錄九
更生保護法

民國九十一年七月十日修正

第1條 為保護出獄人及依本法應受保護之人,使其自立更生,適於社會生活;預防其再犯,以維社會安寧,特制定本法;本法未規定者,適用其他法律。

第2條 左列之人,得予以保護:
一、執行期滿,或赦免出獄者。
二、假釋、保釋出獄,或保外醫治者。
三、保安處分執行完畢,或免其處分之執行者。
四、受少年管訓處分,執行完畢者。
五、依刑事訴訟法第二百五十三條或軍事審判法第一百四十七條,以不起訴為適當,而予以不起訴之處分者。
六、受免除其刑之宣告,或免其刑之執行者。
七、受緩刑之宣告者。
八、受徒刑或拘役之宣告,在停止執行中或經拒絕收監者。
九、在觀護人觀護中之少年。
十、在保護管束執行中者。

第3條 前條所定之人,得向其住所、居所或所在地之更生保護會或其分會聲請保護。
檢察官、軍事檢察官、觀護人或監獄長官,對前條所定之人,認有應受保護之必要者,應通知各該受保護人之住所、居所或所在地之更生保護會或其分會,經其同意保護之。

第4條 更生保護會為財團法人,辦理更生保護事業,受法務部之指揮、監督,登記前應經法務部之許可。
前項更生保護會之組織及管理辦法,由法務部定之。

第5條 更生保護會設於各高等法院所在地。各地方法院所在地,得設分會。

第6條 更生保護會設更生保護輔導區,配置更生輔導員,執行有關更生保護事項。

第7條 更生輔導員,由更生保護會或分會,遴聘更生保護輔導區內適當人士擔任之。
更生輔導員為無給職,其聘任之期間與表揚方法,由更生保護會以章程定之。

第8條 更生保護會為實施更生保護,得設收容機構,創辦各種生產事業或

技藝訓練機構。

第9條　更生保護會實施更生保護或辦理更生保護事業所需經費，由更生保護會就其財產統籌支應，並得向會外籌募。

為加強更生保護事業之推進，各級政府得按更生保護會及其分會之實際需要，予以補助。

第9-1條　更生保護會財產之使用、收益、處分及接受政府補助、向外籌募經費之處理與運用等事項之管理辦法，由法務部定之。

第10條　法務部為輔助更生保護事業，得設置更生保護基金；其設置及管理辦法，由法務部擬訂，報請行政院核定之。

第11條　實施更生保護，得依其情狀，分別採用左列方式：

一、直接保護：以教導、感化或技藝訓練之方式行之。其衰老、疾病或殘廢者，送由救濟或醫療機構安置或治療。

二、間接保護：以輔導就業、就學或其他適當方式行之。

三、暫時保護：以資送回籍或其他處所，或予以小額貸款或其他適當方式行之。

第12條　更生保護會實施更生保護時，應與當地法院、法院檢察處、監獄、警察機關、就業輔導、慈善、救濟及衛生醫療等機構密切聯繫，並請予以協助。

第13條　對於受保護人之保護方式，由更生保護會或分會定之。

更生輔導員在執行更生保護中，對於受保護人認有改變保護方式必要時，應敘明理由，報請所屬更生保護會或分會許可。

第14條　更生保護會或分會，對於收容之受保護人，得按性別、年齡、性行，分別收容。

第15條　受保護人有左列情事之一者，停止其保護：

一、原保護之目的已完成者。

二、習藝中已能自立謀生者。

三、已輔導就業、就學或自覓工作者。

四、違反會規，情節重大者。

五、受保護人請求停止保護者。

六、其他經更生保護分會認為已無保護之必要者。

第16條　受直接保護之人死亡時，更生保護會或分會應通知檢察官相驗；有家屬者，並應通知其家屬。

第16-1條　更生保護事業辦理不善或違反法令或設立許可條件者，法務部得視情節，分別為下列之處理：

一、糾正。

二、限期整頓改善。

三、解散董事會。

第17條　本法施行前，高等法院轄區內所設更生保護會，應依法辦理變更證記。

第18條　本法施行細則，由法務部定之。
第19條　本法自公布日施行。

附錄十
更生保護法施行細則

民國九十二年二月十四日修正

第1條　本細則依更生保護法（以下簡稱本法）第十八條規定訂定之。

第2條　從事更生保護事業人員，應本仁愛精神，輔導受保護人自立更生。

第3條　更生保護會依法辦理更生保護事業，並監督及考核所屬各分會之業務。更生保護會設有分會者，每年至少派員視察各分會一次。必要時，得隨時派員視察之。

第4條　本法第五條所定更生保護會分會，其轄區以各地方法院管轄區域為準；在其轄區內，以鄉（鎮、市）或區為本法第六條所定之更生保護輔導區（以下簡稱輔導區）。

第5條　更生保護會依本法第八條規定創辦生產事業或技藝訓練機構時，得聘請適當人員擔任技術輔導，並應擬定實施計畫，報請法務部核定。

第6條　更生輔導員應由更生保護會發給志願服務證，並將名冊報請法務部備查。
　　　　前項人員執行職務時，應避免洩露本人及受保護人之身分。

第7條　更生輔導員之召募、訓練、管理、運用、輔導、考核及其服務項目，應由更生保護會依志願服務法之規定擬定志願服務計畫，報請內政部及法務部備案。

第8條　更生輔導員因業務上之需要，至犯罪矯正機關訪視本法第二條所定得予以保護之人時，各有關機關應予必要之協助。

第9條　法務部應派員視察更生保護會，每年至少一次。

第10條　更生保護會之會計制度及其會計報告程序，由更生保護會擬定，報請法務部核定。

第11條　更生保護會應編列年度預算，報請法務部核定。

第12條　法務部對推動更生保護事業成績卓著者，應予獎勵。

第13條　本法第十一條第一款所定直接保護方式如下：

一、受保護人確需收容者，得暫時收容於更生保護會設置之收容機構，施予教導或從事各種生產事業及技藝訓練。

二、更生保護會或分會對有工作能力之受保護人，得視其人數多寡，與有關機關、團體合作辦理短期技藝訓練或轉介參加職業訓練。

三、更生保護會或分會對衰老、疾病或身心障礙之受保護人，得轉介收容或醫療機構安置或治療。

第14條　更生保護會或分會接獲申請保護或通知保護後，認有本法第十一條第二款所定間接保護之必要者，應以保護通知書通知更生輔導員，實施保護。

更生輔導員對受保護人實施保護，認有必要時，得由更生保護會或分會向犯罪矯正機關請求提供各該受保護人之有關資料。但對外不得洩漏資料之內容。

更生保護會或分會得知受保護管束之受保護人有再犯之虞時，應通知指揮執行保護管束之檢察官及觀護人。

第15條　更生保護會或分會接獲申請保護或通知保護後，應審查受保護人之需要，為下列一種或數種之暫時保護：

一、旅費之資助。

二、各種車票之代購及供給。

三、膳宿費之資助。

四、戶口之協助申報。

五、醫藥費之資助。

六、護送受保護人回籍、回家或護送至其他處所。

七、小額借款。

八、其他必要之保護。

第16條　本法第十二條所定之各機關（構），應協助更生保護會或分會推動更生保護事業。

第17條　更生保護會或分會得聘請專家、學者及社會熱心公益適當人士組成諮詢小組，提供有關策進更生保護事業之意見或協助推展更生保護事業。

第18條　更生保護會或分會依本法第十五條規定，對受保護人停止保護時，其為受保護管束之人者，更生保護會或分會應通知指揮執行保護管束之檢察官及觀護人。

第19條　本細則自發布日施行。

附錄十一
更生保護會組織及管理辦法

民國九十二年一月六日公布

第1條　本辦法依更生保護法第四條第二項規定訂定之。

第2條　更生保護會依更生保護法之規定辦理更生保護事業，對更生保護法第二條各款所列之人，實施更生保護，輔導其自立更生，適於社會生活，預防其再犯，以維社會安寧。

第3條　更生保護會辦理下列事項：

一、受保護人出獄前聯絡事項。

二、受保護人出獄前後教化輔導事項。

三、受保護人收容事項。

四、受保護人家屬及更生輔導員聯繫協調事項。

五、受保護人救助事項。

六、生產事業之創辦事項。

七、受保護人輔導就業、就學、就醫、就養事項。

八、受保護人家庭貧困之急難救助及安置之協助事項。

九、受保護人與被害人或近鄰調解事項。

十、受保護人追蹤輔導事項。

十一、更生保護事業經費籌募事項。

十二、更生保護事業研究發展事項。

十三、其他更生保護事項。

更生保護會辦理前項第二款、第三款、第六款、第七款、第九款、第十款、第十二款及第十三款事項，得結合相關團體，以委託或合作方式辦理。

第4條　更生保護會設董事會，置董事五人至二十五人，無給職，其中一人為董事長，由法務部就有關機關、團體主管人員、學者專家、熱心社會公益之適當人士聘任之。但捐助人得指定部分董事，名額不得超過三分之一。任期三年，連聘得連任。

前項董事任期未屆滿前，董事有辭職、死亡、不適任、因故無法執行職務或機關、團體代表職務異動時，由法務部另行遴聘適當人員補足原任期。

第5條　董事會職權如下：

一、章程之變更。

二、會務方針及計畫之審核。

三、內部組織之訂定及管理。

四、經費之籌措、管理及運用。

五、捐助財產之保管及運用。

六、財產之管理及運用。

七、預算及決算之審核。

八、更生保護會之解散或合併。

九、重要規章之訂定。

十、其他重大事項之決定。

第6條　董事會得設常務董事會，置常務董事若干人，除董事長為當然常務董事外，餘由董事互選之。

常務董事會執行董事會之決議及其他會務運作事項。

第7條　董事長專任或兼任，綜理會務，對外代表更生保護會。

第8條　更生保護會置監察人三人至五人，無給職，其中一人為常務監察人，由法務部就有關機關、團體主管人員、學者專家、熱心社會公益之適當人士聘任之，任期三年，連聘得連任。

監察人掌理捐助財產、存款之稽核，財務狀況之監督及決算表冊之查核等事項。

常務監察人應列席董事會。

第9條　更生保護會得視業務需要，經董事會決議，聘請顧問若干人，無給職。

第10條　更生保護會設有分會者，得設委員會，置委員若干人，無給職，其中一人為主任委員，由更生保護會就有關機關、團體主管人員、學者專家、熱心社會公益之適當人士聘任之。任期三年，連聘得連任。

主任委員綜理分會業務，對外代表分會。

第一項委員任期未屆滿前，委員有辭職、死亡、不適任、因故無法執行職務或機關、團體代表職務異動時，由更生保護會另行遴聘適當人員補足原任期。

第11條　分會得置榮譽主任委員一人，無給職，協助處理分會會務，由更生保護會就有關機關、團體主管人員、學者專家、熱心社會公益之適當人士聘任之。任期三年，連聘得連任。

榮譽主任委員任期未屆滿前，有辭職、死亡、不適任、因故無法執行職務或機關、團體代表職務異動時，由更生保護會另行遴聘適當人員補足原任期。

第12條　更生保護會置執行長一人，承董事長之命，辦理日常事務。由董事長提名，經董事會同意後聘任之；解任時，亦同。置副執行長一人至二人及其他工作人員若干人，均由董事長聘請適當人士擔任之。

更生保護會分會置執行秘書一人、工作人員若干人，均由董事長聘請適當人士擔任之。

前二項工作人員專任或兼任。專任人員之進用、服務、待遇、撫

卹、福利及考績等人事事項之管理，由更生保護會訂定，報請法務部核定後施行。

第13條　董事會應每半年召開一次。董事長認有必要或經現任董事總額三分之一以上書面提議，應召集臨時會。

董事會由董事長召集並擔任主席。董事長因故不能召集或主持會議時，由其指定常務董事一人代理之。董事長未指定時，由常務董事互推之。

第14條　董事會之決議，應有過半數以上董事出席及出席董事過半數之同意。但下列事項之決議，應有三分之二以上董事出席及出席董事過半數之同意，並應報經法務部核准：

一、章程之變更；如有民法第六十二條、第六十三條情形並應經法院為必要之處分。

二、不動產之處分或設定負擔、權利之重大處分或設定負擔。

三、解散或合併。

四、捐助財產之動支。

前項各款討論事項，應於開會十日前，將相關資料分送全體董事及法務部。法務部應派員出席，並得於表決前參與討論。

第15條　更生保護會之會計年度採曆年制。

更生保護會應按月或按期將保護業務成果及會計報告報請法務部備查。

更生保護會應於每年年度結束前，訂定次年度之工作計畫，編列預算，提經董事會通過後，於十二月一日前報請法務部備查。並於年度結束後，編製上年度工作成果併同經監察人查核後之收支決算及財產清冊，於二月底前報請法務部備查。

第16條　更生保護會應以捐助財產孳息及成立後所得辦理各項保護業務，捐助財產非經董事會決議及法務部許可，不得動支或處分。

更生保護會之財產，應以更生保護會名義登記或專戶儲存，除本法或其他法律另有規定外，不得存放或貸與董事、其他個人或非金融機構，並不得有分配盈餘之行為。

第17條　法務部得派員檢查更生保護會之組織、管理方法、有無違反設立目的、財產保管、財務狀況、經費運用情形、業務績效及其他依法必要監督事項。

第18條　本辦法施行前已成立之更生保護會，有不符合本辦法規定者，應自本辦法施行之日起六個月內補正。

第19條　本辦法自發布日施行。

附錄十二
犯罪少年生活及職業需求與態度問卷

編號：

各位同學，您好：

　　我是○○大學○○研究所博士班研究生，正在進行一項學術性研究，目的是想瞭解同學們對自己的職業態度與未來工作需求，有關事項的意見和看法及感受。為使本項研究能順利進行，丞須您的協助惠填。您所填的資料是相當寶貴和有價值的，而且僅供研究之用，絕對保密，結果是以統計方式呈現，不做個別的報導，請您放心填寫，謝謝您的合作。敬祝
萬事如意

　　　　　　　○○大學○○研究所博士班研究生 ○○○ 敬上

一、個人基本調查表

1.性別：□(1)男　□(2)女
2.年級：□(1)一年級　□(2)二年級　□(2)三年級
3.父親的教育程度：
　□(1)不識字　□(2)識字、國小肄業或畢業
　□(3)初（國）中、初職肄業或畢業、高中職肄業
　□(4)高中職畢業、專科肄業
　□(5)專科畢業或大學以上程度
4.母親的教育程度：
　□(1)不識字　□(2)識字、國小肄業或畢業
　□(3)初（國）中、初職肄業或畢業、高中職肄業
　□(4)高中職畢業、專科肄業
　□(5)專科畢業或大學以上程度
5.父親的職業：
　□(1)半（非）技術工或無業（如工友、臨時工、作業員……）
　□(2)技術性工人（如技工、水電工……等）
　□(3)半專業人員（如售貨員、助理人員……等）
　　　一般性公務員（如書記、辦事員、約催人員……）
　□(4)專業人員（如工程師、營養師、住院醫師、律師……）
　　　中級行政人員（如專員、秘書、老師、講師、助教授……）
　□(5)高級專業人員（如總工程師、主治醫師、院長、經理……）
　　　高級行政人員（如總經理、民意代表、行政首長、副教授……）

6.母親的職業：
　　□(1)半（非）技術工或無業（如工友、臨時工、作業員……）
　　□(2)技術性工人（如技工、水電工……）
　　□(3)半專業人員（如售貨員、助理人員……）
　　　　一般性公務員（如書記、辦事員、約僱人員……）
　　□(4)專業人員（如工程師、營養師、住院醫師、律師……）
　　　　中級行政人員（如專員、秘書、老師、講師、助教授……）
　　□(5)高級專業人員（如總工程師、主治醫師、院長、經理……）
　　　　高級行政人員（如總經理、民意代表、行政首長、副教授……）

7.我在學校中和老師討論功課：
　　□(1)很喜歡
　　□(2)部分喜歡
　　□(3)不喜歡

8.我對老師的教學方法：
　　□(1)全部都很喜歡
　　□(2)部分喜歡
　　□(3)全部都不喜歡

9.我在學校中和老師相處的情
　　形：
　　□(1)喜歡所有的老師
　　□(2)喜歡部分的老師
　　□(3)不喜歡所有的老師

10.我對老師設計的教具或
　　使用的材料：
　　□(1)很滿意
　　□(2)有一些滿意
　　□(3)很不滿意

11.我對老師教學的內容：
　　□(1)全部都很喜歡
　　□(2)部分喜歡
　　□(3)全部都不喜歡

12.我對老師的教學態度：
　　□(1)全部都很喜歡
　　□(2)部分喜歡
　　□(3)全部不喜歡

13.我對老師語言表達能力：
　　□(1)很滿意
　　□(2)有一些滿意
　　□(3)很不滿意

14.我對學校的校訓：
　　□(1)很贊同
　　□(2)有一些贊同
　　□(3)很不贊同

15.我對老師的上課氣氛：
　　□(1)全部很喜歡
　　□(2)部分喜歡
　　□(3)全部不喜歡

16.我對學校福利社賣的東西：
　　□(1)很滿意
　　□(2)有一些滿意
　　□(3)很不滿意

17.我對學校的環境設計：
　　□(1)很喜歡
　　□(2)部分喜歡
　　□(3)不喜歡

18.我對學校校歌：
　　□(1)很喜歡
　　□(2)部分喜歡
　　□(3)不喜歡

19.我對學校播放的音樂：
　　□(1)很喜歡
　　□(2)部分喜歡
　　□(3)不喜歡

20.我在學校中和同學討論功課：
　　□(1)很喜歡
　　□(2)部分喜歡
　　□(3)不喜歡

21.我對學校的校服：
　□(1)全部很喜歡
　□(2)部分喜歡
　□(3)全部不喜歡

22.我在學校中和同學相處的情形：
　□(1)喜歡所有的同學
　□(2)喜歡部分的同學
　□(3)不喜歡所有的同學

23.我對參加校慶活動：
　□(1)全部很喜歡
　□(2)部分喜歡
　□(3)全部不喜歡

24.我對同學上課說話：
　□(1)全部都很喜歡
　□(2)部分喜歡
　□(3)全部都不喜歡

25.我對學校的運動場所：
　□(1)全部很喜歡
　□(2)部分喜歡
　□(3)全部不喜歡

26.我對同學的作弊行為：
　□(1)全部很喜歡
　□(2)部分喜歡
　□(3)全部不喜歡

27.我在學校和同學一起運動：
　□(1)很喜歡
　□(2)部分喜歡
　□(3)不喜歡

28.父母親對我的學習態度：
　□(1)非常重視
　□(2)還算重視
　□(3)根本不重視

29我放假和同學一起娛樂：
　□(1)很喜歡
　□(2)部分喜歡
　□(3)不喜歡

30.父母親對我的學習方法：
　□(1)非常重視
　□(2)還算重視
　□(3)根本不重視

31.我對同學借錢不還的行為：
　□(1)很喜歡
　□(2)部分喜歡
　□(3)不喜歡

32.父母對我的學業成績：
　□(1)非常重視
　□(2)還算重視
　□(3)根本不重視

33.我對殘障的同學：
　□(1)全部很喜歡
　□(2)部分喜歡
　□(3)全部不喜歡

34.父母親對我做功課所需要的文具：
　□(1)通常很樂意答應購買
　□(2)不注意有沒有購買的需要
　□(3)從來不答應購買

35.父母親對我的學業：
　□(1)經常鼓勵與督促
　□(2)偶爾鼓勵與督促
　□(3)不聞不問(都不管)

36.我小時候參加學校課外活動：
　□(1)很喜歡
　□(2)部分喜歡
　□(3)很不喜歡

37.父母親對我做功課所需要的書籍：
　□(1)通常很樂意答應購買
　□(2)不注意有沒有購買的需要
　□(3)從來不答應購買

38.我小時候和同學辦家家酒：
　□(1)很喜歡
　□(2)部分喜歡
　□(3)很不喜歡

39.當我和父母親討論我的學業時：
　□(1)他們一直都熱心的提供意見
　□(2)偶爾表示一點意見
　□(3)一直都表現的很不關心

40.小時候和同學玩積木：
　□(1)很喜歡
　□(2)部分喜歡
　□(3)很不喜歡

41.父母親對我的學業：
　　□(1)經常跟學校老師聯絡
　　□(2)偶爾跟學校老師聯絡
　　□(3)從來沒有跟學校老師聯絡

42.我小時候放學回家不做功課：
　　□(1)很喜歡
　　□(2)部分喜歡
　　□(3)很不喜歡

43.小時候故意避開晨間打掃：
　　□(1)很喜歡
　　□(2)部分喜歡
　　□(3)很不喜歡

44.可以使我學更多知識的工作：
　　□(1)需要
　　□(2)部分需要
　　□(3)不需要

45.我小時候對學校的勞動服務：
　　□(1)很喜歡
　　□(2)部分喜歡
　　□(3)很不喜歡

46.可以買營養品補充體力的工作：
　　□(1)需要
　　□(2)部分需要
　　□(3)不需要

47.我小時候父母親分配家事
　　給我做：
　　□(1)很喜歡
　　□(2)部分喜歡
　　□(3)很不喜歡

48.能使我有安全感的工作：
　　□(1)需要
　　□(2)部分需要
　　□(3)不需要

49.我小時候幫親友師長做事：
　　□(1)很喜歡
　　□(2)部分喜歡
　　□(3)很不喜歡

50.能使我活得更有意義更美好的工作：
　　□(1)需要
　　□(2)部分需要
　　□(3)不需要

51.可以賺錢養家的工作：
　　□(1)需要
　　□(2)部分需要
　　□(3)不需要

52.能使我日子過得很快樂的工作：
　　□(1)需要
　　□(2)部分需要
　　□(3)不需要

53.盡國民的責任與義務的工作：
　　□(1)需要
　　□(2)部分需要
　　□(3)不需要

54.吃苦耐勞的體力工作：
　　□(1)需要
　　□(2)部分需要
　　□(3)不需要

55.我對錄影帶所提供的職業訊息：
　　□(1)很相信
　　□(2)部分相信
　　□(3)不相信

56.我對雜誌上所提供的職業訊息：
　　□(1)很相信
　　□(2)部分相
　　□(3)不相信

57.我對廣播所提供的職業訊息：
　　□(1)很相信
　　□(2)部分相信
　　□(3)不相信

58.我對公共場所提供的職業訊息：
　　□(1)很相信
　　□(2)部分相信
　　□(3)不相信

59.我對電視上所傳播的職業訊息：
　□(1)很相信
　□(2)部分相信
　□(3)不相信

60.如果你的鄰居和親友簽六合彩而不工作：
　□(1)很喜歡
　□(2)部分喜歡
　□(3)不喜歡

61.我對報紙所提供的職業訊息：
　□(1)很相信
　□(2)部分相信
　□(3)不相信

62.如果你的親友和鄰居努力工作：
　□(1)很喜歡
　□(2)部分喜歡
　□(3)不喜歡

63.我對車廂廣告提供的職業訊息：
　□(1)很相信
　□(2)部分相信
　□(3)不相信

64.如果你的鄰居和親友工作常摸魚和推拖拉：
　□(1)很喜歡
　□(2)部分喜歡
　□(3)不喜歡

65.我對宣傳海報所提供的職業訊息：
　□(1)很相信
　□(2)部分相信
　□(3)不相信

66.如果可能的話，我對從事和親友及鄰居同樣的工作：
　□(1)很喜歡
　□(2)部分喜歡
　□(3)不喜歡

67.如果你的鄰居和親友工作而且簽六合彩：
　□(1)很喜歡
　□(2)部分喜歡
　□(3)不喜歡

68.我對親友所從事的工作：
　□(1)很喜歡
　□(2)部分喜歡
　□(3)不喜歡

69.如果你的鄰居和親友常請假不工作：
　□(1)很喜歡
　□(2)部分喜歡
　□(3)不喜歡

70.我對鄰居所從事的工作：
　□(1)很喜歡
　□(2)部分喜歡
　□(3)不喜歡

二、少年職業輔導與職業訓練需求調查表

填答說明：本調查表中所提到的「學校」是代表您現在的輔育院或監獄，請在下列的「職業輔導」及「職業訓練」的「需要要」與「不需要」兩個選項中的□內，各選一項打「∨」，或在「＿＿＿」內填上您的想法。舉個例子：

職業輔導 ｜ 職業訓練

需要 不需要｜需要 不需要

親友 　　□　　　□　｜　□　　　□

如果您「需要」親友輔導協助您瞭解職業世界和職業訓練的情形，您就在「需要」的空格內打「∨」；如果「不需要」親友輔導協助您瞭解職業世界和職業訓練的情形，您就在「不需要」的空格內打「∨」。這樣懂了嗎？謝謝您的合作。

職業輔導 ｜ 職業訓練

需要 不需要｜需要 不需要

（一）在家人及親友方面
1. 父親　　　　　□　□｜□　□
2. 母親　　　　　□　□｜□　□
3. 祖父母　　　　□　□｜□　□
4. 兄姐　　　　　□　□｜□　□
5. 弟妹　　　　　□　□｜□　□
6. 叔伯　　　　　□　□｜□　□
7. 姑嬸、阿姨　　□　□｜□　□
8. 表兄弟姐妹　　□　□｜□　□
9. 朋友　　　　　□　□｜□　□
10. 其他 ＿＿＿＿＿＿＿＿

（二）在學校人員方面
11. 院長（校長、典獄長）□　□｜□　□
12. 導師　　　　　□　□｜□　□
13. 輔導老師　　　□　□｜□　□
14. 科任老師　　　□　□｜□　□
15. 其他工作人員　□　□｜□　□

（三）在學校場所方面
16. 學校公布欄　　□　□｜□　□

	職業輔導		職業訓練	
	需要	不需要	需要	不需要
17.學校輔導室	☐	☐	☐	☐
18.學校圖書館	☐	☐	☐	☐
19.教室	☐	☐	☐	☐

（四）在大眾傳播媒體方面

	職業輔導		職業訓練	
20.報紙	☐	☐	☐	☐
21.雜誌	☐	☐	☐	☐
22.海報	☐	☐	☐	☐
23.車廂廣告	☐	☐	☐	☐
24.公共場所	☐	☐	☐	☐
25.廣播	☐	☐	☐	☐
26.電視	☐	☐	☐	☐
27.電影	☐	☐	☐	☐
28.電腦資訊站	☐	☐	☐	☐
29.錄影帶	☐	☐	☐	☐
30.宣傳單	☐	☐	☐	☐
31.第四台	☐	☐	☐	☐
32.書籤	☐	☐	☐	☐

（五）在學校以外的場所方面

	職業輔導		職業訓練	
33.社教館	☐	☐	☐	☐
34.教堂	☐	☐	☐	☐
35.火車站	☐	☐	☐	☐
36.公路局車站	☐	☐	☐	☐
37.公車站	☐	☐	☐	☐
38.補習班	☐	☐	☐	☐
39.公立就業服務機構	☐	☐	☐	☐
40.私立就業服務機構	☐	☐	☐	☐
41.公共職訓機構	☐	☐	☐	☐
42.鄉公所	☐	☐	☐	☐
43.村里辦公室	☐	☐	☐	☐

（六）提供輔導協助的時間方面

	職業輔導		職業訓練	
44.上課時間	☐	☐	☐	☐
45.下課時間	☐	☐	☐	☐
46.休息時間	☐	☐	☐	☐

（七）提供輔導協助的方式方面

	職業輔導		職業訓練	
47.個別方式	☐	☐	☐	☐
48.團體活動方式	☐	☐	☐	☐

	職業輔導		職業訓練	
	需要	不需要	需要	不需要
49. 書信方式	☐	☐	☐	☐

（八）提供輔導協助的方法方面

50. 權威式方法	☐	☐	☐	☐
51. 專制式方法	☐	☐	☐	☐
52. 民主開放式方法	☐	☐	☐	☐
53. 人性管理方法	☐	☐	☐	☐
54. 其他方法 _____				

（九）提供職訓的職類方面

55. 車床	☐	☐	☐	☐
56. 室內配線	☐	☐	☐	☐
57. 汽車修護	☐	☐	☐	☐
58. 鉗工	☐	☐	☐	☐
59. 廣告設計	☐	☐	☐	☐
60. 印刷	☐	☐	☐	☐
61. 美髮美容	☐	☐	☐	☐
62. 縫紉	☐	☐	☐	☐
63. 電腦資訊處理	☐	☐	☐	☐
64. 電腦修護	☐	☐	☐	☐
65. 服裝設計	☐	☐	☐	☐
66. 中餐烹飪	☐	☐	☐	☐
67. 西餐烹飪	☐	☐	☐	☐
68. 餐飲服務	☐	☐	☐	☐
69. 水電工	☐	☐	☐	☐
70. 傢俱木工	☐	☐	☐	☐
71. 建築	☐	☐	☐	☐
72. 冷凍空調	☐	☐	☐	☐
73. 板金	☐	☐	☐	☐

（十）提供輔導協助的教具與教材方面

74. 心理測驗	☐	☐	☐	☐
75. 圖畫式教材	☐	☐	☐	☐
76. 文字式教材	☐	☐	☐	☐
77. 電傳視訊式教材	☐	☐	☐	☐
78. 其他 _____				

三、少年職業態度量表

填答說明：各位親愛的同學您好，這一份量表，目的是要了解您對以後職業的看法和想法，由於每個人有每個人不同的想法，所以沒有對或錯的固定答案。這裡有一些題目，如果題目的說法和你的想法一樣，就請您在「是」的空格中打「ˇ」，如果和您的想法不一樣，就請您在「否」的空格中打「ˇ」，題目中如果出現「職業」與「工作」，在這裡是表示同樣的意思；而畢業是表示出少輔院或出獄的意思。舉個例子：

　　　　　　　　　　　　　　　　　　　　　　　　　　　是 否

我很想在畢業後就立刻工作 ……………………………………□ □

如果你是很想在畢業後就馬上工作，您就在「是」的空格中打「ˇ」；如果你不想在畢業後馬上工作，您就在「不是」的空格中打「ˇ」這樣懂了嗎？謝謝您的合作！

　　　　　　　　　　　　　　　　　　　　　　　　　　　是 否

1. 我不知道我畢業後想要做那一種工作 ………………………□ □
2. 我知道我畢業後能夠做那一種工作 …………………………□ □
3. 我知道自己對那些職業有興趣 ………………………………□ □
4. 我不知道自己畢業後可以做什麼工作 ………………………□ □
5. 看到將來可能做的工作的消息會使我更努力 ………………□ □
6. 我很清楚以後我很想做的職業需要什麼條件 ………………□ □
7. 我不知道有那些工作是我可以做的 …………………………□ □
8. 我覺得要找一份自己能夠做的工作並不難 …………………□ □
9. 我知道那一種工作對我來說比較有意義 ……………………□ □
10. 我喜歡精細明確的工作 ………………………………………□ □
11. 我工作常自省並改進缺點 ……………………………………□ □
12. 以後我只要選擇錢多的工作做就好了 ………………………□ □
13. 人有時候為了工作不得不拍馬屁 ……………………………□ □
14. 我覺得如果做自己喜歡的工作，可以帶來很多快樂 ………□ □
15. 職業可以使我一直的進步 ……………………………………□ □
16. 職業可以使我和其他人建立很好的友誼 ……………………□ □
17. 雖然我沒有別人聰明，我還是可以找到適合我的工作 ……□ □
18. 我會依照自己的興趣工作 ……………………………………□ □
19. 吸取和工作有關的新知與技能會使我工作表現更好 ………□ □
20. 我希望以後的工作環境非常舒適 ……………………………□ □
21. 應該做完而沒有做完的工作，我不會在意 …………………□ □
22. 我會堅持向既定目標前進 ……………………………………□ □
23. 一個人可以等到畢業以後，才開始去選擇職業 ……………□ □

24.職業無法使人享受生活的快樂 ....□ □
25.我很少想到，將來我要做什麼工作 ....□ □
26.我現在還在唸書，不必急著去認識各種職業 ....□ □
27.我對自己沒有信心 ....□ □
28.每個人早晚都要工作，所以現在我不去想它 ....□ □
29.我以後只要選擇一種使我能夠成名的工作做就好了 ......□ □
30.對於以後的職業，還是到時候看情況再說好了 ....□ □
31.我有一顆熱心公益的心 ....□ □
32.工作不一定要和自己個性相符合 ....□ □
33.我不會主動參閱職業資料 ....□ □
34.我會向相關機構尋求職業資訊 ....□ □
35.我不喜歡依照工作規則工作 ....□ □
36.工作可以使我覺得是個有用的人 ....□ □
37.我不喜歡創新有變化的工作 ....□ □

附錄十三
台灣地區犯罪少年人力運用與職業輔導策略之
規劃評估研究問卷

※問卷各問項之主要屬性分類概況參考

問　項	題　數
1.問題導向性方面	計2大題有7小題。
2.急切性方面	計3大題有12小題。
3.可行性方面	計2大題有10小題。
4.方案替代性方面	計1大題有6小題。
5.策略優先性方面	計10大題有105小題。
6.其他方面	計1大題。

計6大題有140小題。

台灣地區犯罪少年人力運用與職業輔導策略之規劃評估研究
專家學者二次問卷

敬愛的師長尊鑑：

　　後學是○○大學○○研究所博士班研究生，正在進行博士論文研究，目的是想瞭解各位師長對當前台灣地區犯罪少年人力運用與職業輔導策略之規劃評估之卓見。懇請各位師長能撥冗　惠予填答。請直接在各問項上之「□」中填上分數，以0-10分為評分範圍，0分表示該問項重要性之最低分，10分表示該問項重要性之最高分，分數愈低表示該問項的重要性愈低，分數愈高表示該問項的重要性愈高，以便能進行DELPHI分析，俾為研擬有效的職業輔導策略之重要參據。再次感謝您的賜助與指正！耑此 敬頌
道祺

○○大學○○研究所博士班研究生 ○○○ 敬上
92年8月

台灣地區犯罪少年人力運用與職業輔導策略之規劃評估研究問卷　編號：

專家學者二次問卷內容及統計表

一、您認為當前台灣地區犯罪少年人力運用與職業輔導策略規劃有問題嗎？
　　如有，有那些問題？請先就下述二大項擇一勾選，如選有，則請繼續說
　　明理由之「□」中以0-10分範圍內給分。

意　　　　　　　　　　見	第一次得票數	平均數	第二次得票數	平均數
(一) □ 有，因為				
理由分數				
□1.未有專責機關統籌本項工作	12	5.7	20	7.5
□2.各機關事權重疊，造成相互推諉不負責任之弊病	10	5.5	16	6.3
□3.未有有效的矯治課程規劃制度，造成人力資源的浪費	15	5.7	20	7.0
□4.未有充足的經費辦理本項工作	14	5.4	16	6.1
□5.未有充足的專業人力辦理本項工作	14	6.4	20	6.7
□6.其他	0	0.0	0	0.0
(二) □ 無。	0	0.0	0	0.0

二、您認為當前政府對於台灣地區犯罪少年人力運用與職業輔導策略之規
　　劃，有其急切性嗎？請先就下述三大項擇一勾選，並續在各項說明理由
　　之「□」中以0-10分範圍內給分。

意　　　　　　　　　　見	第一次得票數	平均數	第二次得票數	平均數
(一) □ 有急切性，因為				
理由分數				
□1.可促使人力有效運用，提升勞動力參與率	11	6.6	17	7.7
□2.可促進經濟發展，提升國家競爭力	10	6.3	14	6.6
□3.可減少社會問題，降低犯罪率	16	8.4	18	7.7
□4.可協助其了解自我，習得一計之長，達到人盡其才之目標	14	6.5	18	7.2
□5.其他	0	0.0	0	0.0
(二) □ 有中度急切性，因為				
理由分數				
□1.可避免人力、財力、物力的浪費	2	5.5	3	5.7

意	見	第一次得票數	平均數	第二次得票數	平均數
□2.使其改過遷善,具再教育功能		2	5.0	5	4.8
□3.可建立專業的輔導網絡		1	6.0	3	5.3
□4.其他		0	0.0	0	0.0

(三) □ 無急切性,因為

理由分數					
□1.惡性難改,浪費人力、財力、物力		0	0.0		
□2.知識水準低,難以教育使其悔改		0	0.0	1	1.0
□3.其他		0	0.0		

三、您認為當前政府對於台灣地區犯罪少年人力運用與職業輔導策略之規
　　劃,有其可行條件嗎?請先就下述二大項擇一勾選,然後續在說明理由
　　之「□」中以0-10分範圍內給分。

意	見	第一次得票數	平均數	第二次得票數	平均數
(一) □ 有,因為					
理由分數					
□1.已是依法有據的施行項目		8	7.4	14	7.3
□2.已有就業安定基金制度		5	6.4	15	6.4
□3.經濟成長期間,經濟負擔無慮		6	6.2	15	6.2
□4.只要執政者有保障其工作權與生存權的態度		7	7.6	17	6.9
□5.其他		0	0.0	0	0.0
(二) □ 尚待考慮,因為					
□1.道德風險大		2	2.5	2	3.5
□2.須與法務、教育、社政和勞政等單位法令併案考慮		5	9.6	3	5.0
□3.國家財力負擔大		4	5.8	2	3.0
□4.尚需分析國外實施經驗		3	5.3	2	3.7
□5.由專責機構(人員)協助執行(新增項目)		建議之師長未給分數		11	3.7
□6.其他				0	0.0

四、您認為當前政府為達成前項之政策目標,有那些可資改變的行動方案?
　　請在下述各項說明理由之「□」中以0-10分範圍內給分。

意	見	第一次得票數	平均數	第二次得票數	平均數
□1.矯治制度學校化		16	7.9	15	8.8
□2.公辦民營矯治團體之家		15	6.4	17	7.1

	第一次得票數	平均數	第二次得票數	平均數
☐ 3.矯治制度社區化	16	5.9	17	7.2
☐ 4.矯治制度企業化	17	5.8	16	7.1
☐ 5.受矯治者自行負擔費用	14	5.4	13	5.3
☐ 6.分類收容感化（新增項目）	1	3.0	16	4.9
☐ 7.矯治制度職業訓練化（新增項目）	1	8.0	17	6.9
☐ 8.其他			0	0.0

五、您認為當前政府在規劃實施台灣地區犯罪少年人力運用與職業輔導策略時，下述問題的優先順序為何？

意見	第一次得票數	平均數	第二次得票數	平均數
（一）在家人及親友方面（請選出前五名以0-10分範圍給分）理由分數				
☐ 1.父親	17	8.1	19	8.8
☐ 2.母親	17	7.9	20	8.3
☐ 3.兄姐	16	6.1	20	7.1
☐ 4.弟妹	12	4.9	17	6.2
☐ 5.叔伯	8	4.9	9	4.7
☐ 6.姑嬸、阿姨	1	2.0	5	2.6
☐ 7.表兄弟姐妹	0	0.0	5	2.4
☐ 8.朋友	10	4.7	18	6.3
☐ 9.其他	0	0.0	1	2.0
（二）在學校人員方面（請選出前五名以0-10分範圍給分）				
☐ 1.同學	15	6.6	18	6.7
☐ 2.院長	9	4.8	8	4.9
☐ 3.導師	16	7.7	20	7.8
☐ 4.輔導老師	15	6.5	19	7.8
☐ 5.科任老師	14	5.9	15	7.0
☐ 6.犯罪矯治機構工作人員（新增項目）	1	10.0	14	7.1
☐ 7.學校社會工作人員（新增項目）			1	8.0
☐ 8.其他工作人員	0	0.0	0	0.0
（三）在學校場所（少年犯罪矯治機構）方面（請選出前五名以0-10分範圍給分）				
☐ 1學校公布欄	14	5.4	19	5.4
☐ 2.學校輔導室	14	8.1	20	7.6
☐ 3.學校圖書館	15	5.8	18	5.7
☐ 4.教室	14	6.6	19	7.2
☐ 5.辦公室佈告欄（新增項目）	1	8.0	17	5.6
☐ 6.其他	0	0.0	0	0.0

（四）在大眾傳播媒體方面（請選出前五名以 0-10 分範圍給分）

意　　　　　見	第一次得票數	平均數	第二次得票數	平均數
□1.報紙	13	7.3	15	8.4
□2.雜誌	8	6.5	4	7.5
□3.海報	5	7.2	7	6.6
□4.車廂廣告	4	6.3	7	6.6
□5.公共場所	2	5.0	7	7.0
□6.廣播	10	7.0	16	7.9
□7.電視	14	8.2	19	8.3
□8.電影	3	6.3	7	5.4
□9.電腦資訊站	7	6.0	9	6.0
□10.錄影帶	1	10.0	3	4.0
□11.宣傳單	4	4.3	4	6.3
□12.第四台	6	6.0	13	5.5
□13.書籤	1	6.0	3	2.7
□14.其他	0	0.0	0	0.0

（五）在學校以外的場所方面（請選出前五名以 0-10 分範圍給分）

意　　　　　見	第一次得票數	平均數	第二次得票數	平均數
□1.社教館	5	6.5	6	6.7
□2.教堂	3	5.7	4	5.5
□3.火車站	7	6.9	12	6.6
□4.公路局車站	6	6.0	7	7.4
□5.公車站	10	7.6	10	8.0
□6.補習班	3	5.7	7	6.1
□7.公立就業服務機構	10	6.4	16	8.2
□8.私立就業服務機構	5	6.6	11	7.8
□9.公共職訓機構	7	7.3	15	7.1
□10.鄉公所	2	5.5	5	6.0
□11.村里辦公室	2	5.5	2	5.5
□12.電影院、KTV（新增項目）	1	8.0	0	0.0
□13.其他	0	0.0	0	0.0

（六）提供輔導協助的時間方面（請選出前五名以 0-10 分範圍給分）

意　　　　　見	第一次得票數	平均數	第二次得票數	平均數
□1.上課時間	15	7.0	16	8.1
□2.下課時間（課間下課時間）	13	7.3	17	6.8
□3.休息時間（放學休息時間）	9	7.6	17	5.5

	第一次得票數	平均數	第二次得票數	平均數
☐4.星期例假日放假空閒時間	11	5.5	14	5.9
☐5.寒暑假（新增項目）	1	8.0	12	6.8
☐6.輔導訪談時間（新增項目）			16	7.9
☐7.臨時按需要決定（新增項目）	建議之師長		1	6.0
☐8.其他時間	未給分數		0	0.0

（七）提供輔導協助的方式方面（請就下述答案以0-10分範圍給分）

意　　　　　見	第一次得票數	平均數	第二次得票數	平均數
☐1.個別方式	16	8.1	19	8.6
☐2.團體活動方式	16	7.4	17	7.6
☐3.書信方式	12	5.9	16	6.1
☐4.電話方式（新增項目）			15	6.5
☐5.其他方式			0	0.0

（八）提供輔導協助的方法方面（請就下述答案以0-10分範圍給分）

意　　　　　見	第一次得票數	平均數	第二次得票數	平均數
☐1.權威式方法	10	4.6	14	6.1
☐2.專制式方法	8	3.9	11	5.1
☐3.民主開放式方法	15	7.0	18	8.7
☐4.人性管理方法	17	8.3	19	8.6
☐5.綜合輔導方法（新增項目）			1	5.0
☐6.其他方法			0	0.0

（九）提供職訓的職類方面（請選出前五名以0-10分範圍給分）

男　　　　　性	第一次得票數	平均數	第二次得票數	平均數
☐1.車床	4	7.0	3	5.7
☐2.室內配線	7	6.1	3	7.3
☐3.汽車修護	11	6.4	19	7.9
☐4.鉗工	2	7.0	3	6.0
☐5.廣告設計	10	6.0	13	7.4
☐6.印刷	2	7.0	4	6.5
☐7.美髮美容	2	5.5	5	6.0
☐8.縫紉	0	0.0	2	5.0
☐9.電腦資訊處理	14	8.0	19	7.8
☐10.電腦修護	10	7.2	14	8.8
☐11.服裝設計	1	3.0	3	7.0
☐12.中餐烹飪	4	5.8	5	6.2
☐13.西餐烹飪	5	4.4	5	6.4
☐14.餐飲服務	4	6.0	9	6.8

理　由　　分　　數	第一次得票數	平均數	第二次得票數	平均數
☐15.水電工	4	5.5	10	7.0
☐16.傢俱木工	6	6.3	6	5.7
☐17.建築	5	5.6	4	7.8
☐18.冷凍空調	2	7.5	5	7.2
☐19.板金	0	0.0	3	5.7
☐20.裝璜設計（新增項目）	建議之師長未給分數			
☐21.其他職類			0	0.0

(九) 提供職訓的職類方面（請選出前五名以0-10分範圍給分）
　　女性　　　　（請選出前五名以0-10分範圍給分）

理　由　　分　　數	第一次得票數	平均數	第二次得票數	平均數
☐1.車床	0	0.0	1	1.0
☐2.室內配線	0	0.0	1	1.0
☐3.汽車修護	0	0.0	1	1.0
☐4.鉗工	0	0.0	1	1.0
☐5.廣告設計	9	6.0	11	8.6
☐6.印刷	3	6.7	4	7.5
☐7.美髮美容	14	7.1	17	8.6
☐8.縫紉	9	6.4	12	6.9
☐9.電腦資訊處理	13	7.8	18	7.9
☐10.電腦修護	3	8.0	9	6.7
☐11.服裝設計	12	5.8	16	7.2
☐12.中餐烹飪	8	5.3	6	7.2
☐13.西餐烹飪	7	5.9	4	7.3
☐14.餐飲服務	4	7.5	10	7.4
☐15.水電工	0	0.0	2	5.5
☐16.傢俱木工	0	0.0	1	2.0
☐17.建築	0	0.0	1	2.0
☐18.冷凍空調	0	0.0	1	2.0
☐19.板金	0	0.0	1	1.0
☐20.裝璜設計（新增項目）	建議之師長未給分數			
☐21.其他職類			0	0.0

(十) 提供輔導協助的教具與教材方面（請選出前五名以0-10分範圍給分）

理　由　　分　　數	第一次得票數	平均數	第二次得票數	平均數
☐1.心理測驗	12	6.8	15	7.5
☐2.圖畫式教材	12	7.3	17	7.3

☐3.文字式教材	12	6.8	12	7.0
☐4.電傳視訊式教材	14	9.4	18	9.1
☐5.實務演練（新增項目）	建議之師長 未給分數		20	8.3
☐6.參觀觀摩（新增項目）	建議之師長 未給分數		15	7.7
☐7.其他			0	0.0

犯罪少年職業輔導

犯罪少年職業輔導

犯罪少年職業輔導

犯罪少年職業輔導　　　　　　　　　　社工叢書 21

著　　　者／李庚霈

出 版 者／揚智文化事業股份有限公司

發 行 人／葉忠賢

總 編 輯／林新倫

執行編輯／張何甄

登 記 證／局版北市業字第 1117 號

地　　　址／台北市新生南路三段 88 號 5 樓之 6

電　　　話／(02)2366-0309

傳　　　真／(02)2366-0310

E-mail／yangchih@ycrc.com.tw

網　　　址／http://www.ycrc.com.tw

郵撥帳號／19735365

戶　　　名／葉忠賢

印　　　刷／偉勵彩色印刷股份有限公司

法律顧問／北辰著作權事務所　蕭雄淋律師

初版一刷／2003 年 12 月

定　　　價／新台幣 400 元

ＩＳＢＮ／957-818-574-X

國家圖書館出版品預行編目資料

犯罪少年職業輔導 / 李庚霈著. -- 初版. -- 台北
市：揚智文化, 2003[民 92]
　　面；　公分. -- （社工叢書；21）
參考書目：面
ISBN　957-818-574-X（平裝）

1. 職業輔導　2. 少年犯罪

542.75　　　　　　　　　　　　　92019090